U0685710

现代海战模拟技术与应用

沈治河　王　超　张　国　贺扬清　胡凌美　编著

电子工业出版社

Publishing House of Electronics Industry

北京·BEIJING

内 容 简 介

本书论述了现代海战模拟的基本理论与方法，旨在使读者掌握现代海战模拟的概念、技术及设计现代海战模拟系统的基本方法。此外，还介绍了海战模拟数据库构建、战场环境人机界面设计和新技术在海战模拟中的应用。

本书可作为高等院校军事运筹学、指挥自动化专业本科生或研究生的教材或参考书，也可供相关专业科研人员和工程技术人员参考。

未经许可，不得以任何方式复制或抄袭本书之部分或全部内容。

版权所有，侵权必究。

图书在版编目（CIP）数据

现代海战模拟技术与应用 / 沈治河等编著. —北京：电子工业出版社，2018.10
ISBN 978-7-121-34953-9

Ⅰ. ①现… Ⅱ. ①沈… Ⅲ. ①海战—作战模拟 Ⅳ.①E823

中国版本图书馆 CIP 数据核字（2018）第 199060 号

策划编辑：张正梅
责任编辑：刘小琳
印　　刷：三河市鑫金马印装有限公司
装　　订：三河市鑫金马印装有限公司
出版发行：电子工业出版社
　　　　　北京市海淀区万寿路 173 信箱　邮编：100036
开　　本：720×1000　1/16　印张：12.25　字数：254 千字
版　　次：2018 年 10 月第 1 版
印　　次：2018 年 10 月第 1 次印刷
定　　价：98.00 元

凡所购买电子工业出版社图书有缺损问题，请向购买书店调换。若书店售缺，请与本社发行部联系，联系及邮购电话：（010）88254888，88258888。

质量投诉请发邮件至 zlts@phei.com.cn，盗版侵权举报请发邮件至 dbqq@phei.com.cn。

本书咨询联系方式：（010）88254757，zhangzm@phei.com.cn。

前　　言

现代海战模拟是建立在相似理论、计算机技术、控制理论、人工智能技术、系统工程、运筹学等一系列基础学科上的一门崭新的综合性学科，既是许多科学技术的交叉点，又是军事、技术、系统工程的汇集点。

科学技术的高速发展，为军事科学的研究工作提供了新的方法和手段。未来战争将从实验室打响，现代海战模拟技术开辟了一条从作战实验室学习海上作战的新途径。现代海战模拟技术可以利用可重复的模拟作战条件，对海上作战兵力的机动、作战过程、毁伤效果、指挥控制等进行作战试验，为海上作战对抗推演及评估、作战方案制定与评价、战法研究和验证、作战理论研究和检验及未来海上先进作战概念演示验证，提供技术方法支撑和工程实现途径。

针对军事训练、教学和研究的需要，在广泛参照国内外同类文献的基础上，结合编者在海战模拟建设和使用的实践经验，本书论述了与现代海战模拟系统构建和应用密切相关的技术方法，并结合实际给出了具体案例分析，以期为海上作战建模与仿真的发展提供思路与方法。

本书介绍了现代海战模拟的基本理论与方法，旨在使读者掌握现代海战模拟的概念、分类及建立作战实体的基本方法，同时让读者对构建海战仿真数据库、战场环境人机界面设计和新技术在海战模拟中的应用有所了解。全书分为九章。第 1 章主要介绍现代海战模拟的基本概念、研究内容、组成要素、分类等基础知识，概述了海战模拟的地位、作用和应用领域，让读者对海战模拟建立基本的认识。第 2 章论述系统仿真与战场仿真，介绍了系统仿真的基本概念，详细介绍了战场环境仿真和作战兵力仿真构建技术，给出运用系统仿真技术构建虚拟海战场的具体方法。第 3 章论述现代海战模拟具体应用技术，介绍了想定生成与管理技术、模拟态势显示技术、数据收集与管理技术和 VV&A 及可信度评估技术。第 4 章论述现代海战模拟中的人机界面设计，根据海战模拟"贴近实战、便于应用"的实践经验，总结了海战模拟人机界面的交互类型及其设计原则、人机界面系统设计原则及设计方法。第 5 章介绍了构建现代海战模拟数据库系统的方法，从海战模拟工程的角度详细介绍了海战模拟的数据库设计、接口设计和安全性设计方法。第 6 章论述现代海战模拟中的智能兵力生成，介绍了智能 CGF 技术、人类行为建模和模型开发，分析了海战模拟中智能 CGF 决策需求，详细介绍了基于模糊贝叶斯网络的智能决策方法和舰艇 CGF 中的智能决策实例。第 7 章论述现代海战模拟效能评估，介绍了效能评估概念和特点、指标体系和评估方法，给出了效能评估实例。第 8 章论述现代海战模拟训练系统设计，详细介绍了模拟训练系统需求、组成、硬件设计和软件设计。第 9 章介绍了现代海战模拟的发展现状及趋势，着重介绍海战模拟中的专家系统、网络中心战模拟仿真及人工智能与作战模拟的进一步应用。

本书主编沈治河，第 1～3 章由沈治河同志编写，第 7、8 章由王超同志编写，第 5、6 章由张国同志编写，第 9 章由贺扬清同志编写，第 4 章由胡凌美同志编写。张国同志负责全书的统稿和校对。本书引用了大量参考资料，特向原文的作者们表示崇高的敬意和真心的感谢。

本书可作为院校和训练部门的教材使用，适用于博硕士研究生、高年级本科生等班次教学和训练中心、训练基地集训教学等。

由于编者的理论水平和实践经验有限，难免存在错误和不当之处，恳请读者批评指正，我们将不胜感谢。

编 者
2018 年 6 月

目　　录

第1章　现代海战模拟基础 ·· 1
　1.1　作战模拟与现代海战模拟 ·· 2
　　1.1.1　基本概念 ··· 2
　　1.1.2　研究内容 ··· 2
　　1.1.3　组成要素 ··· 3
　1.2　现代海战模拟的分类 ·· 4
　　1.2.1　按海战模拟规模分类 ·· 4
　　1.2.2　按海战模拟用途分类 ·· 6
　　1.2.3　按海战模拟技术实现手段分类 ··· 7
　1.3　海战模拟的地位、作用和应用领域 ·· 7
　　1.3.1　海战模拟的地位、作用 ··· 7
　　1.3.2　海战模拟的应用领域 ·· 10
第2章　系统仿真与战场仿真 ·· 12
　2.1　系统仿真 ··· 12
　　2.1.1　系统仿真的基本概念 ·· 12
　　2.1.2　系统仿真的分类 ·· 13
　　2.1.3　系统仿真的一般流程 ·· 15
　　2.1.4　系统仿真的作用 ·· 16
　2.2　战场仿真系统的建立 ·· 17
　　2.2.1　建立战场仿真系统的基本思路 ··· 18
　　2.2.2　作战模型的分类 ·· 19
　　2.2.3　作战模型的设计方法 ·· 20
　　2.2.4　海战模拟系统中的主要模型 ·· 22
　2.3　对作战兵力仿真的基本方法 ··· 28
　　2.3.1　数据结构法 ·· 29
　　2.3.2　实体类法 ··· 32
第3章　现代海战模拟技术 ··· 34
　3.1　想定生成与管理技术 ·· 34
　　3.1.1　想定内容 ··· 34

3.1.2 想定描述 ································· 37

3.1.3 想定生成 ································· 41

3.1.4 想定分发管理 ···························· 45

3.2 模拟态势显示技术 ····························· 46

3.2.1 极坐标图形显示方式 ······················ 47

3.2.2 二维直角坐标图形显示方式 ················· 48

3.2.3 三维视景显示方式 ························· 51

3.2.4 三种显示方式的比较 ······················ 55

3.3 数据收集与管理技术 ··························· 57

3.3.1 作战模拟数据范畴的分析 ··················· 57

3.3.2 仿真数据收集基础 ························· 59

3.3.3 HLA 中的数据收集机制 ···················· 61

3.3.4 数据标准化技术 ··························· 67

3.4 VV&A 及可信度评估技术 ······················ 69

3.4.1 基本概念 ································· 69

3.4.2 VV&A 及可信度评估的目标和策略 ············ 70

3.4.3 VV&A 的过程模型 ························· 71

3.4.4 校核和验证技术 ··························· 72

第4章 现代海战模拟中的人机界面设计 ················· 76

4.1 人机界面的定义 ······························ 76

4.1.1 广义的人机界面 ··························· 76

4.1.2 狭义的人机界面 ··························· 77

4.1.3 人机界面的基本概念 ······················ 78

4.2 人机界面的交互类型及其设计原则 ··············· 79

4.2.1 人机界面的交互类型 ······················ 79

4.2.2 人机界面系统的设计原则 ··················· 84

4.3 人机界面的设计原则 ··························· 86

4.3.1 指导原则 ································· 86

4.3.2 数据输入原则 ····························· 87

4.3.3 输出显示原则 ····························· 87

4.3.4 交互控制 ································· 90

4.3.5 错误管理 ································· 92

4.3.6 安全措施 ································· 93

4.3.7 其他要求 ································· 93

4.4 人机界面的设计方法 ··························· 94

4.4.1 系统的输入/输出 ························· 94

4.4.2 人机界面的能力 95
4.4.3 人机界面的设计形式 95
4.4.4 人机界面的软件开发过程 97

第5章 现代海战模拟数据库系统 100
5.1 数据库设计 100
5.1.1 数据分析 101
5.1.2 概念模型设计 104
5.1.3 物理模型设计 105
5.2 数据库的接口设计 107
5.2.1 数据库管理和维护接口设计 107
5.2.2 用户查询接口设计 108
5.2.3 程序调用接口设计 109
5.3 数据库的安全性设计 110
5.3.1 操作系统层标识证实 110
5.3.2 DBMS 存取控制 111

第6章 现代海战模拟中的智能兵力生成 112
6.1 智能兵力生成概述 112
6.1.1 CGF 简介 112
6.1.2 CGF 中的人工智能技术 113
6.1.3 CGF 中的人类行为建模 114
6.1.4 CGF 中的行为模型开发 115
6.2 智能 CGF 决策需求 115
6.3 贝叶斯决策方法 116
6.3.1 贝叶斯决策定理 116
6.3.2 基于模糊贝叶斯网络的情报信息融合 117
6.4 舰艇 CGF 中的智能决策 119
6.4.1 基于模糊贝叶斯的智能决策过程 119
6.4.2 舰艇防御决策方案集 121
6.4.3 舰艇对空防御方案优选 124

第7章 现代海战模拟效能评估 127
7.1 效能评估概述 127
7.1.1 效能评估概念 127
7.1.2 效能评估的特点 128
7.1.3 效能评估原则 128
7.2 效能评估指标体系 130
7.2.1 效能指标与效能评估 130

7.2.2 效能评估指标体系的分类 ……………………………… 130
7.2.3 效能评估指标体系建立的原则 ………………………… 132
7.2.4 效能评估指标体系建立的一般过程 …………………… 133
7.3 效能评估方法 …………………………………………………… 135
7.3.1 作战效能指数法 ………………………………………… 135
7.3.2 基于 WSEIAC 的效能评价方法 ………………………… 137
7.3.3 基于 TOPSIS 的综合效能评价方法 …………………… 139
7.3.4 基于层次分析法的效能评价方法 ……………………… 140
7.4 效能评估系统 …………………………………………………… 142
7.4.1 评估数据管理 …………………………………………… 142
7.4.2 训练模型管理 …………………………………………… 143
7.4.3 评估显示管理 …………………………………………… 144
7.4.4 训练基础数据及系统管理 ……………………………… 149
第8章 现代海战模拟训练系统设计 …………………………………… 153
8.1 模拟训练系统需求 ……………………………………………… 153
8.1.1 功能要求 ………………………………………………… 153
8.1.2 性能要求 ………………………………………………… 153
8.1.3 其他要求 ………………………………………………… 154
8.2 模拟训练系统组成 ……………………………………………… 154
8.3 模拟训练系统硬件设计 ………………………………………… 155
8.4 模拟训练系统软件设计 ………………………………………… 157
8.4.1 总体结构 ………………………………………………… 157
8.4.2 主要功能 ………………………………………………… 157
8.4.3 软件信息关系 …………………………………………… 162
第9章 现代海战模拟的发展现状及趋势 ……………………………… 165
9.1 海战模拟的发展现状 …………………………………………… 165
9.2 海战模拟的发展趋势 …………………………………………… 166
9.2.1 智能作战模拟技术 ……………………………………… 168
9.2.2 虚拟现实技术 …………………………………………… 171
9.2.3 专家系统与作战模拟 …………………………………… 174
9.2.4 基于网格技术的网络中心战模拟仿真 ………………… 178
9.2.5 人工智能与作战模拟 …………………………………… 179
参考文献 …………………………………………………………………… 181

第 1 章　现代海战模拟基础

作战模拟是人们利用各种方法对实际作战环境、作战行动和作战过程的描述和模仿。建立在数学模型和电子计算机技术基础上的作战模拟称为现代作战模拟，而以海上战场环境为背景的现代作战模拟称为现代海战模拟。

现代海战模拟是建立在相似理论、计算机技术、控制理论、人工智能技术、系统工程、运筹学等一系列基础学科上的一门崭新的综合性学科，既是许多科学技术的交叉点，又是军事、技术、系统工程的汇集点。它可以利用可重复的模拟作战条件，对部队的机动、作战过程、毁伤效果、指挥控制等进行试验，在战略规划的制定、武器系统的论证、作战、训练及军事学术等方面都具有十分重要的价值。

现代科学技术的高速发展，为军事科学的研究工作提供了新的方法和手段。采用现代化的模拟技术，研究现代战争的组织指挥和作战训练等问题，既是我军现代化建设的重大发展，又是我军面临的一个重大课题。

恩格斯关于作战方式的一个著名论断是："一旦技术上的进步可以用于军事目的并且已用于军事目的，它们便立刻几乎强制地，而且往往是违反指挥官的意志而引起作战方式上的改变甚至变革。"新的武器带来新的作战方法，新的作战方法对武器装备的研制、训练指战员都提出了新的要求。新武器新装备一个接一个地出现在军事舞台上，一次又一次地促进了战争形式甚至战略思想的演变。今天，军事家们很难完全照搬上一次战争的经验米指导新的战争。而在当前的军事斗争条件下，又必须研究出打赢未来高科技条件下的局部战争的方法。处在军事技术这种急剧变革进程中的一个突出问题是：如何使军队在和平时期紧跟这种变革的步伐，通过先进的训练手段，不断提高战斗力，以避免在未来战争开始之后，由于不适应作战方式的变化而不得不付出更多的生命和物质损失。

作战模拟技术是军事科学研究方法划时代的革新。作战模拟方法实质上提供了一个"作战实验室"。在这个实验室里，利用模拟的作战环境，进行作战攻防训练，进行策略和计划的试验；可以预测策略和计划的效果，检验策略和计划的缺陷；可以评估武器系统的效能；可以启发新的作战思想。

从战争中学习战争是人们研究战争规律的最根本的方法。在和平时期，作为学习战争手段的补充，现代海战模拟技术开辟了一条从"计算机（作战实验室）"学习战争的新途径。

现代海战模拟技术，使得人们在军事活动中，对过去战争的总结、现有军事力量的评估、未来战争的预测都提高到了一个新的高度和层次。

1.1 作战模拟与现代海战模拟

1.1.1 基本概念

现代海战模拟是现代作战模拟中以海上作战为主的模拟过程。因此，我们应首先了解作战模拟的一些概念。

对于"作战模拟"一词，有许多不同的解释，例如，作战模拟是指用某种非实战的方法，对实际作战对抗过程及其结局进行的模仿；又如，作战模拟，一般来说，是运用实物、文字和符号等手段，对作战环境和作战过程进行模仿的技术、方法和活动。

概括起来，作战模拟是指人们用某种非实战的方法对实际作战环境、作战行动和作战结果进行模仿的技术、方法和活动。这些非实战的方法包括实兵演习，借助于图表、沙盘、模型、模拟装备、通信设备、计算机技术等手段进行的模拟演习。

通常所说的现代作战模拟，是指运用系统工程的观点和运筹学的方法，采用现代化的模拟技术，建立在数学模型和计算机技术基础上的作战模拟。而以海上战场环境为背景的现代作战模拟称为现代海战模拟。

需要说明的是，作战模拟训练与作战模拟不是一个概念，作战模拟训练是按照一定的训练大纲和战术想定，借助于一定的模拟手段进行军事训练的方法和活动；而作战模拟侧重于研究进行作战模拟的方法、手段，以及研制模拟训练系统的基础理论、作战训练模型和应用技术。当然，作战模拟所研究的内容也包括作战模拟训练有关知识。

1.1.2 研究内容

作战模拟是使用非实战的方法来研究实战中的作战问题。我们知道，战斗是在一定的自然环境里，敌对双方运用各自的武器，按照一定的行动规则所进行的殊死搏斗。因此，各种作战模拟都应具有的共同特征为：都是以实际作战活动为原形；客观反映作战双方的战术思想、作战原则、武器使用特点和对抗发展过程；这些作战活动又受着一定客观条件的制约，并且按照统一的计时系统和一定的作战程序与规则推进的。怎样采用先进的作战模型和仿真技术，客观地反映实际战场情况，揭示军事活动的特点和规律是作战模拟所研究的主要内容。作战模拟系统是否客观地反映实际战场的真实情况和规律，是评价其性能优劣的重要条件。

随着现代科学技术的进步，特别是计算机技术、仿真技术发展使得模拟的手段和方法发生了根本的变化。由于军事需求和人们对作战模拟的界面、交互方式和仿真度要求越来越高，而科学技术的发展进步，又为上述需求创造了条件，作战模拟研究的内容越来越广泛。因此，作战模拟系统的研制需要既懂军事专业又懂技术的复合型人才或团队。

1.1.3 组成要素

作战模拟由四个基本组成，即人员、设备、规则和想定。

1. 人员

人员包括研制人员、实施人员和对阵人员。其中：研制人员负责作战模拟系统的研制开发。其主要工作有总体论证、模型设计、软硬件开发、系统调试等。实施人员包括导演、调理员和控制人员等，这些人也称为管理人员，他们的作用相当于球类比赛的主持人、裁判员和赛场工作人员，负责监控作战模拟的整个进程。在进行作战模拟训练时，导演是训练管理工作的领导，他应具备较强的组织指挥能力，熟悉模拟过程中所涉及的兵力、兵器的性能情况和作战特点，掌握作战模拟的技术组成和要求。对阵人员包括红方、蓝方，他们分别指挥己方的兵力在导演部统一组织下进行背靠背的作战。在作战模拟训练时，按照课题、组织形式不同，可进行红蓝双方对抗训练或由导演部兼作蓝方，进行单方模拟训练。担任红方的人员是受训的主体。

2. 设备

设备指进行作战模拟的工具，在早期的模拟作战中，以沙盘、地图来展示兵力部署和机动情况为主要手段，人工标绘各种战术情节，记录各种信息。近年来，由于计算机技术、网络通信技术和仿真技术的迅速发展，使得计算机和通信器材成了不可或缺的设备。计算机和网络技术可以把世界上任何地方的作战室、模拟器材联系在一起，使得大规模多层次的作战模拟成为可能。高性能的计算机能实时计算战场中各种数据，图形工作站能实时显示战场三维视景图像，作战模拟的进程与实战过程同步，并且随着多媒体技术发展和大屏幕投影仪的应用，使得作战模拟的场面看起来更加真实。

3. 规则

由于作战模拟是以实战为研究对象，因此，必须以符合实际可能的军事力量为基础，在符合实际可能的情况条件下运用兵力。将这些符合客观实际的、在模拟中涉及的军事力量和影响军事力量运用的环境条件作为作战模拟的规则，是保证作战模拟客观性、真实性的前提。

在海战模拟中，作战双方的兵力（水面舰艇、潜艇和飞机等）、兵器（导弹、火炮、鱼雷等）和各种电子设备（雷达、声纳和电子战设备等）的战术技术性能以及作战环境的自然条件都应作为作战模拟中建立规则的依据。例如，在模拟中，某种型号舰艇的最大航速不能超过该型舰艇实际能达到的最大航速；再如，某种型号导弹的最大射程不能超过该型导弹实际的最大射程等。

规则一般是以数据的方式存放在数据库中，模拟时通过各种作战模型调用并进行计算、比对，从而规范整个模拟过程。作战模拟中的规则是形成事件因果关系的逻辑性的必要保证。

4. 想定

想定相当于一个戏剧的脚本，它是根据作战模拟的背景、情况条件和所要达到的目的以及作战活动的规律而做的设想和假定，是关于整个模拟过程的总策划，构成了所要模拟的作战活动的初始框架。想定所给予的作战活动背景，描述了红蓝双方对抗局势的总情况与局部情况。总情况给全体受训者提供了红蓝双方导致敌对行动的大背景、当前双方的总态势及事态可能的发展；局部情况给充当红方或蓝方的受训者提供了各方兵力当前的一些具体活动情况。演习想定中要说明的作战情况条件，主要是红蓝双方可能投入的兵力及其所在位置，各种保障能力、训练水平等与作战能力有关的因素，以及海区地理、天文、水文、气象等条件。想定中通常以红蓝双方上级指挥者的名义给各方下达作战任务，明确各方参战兵力作战的目的要求、作战海域以及完成任务的时限等。这样，受训者在演练作战的组织准备与作战实施时，就可以据此了解任务，判断情况，下定决心，进行作战实施阶段的指挥活动。

1.2 现代海战模拟的分类

海战模拟按其属性有多种分法，了解这些分法，无论对于研制海战模拟系统，还是应用海战模拟这一手段，都是十分重要的。海战模拟的类型与海战模拟的规模、用途、技术实现手段等因素有关，这里试图从现代海战模拟这几方面对海战模拟方法进行科学系统地分类，表 1-1 为现代海战模拟的分类。

表 1-1 现代海战模拟的分类

按海战模拟规模分类	技术模拟、武器系统海战模拟、战术模拟、战役模拟、战略模拟
按海战模拟系统用途分类	研究型海战模拟、训练型海战模拟、辅助决策型海战模拟
按海战模拟技术实现手段分类	实战模拟
	虚拟模拟、硬模拟、软模拟、综合模拟

1.2.1 按海战模拟规模分类

按海战模拟的规模分，现代海战模拟可分为五种类型：技术模拟、武器系统海战模拟、战术模拟、战役模拟、战略模拟。

1. 技术模拟

技术模拟是对局部作战过程的精细模拟，如对抗条件下的武器弹道仿真就属于此类作战模拟，用于研究武器弹道对突防毁伤概率的影响，以完善武器弹道参数设计。技术模拟对模型的精度要求较高，建模时主要以纯技术性模型为基础，要考虑各种因素对武器装备技术性能的影响。技术模拟可以用于武器装备战术技术指标论证和技术设计，其模拟结果可作为战术模拟的输入参数。

2. 武器系统作战模拟

武器系统作战模拟是针对某种武器系统的作战指挥、战斗使用而进行的作战操演模拟。例如，在水面舰艇中，导弹武器系统作战模拟主要用于检验导弹的性能、对导弹部门人员进行模拟训练、对导弹武器的发展进行论证。

3. 战术模拟

战术模拟主要是对作战双方单一兵种基本作战单位之间作战过程的模拟，包括单个与单个作战单位、单个与多个作战单位、多个与多个作战单位之间对抗过程的模拟。基本作战单位是指陆军团以下部队、海军的舰艇和空军或海军航空兵的单个飞机、飞行中队等。战术模拟主要描述兵力的运用艺术，基本作战单位的各种武器攻击效果采用技术模拟的结果并加以综合。战术模拟可以用于战术研究和战术训练，其模拟结果可作为战役模拟的输入参数。

（1）针对某一兵种的战术应用而进行的作战模拟。例如，水面舰艇编队作战模拟主要用于研究、检验水面舰艇编队的作战方法，对部队人员进行编队战术训练。

（2）在海军作战模拟中，有海军两个或两个以上兵种的兵力参加的作战模拟。例如，舰潜合同破交作战模拟主要研究水面舰艇与潜艇合同作战，打击敌护航运输队，破坏敌交通运输线的作战方法，通过模拟作战，训练指挥员对诸兵种合同作战的指挥能力。

4. 战役模拟

战役模拟主要是对作战双方使用大规模兵力，在一个作战方向或战区内进行的战役活动的模拟。作战行动既包括单兵种作战，也包括多兵种协同作战，其基本作战单位为师一级单位。战役模拟采用高度聚合的半经验半理论模型，作战过程描述以双方兵力运用的高层决策模型为重点，敌我基本作战单位之间的对抗结果可采用战术模拟的结果。战役模拟主要用于战役行动计划的制订和战役演习。

海军与其他军种联合作战，完成较大规模作战行动的模拟作战。例如，诸军种联合登陆作战模拟主要研究和检验登陆作战中各军种兵力的运用，以及各军种之间的联合作战方法。

5. 战略模拟

所谓战略模拟，就是对处于战略层次的问题进行仿真模拟，包括战略决策、战略方案评估、国家危机预测与管理、危机反应等活动的仿真模拟，特别是对现代条件下使用战略核武器或军队结构规划等战略问题的模拟。通过这些仿真模拟，可以帮助国家、军队主要领导者制定战略决策，评估战略方案，对危机进行预测和反应等；也可以利用战略模拟，对中高层人员进行战略决策和思维的训练。

与其他层次的模拟相比，战略层次的模拟具有以下两个明显特点：一是模拟的领域宽，不仅仅限于军事范围，而且涉及政治、经济、外交、心理、舆论等很多方面；二是模拟的综合性强，建模复杂且推演复杂，有些甚至无法建模，更强调人的介入。这些都与低层次的模拟有很大的不同。目前，战略模拟正在逐步减少人工的经验思辨式的研究方式，大量引入模型，对战略问题进行量化的分析，在量化分析的基础上进行定性的综合。这种定性定量结合的研究，可以利用人机结合的方法，发挥各自的长处，观察事件发展的趋势，了解决策的直接可能后果，分析影响决策的关键因素。特别是那些涉及政治、外交、舆论等许多很难建模的问题，是目前研究的重点。例如，国际关系定量分析模型、国际政治模型、裁军模型、战略稳定性评估模型、世界经济模型、社会模型、战略武器力量模型、战略后勤模型、战争动员模型、危机预警模型、舆论模型、小国家模型等。针对某一地区或某一问题，还可以有更详细的模型。这些模型既可以是建立在数学模型基础上的，也可以建立在基于数据模型、定性推理模型基础上，甚至可以由有经验的专家来做出决断。有了模型，才有可能实现决策评估和实时模拟。

1.2.2 按海战模拟用途分类

按海战模拟的用途，现代海战模拟可分为三种类型：研究型海战模拟、训练型海战模拟和辅助决策型海战模拟。

1. 研究型海战模拟

研究型海战模拟是对作战过程进行系统的研究，主要用于研究和分析一定作战条件下的作战行动方法和武器装备的作战性能。研究型海战模拟的典型结构是一种黑匣子式封闭系统，用户通过人机界面设定作战条件、兵力组成和兵力兵器战术技术性能参数，然后启动进入闭环海战模拟状态，模拟计算结束后，用户通过人机界面获得海战模拟结果。在整个模拟过程，用户无法了解具体的模拟过程，也无法对模拟过程进行实时干预。

2. 训练型海战模拟

训练型海战模拟是对作战训练过程的仿真模拟，主要用于作战人员的训练和作战演习。训练型海战模拟的典型结构是一种交互式开放海战模拟系统，系统不仅要模拟红蓝双方的作战过程，而且要模拟红方武器装备硬件结构性能，甚至直接将武器装备与模拟系统对接，并成为模拟系统的组成部分。通过导演台可设定训练内容或演习方案，训练对象通过红方操纵台控制红方兵力兵器的运用。该系统是一个开环的模拟系统，能够在模拟过程中了解红蓝双方的战术动作，通过导演台也可对蓝方的战术动作进行干预或判定胜负。

训练型海战模拟系统的典型特征是：所有与受训者有关的指挥命令都是通过训练对象下达的，而不是计算机自动计算并发出指令。否则，训练型海战模拟系统将失去其存在的意义。

3. 辅助决策型海战模拟

辅助决策型海战模拟是对作战指挥过程的决策支持，主要用于给指挥员提供辅助指挥决策功能。辅助决策型海战模拟的典型结构是一种基于知识库、模型库和数据库的海战模拟系统，系统通过情报接口将战场信息引入模拟系统，根据知识库中的作战规则，提供实时作战指挥决策方案，并将这些方案经过海战模拟检验优化，然后向指挥员提供实时指挥决策方案。

1.2.3 按海战模拟技术实现手段分类

按海战模拟技术实现手段，现代海战模拟可分为两种类型：实战模拟、虚拟模拟。

1. 实战模拟

实战模拟是指作战人员使用真实武器装备参加作战训练演习，只是武器的杀伤效果采用仿真设备模拟。最典型的是美军采用的多重集成激光交战系统 MILES（Multiple Integrated Laser Engagement System），这种激光收发器上配有微处理器，能够快速进行命中或杀伤处理，因而在训练演习中能够及时进行实时损失统计，大幅度地提高士兵的训练水平。

2. 虚拟模拟

虚拟模拟是指作战人员采用模拟训练器材在虚拟作战环境中进行训练。早期的虚拟模拟主要用于飞行训练模拟舱，后来陆军的坦克、战车及海军的舰艇也开始采用虚拟模拟。20 世纪 80 年代开始利用现代计算机通信技术将分散在各地的模拟训练器材联网，实现对抗性的海战模拟训练。

虚拟模拟又分为硬模拟、软模拟和综合模拟。硬模拟指海战模拟的手段是按照实装面板或舰艇舱室环境来建造仿真实物模型，采用硬模拟手段具有较高的仿真度和较好的环境感，用于对环境仿真要求较高、训练操作手感较强的场合。软模拟又称全仿真模拟，是利用计算机图像技术和计算机程序模拟生成的实装面板或舰艇舱室环境，并以此作为训练的交互手段。综合模拟则是根据海战模拟的需要，融合运用硬模拟和软模拟。

1.3 海战模拟的地位、作用和应用领域

1.3.1 海战模拟的地位、作用

海战模拟作为海战问题研究的主要途径，越来越受到人们的重视。对于海战问题研究，不论是与海战过程直接关联的，如研究作战方法、作战计划、条令条例，还是与海战过程不直接关联的，如兵力结构分析、武器装备论证、兵力发展

规划等，最终都要在具有对抗特点的作战过程中加以研究，这给海战模拟提供了广泛的应用舞台。同时，由于现代计算机技术的不断发展，海战模拟模仿实际作战过程的逼真程度、可重复演示及使用范围有了很大的提高。因此，海战模拟会在海战问题研究中将发挥越来越大的作用。现代海战模拟已成为作战研究必不可少的手段，任何作战行动计划、兵力发展规划、武器系统方案都必须经过作战模拟的检验，分析存在的问题，进行定量评估，使其更加完善、科学。

1. 现代海战模拟起到作战实验室的作用

有关作战的许多问题都要在实际作战过程中研究是不现实的。作战过程的研究如同物理、化学试验一样，可以借助作战模拟这个试验手段在模拟实战环境的条件下检验。现代作战模拟可以对实际作战过程进行精确细致的描述，整个模拟过程在可以控制的条件下重复进行，而且可以在较短的时间内完成，这种实验过程可称为作战试验。正如钱学森所说："作战模拟技术实质上提供了一个'作战实验室'，在这个实验室里，利用模拟的作战环境，可以进行策略和计划的试验，可以检验策略和计划的缺陷，可以预测策略和计划的效果，可以评定武器系统的效能，可以启发新的作战思想。"

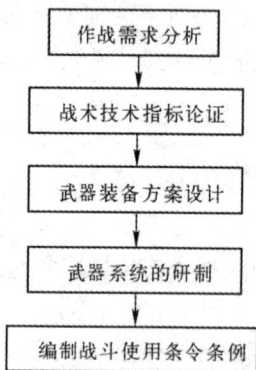

现代作战模拟作为一个"作战实验室"，可以应用于作战问题研究的各个方面。下面以新型武器系统发展为例加以说明，新型武器系统的发展要经历作战需求分析、战术技术指标论证、系统方案设计、设备研制、使用条例条令编制等阶段，作战模拟可以应用于新型武器系统发展的各个阶段，图 1-1 为新型武器系统发展的全过程。

在作战需求分析阶段，要根据国防战略方针、周边形势和武器装备特点，通过作战模拟制定武器装备发展需求规划。在战术技术指标论证

```
作战需求分析
   ↓
战术技术指标论证
   ↓
武器装备方案设计
   ↓
武器系统的研制
   ↓
编制战斗使用条令条例
```

图 1-1　新型武器系统发展过程

阶段，要在模拟实战条件下，分析武器装备的战术技术性能是否满足其作战使用要求，并提出合理的战术技术指标。在武器装备方案设计阶段，要对各种备选技术方案进行作战模拟检验，根据作战效果确定最佳方案。在武器系统研制阶段，要在模拟实战条件下进行技术性能试验，并对试验结果进行分析评价。在武器交付部队前，要根据新型武器的特点，利用作战模拟方法研究新型武器的作战使用方法，编制作战使用条令条例。因此，在新型武器装备发展的全过程中都要应用作战模拟的手段。

2. 现代海战模拟提高了作战决策的科学性

随着新技术在军事上广泛应用，必然导致战场情况和作战方式发生重大变化。在技术发展和作战方式演变缓慢的年代，作战决策主要是依据历史作战经验做出的。在当今技术发展和作战方式快速演变的时代，历史作战经验在很大程度

上无法适应新的情况，而从战争中学习战争将会付出巨大的代价甚至失败。作战模拟提供了极好的作战决策的技术手段，可以在模拟的作战环境、作战对象和作战条件下，对作战行动计划、作战行动方法进行检验，预测可能的作战结果，及时发现和弥补存在的缺陷，使作战决策更加科学，更加可靠，能及时适应变化了的作战形式，充分发挥战斗力。同时，在研究过程中，促进思考，形成新的作战思想和作战方法。

作战决策问题自上而下形成"金字塔"结构，如图1-2所示。最高层次的决策是确定国家国防战略方针，应依据国家经济发展水平、世界政治军事格局和国家周边形势确定国家总的军事战略方针，将其作为国家武装力量发展规划的依据；第二层次是在国家军事战略方针的指导下，制定国家武装力量的结构和发展规划，这两个层次的决策属于战略模拟的范畴。中间层次是战役计划、战役指挥和战役演习等战役决策问题，主要依据国家国防战略方针，在重要作战地区和作战方向上，进行有针对性的战役演习，建立相应的辅助战役指挥决策系统，这个层次属于战役模拟的范畴。底层是战术模拟和技术模拟的范畴，内容涉及作战和装备研制的各个方面，如战术指挥、战术训练、武器系统论证等。

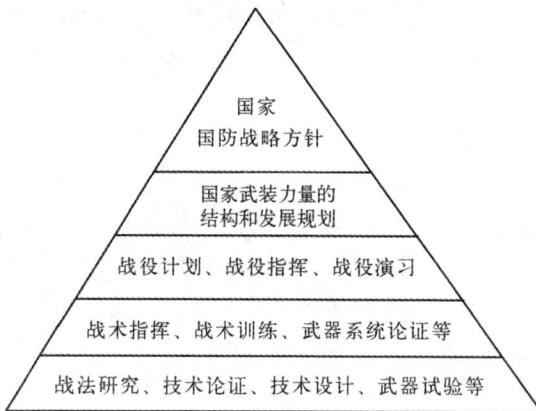

图 1-2　作战决策层次结构

3. 现代海战模拟增加了作战训练的手段

实兵演练是作战训练的最佳手段，但往往花费巨大的人力物力，而且受客观条件的限制，有些训练科目无法进行，同时，实兵演练是无法重复进行的。作战模拟可以在非实战条件下，模拟接近实战条件下的作战过程，是极好的作战训练手段。

与传统的人工训练方式相比，作战模拟提供更接近实际的训练环境。现代作战模拟可以采用现代通信、计算机、多媒体等技术，逼真描述现实战场环境，可以对各种复杂条件下的作战过程进行模拟训练，同时也可以与实际武器装备结合起来，提高武器装备的操作和运用水平。

9

作战训练的基本要求是逼真、灵活、经济、可行，作战模拟训练成本低、效率高，具有逼真、实时性、连续性和可重复性等优点，通过采用不同的规模和方式，可以提供大规模战役演习、战术对抗、武器操纵等不同层次的训练手段，满足各种情况下作战训练的要求。

1.3.2 海战模拟的应用领域

虽然从古代战争到现代战争都有把作战模拟用于战争计划的实例，但只是在现代计算机高速发展条件下出现的现代作战模拟，才使人们对作战过程的研究和分析发生了从定性到定量的质的飞跃，完成了从硬模拟到软模拟的过渡，实现了现代新技术与军事艺术的结合，现代作战模拟使人们可以对各种复杂的军事问题或作战行动获得深刻的定量认识。这种定量分析的结果，不仅能提供好与坏、强与弱、多与少、大与小等相对性质上的结论，而且还能提供差别程度的具体数值。随着计算机技术的快速发展，作战模拟的效率有了很大的提高，用途更加广泛，用于分析评估未来战争中武器和战略的作用更加突出。

1. 现代海战研究

作战模拟技术运用于现代海战研究具有革新意义，能使战争研究从过去偏重于定性分析转变到强调定量分析，并使二者紧密结合起来，从而把现代海战问题的研究提高到一个新的水平。

1）现代海战军事理论研究

现代海战军事理论研究包括作战思想、作战理论和战术理论研究。海战模拟是检验作战理论、作战思想研究成果真实性的手段之一，在作战思想与作战理论的研究方面，具有广阔的应用前景。事实上，只要运用正确的建模方法与建模思想，所建立的海战模拟系统可以用于现代海战军事理论的研究，并大大提高作战理论的说服力。通过模拟推演，还可以探索和改进新的作战思想和作战方法。

2）作战方案和作战能力的评估

（1）作战方案评估。

作战模拟可以用来评价作战计划和作战方案。通过模拟展现可能的作战结局，找到执行作战计划中的关键，以帮助指挥人员和参谋人员发现作战计划的优缺点；推演未来战争在各种不同情况下的可能结果；评估敌我军事集团的战斗能力、军队编成、兵力兵器配备的保障程度以及各种决心的优劣程度。可以大大提高预见能力，减少情势的不可测性，提高指挥人员决策的科学性、计划的合理性及指挥军队的坚定性。

（2）作战能力评估。

计算部队作战能力的传统方法是静态对比法，即对敌我双方进行建制单位对比、武器数量对比、人员数量对比。这是一种把每一支部队、每一件武器和个人都放在同一个基点上对比的方法。这种对比方法忽略了作战编组、部署、地形、组织指挥等因素对作战效果的影响，只能反映部队的作战实力，不能反映其作战能力。

2. 辅助指挥决策

在制订部队的作战方案时，经常会遇到一些难以确定的问题，例如，多种打法和多种方案的优选。解决这种问题的传统方法是，由最高领导者的经验来确定。这样做的结果，既不能使有分歧的问题达到心悦诚服地统一，也不能很好地博采众长、集中各个方案的优点以形成更好的方案。

当用计算机对各方案进行比较时，可对每一个方案分别进行模拟计算，在战果分析中，既可比较各个方案的优劣，也可把各个方案中影响战果的重要环节找出来，从而避害趋利形成新的优化方案。用同一个模型比较不同的作战方案，实际上是用同一尺度进行统一的衡量，因而模拟计算的结果是相对准确和可信的。

3. 军事训练

作战模拟可以用于训练指挥官和参谋人员，提高指挥官的组织、计划能力和对各种情况的处置能力，考查参谋人员在各种环境中的适应能力、表现和水平。例如，美国国防大学为军官开设了军事政治模拟课程、联合与合成作战模拟课程。美国海军学院的作战模拟训练中心，平均每周进行一次作战模拟训练。

4. 深化军事学术研究

军事学术研究最重要的作用是为军事工作的决策提供咨询建议，为军事工作的发展发挥先导作用。在军事学术研究中所提出的新理论、原则和观点，以及一些有争议的问题，都可通过作战模拟评估其价值和可行性。

作战模拟的理论虽然其发展历史还不够长，但是经过科学家和军事家们的共同努力，已在实践中积累了不少的经验，解决了众多的军事问题。作战模拟是一种研究作战问题的科学好方法，特别是对一些复杂的军事系统及战争过程中人员伤亡等无法实际试验的活动，作战模拟的方法是唯一能够获得近乎实际信息的重要有效方法。作战模拟已成为进行战略分析、战争研究和制定战略规划的主要手段，作战模拟方法已代替了大量的靶场试验和实弹射击，代替了部分大规模的军事演习，广泛地用于武器论证和武器发展趋势的预测等。

第 2 章　系统仿真与战场仿真

在研究作战模拟系统中，构建战场仿真环境是一项重要的内容。将系统仿真技术理论应用到战场仿真系统中，使作战模拟系统的建立具有科学的理论依据，更加符合客观实际。

本章简要介绍系统仿真的基本概念和系统仿真技术在构建战场仿真环境中的应用。

2.1　系统仿真

2.1.1　系统仿真的基本概念

系统仿真是以相似原理、系统技术、信息技术及其应用领域有关专业技术为基础，以计算机和各种专用物理效应设备为工具，利用系统模型对真实的或设想的系统进行动态研究的一门多学科的综合性技术。其中，相似原理是系统仿真的主要理论依据。

所谓相似性原理是指模型和被仿真对象必须相似，或在某些特征上相似，或在某些条件下相似，如几何相似、结构相似、性能相似、运动过程相似、工作原理相似、运动变化规律在数学描述上相似。

相似性是客观世界的一种普遍现象，它反映了客观世界的特性和共同规律。采用相似技术来建立实际系统的相似模型，这是相似理论在系统仿真中基础作用的根本体现。

不同种类的系统，其基本特征都归结为行为等价。不同领域中的相似有各自特点，人们对各领域的认识程度也不一样。归纳一下，相似大致有如下基本类型。

1. 几何相似

结构尺寸按比例缩小得到的模型，称为缩比模型，如风洞或水洞试验所用的模型。

2. 离散相似

采用差分法、离散相似法等把连续时间系统离散化为等价的离散时间系统。

3. 等效

保证数学描述相同或者频率特性相同，用于构造各类仿真器的相似原则。

4. 感觉相似

感觉相似涉及耳、眼、鼻、舌、身等感官和经验，人在回路中的仿真把感觉相似转化为感觉信息源相似。例如，培训仿真器和虚拟现实均是利用了这种相似原则。

5. 思维相似

思维相似包括逻辑思维相似和形象思维相似，用数理逻辑表示知识，建立知识的逻辑符号系统，对符号公式进行判断和推理，如早期专家系统的基于逻辑的心理模型。形象思维相似是人大脑右半球的功能。人工神经网络（ANN）是以脑神经为原形所构造的简化模型，用来实现对刺激的适应性反应。

2.1.2 系统仿真的分类

可以从不同的角度对系统仿真加以分类。比较典型的分类方法包括：根据仿真所采用的计算机类型分类；根据仿真时钟与实时时钟的比例关系分类；根据系统模型的特性分类等。

1. 根据计算机分类

按所使用的仿真计算机类型可将仿真分为三类：模拟计算机仿真、数字计算机仿真和数字模拟混合仿真。

1）模拟计算机仿真

将系统数学模型在模拟机上加以实现并进行试验称为模拟计算机仿真。模拟计算机使用一系列运算器和无源器件相互连接成仿真电路。模拟计算机本质上是一种通用的电气装置，这是 20 世纪 50—60 年代普遍采用的仿真设备。由于各运算器并行操作，所以运算速度快，实时性好。其缺点是计算精度低，线性部件运算误差为千分之几，非线性运算误差在百分之几，而且排题工作繁复，模型变化后更改困难。

2）数字计算机仿真

数字计算机仿真即将系统模型用一组程序来描述，并使它在数字计算机上运行。数字计算机精度高，一般可以达到所期望的有效数字位，且可以对动态特征截然不同的各种动态系统进行仿真研究，但运算速度慢。

3）模拟数字混合仿真

混合仿真系统有两种基本结构：一种是在模拟机基础上增加一些数字逻辑功能，称为混合模拟机；另一种是由模拟机、数字机及其接口组成，两台计算机之间利用 D/A 及 A/D 转换来交换信息，称为数字—模拟混合计算机。

本质上，模拟机仿真是一种并行仿真，即仿真时，代表模型的各部件是并发执行的。早期的数字计算机仿真则是一种串行仿真，因为计算机只有一个中央处理器，计算机指令只能逐条执行。为了发挥模拟计算机并行计算和数字计算机强大的存储记忆及控制功能，以实现大型复杂系统的高速仿真，20 世纪 60—70 年代，在数字计算机技术还处于较低水平时，产生了数字—模拟混合仿真，即将系统模型分为两部分，其中一部分放在模拟计算机上运行，另一部分放在数字计算机上运行，两个计算机之间利用 A/D 和 D/A 转换装置来交换信息。

20 世纪 50—70 年代，模拟机仿真和模拟数字混合仿真十分流行，在数字计算机速度不断增长的情况下数字仿真速度慢的缺点已得到克服，现在已逐渐被数字仿真所取代。因此，从模拟计算机仿真、数字模拟混合仿真到数字计算机仿真也是计算机发展的三个阶段。

2. 根据仿真时钟与实际时钟的比例关系分类

实际动态系统的时间称为实际时钟，而系统仿真时模型所采用的时钟称为仿真时钟。前者受实际时钟控制，而后者受仿真时钟控制，根据实际时钟与仿真时钟的比例关系，系统仿真分类如下：

1）实时仿真

仿真时钟与实际时钟是完全一致的，也就是模型仿真的速度与实际系统运行的速度相同。当被仿真的系统中存在物理模型或实物时，必须进行实时仿真，例如各种训练仿真器就是这样，有时也称为在线仿真。

2）欠实时仿真

欠实时仿真又称亚实时仿真，仿真时钟比实际时钟慢，也就是模型仿真的速度慢于实际系统运行的速度。当对仿真速度要求不苛刻的情况下均是欠实时仿真，例如，大多数系统离线研究与分析，有时也称为离线仿真。利用数字计算机仿真时，如果计算机的速度较慢，跟不上实际系统的速度，则采用欠实时仿真方式。

3）超实时仿真

仿真时钟比实际时钟快，也就是模型仿真的速度快于实际系统运行的速度。作战模拟系统中，一般情况是采用实时仿真方式。但是，如果在较长的舰艇航度时间内没有战术情节出现，可以加快训练时钟的速度，缩短无效训练时间，避免训练内容脱节的现象。

3. 根据仿真系统的结构和实现手段不同分类

1）数学仿真

实际系统全部由数学模型代替，并把数学模型变成仿真模型，在计算机上对实际系统进行研究的过程，称为数学仿真。由于计算机技术的发展为数学仿真创造了良好的环境，使得数学仿真变得方便、灵活、经济，因而数学仿真亦称为计算机仿真。数学仿真的缺点是受限于系统建模技术，即系统的数学模型不易建立。

2）物理仿真

物理仿真又称物理效应仿真，指的是研制某些硬件结构（实体模型），使之可重现系统的各种状态，而不必采用昂贵的原型。物理仿真的优点是直观、形象。在计算机问世以前，基本上是物理仿真，也称为"模拟"。物理仿真的缺点是：模型改变困难，试验限制多，投资较大。

3）半实物仿真

半实物仿真又称硬件在回路中仿真。在某些系统研究中，将数学模型与物理模型甚至实物联合起来进行试验。对系统中比较简单的部分或对其规律比较清楚的部分建立数学模型，并在计算机上加以实现；而对比较复杂的部分或对规律尚不十分清楚的系统，其数学模型的建立比较困难，则采用物理模型或实物。仿真时将两者连接起来完成整个系统的试验。

4）人在回路中仿真

含人在回路中的仿真系统，要着重解决人的感觉环境的仿真生成技术，其中包括视觉、听觉、动感、力反馈等仿真环境（图2-1）。

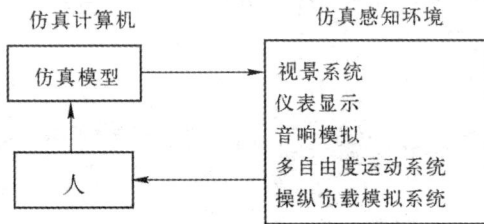

图2-1　人在回路中仿真系统

5）软件在回路中仿真

这里所指的软件是实物上的专用软件，如武器系统中的战术决策、信息处理、控制软件。这类仿真又称为嵌入式仿真。

2.1.3　系统仿真的一般流程

现代仿真技术均是在计算机支持下进行的，因此，系统仿真也称为计算机仿真。系统仿真有三个基本的活动，即系统建模、仿真建模和仿真试验，联系这三个活动的是系统仿真的三要素，即"系统、模型、计算机（包括硬件和软件）"。它们的关系可用图2-2描述。

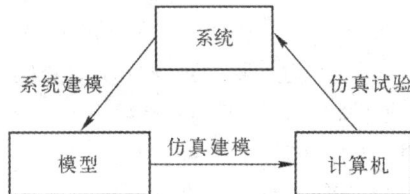

图2-2　系统仿真关系图

"系统、模型、仿真"三者之间有着密切的关系。系统是研究的对象，模型是系统的抽象，仿真是通过对模型的试验以达到研究系统的目的。

由此可见，系统仿真是通过研究模型来揭示原型（实际系统）的形态特征和

15

本质，从而达到认识实际系统的目的。

数字仿真试验的一般过程如图 2-3 所示。

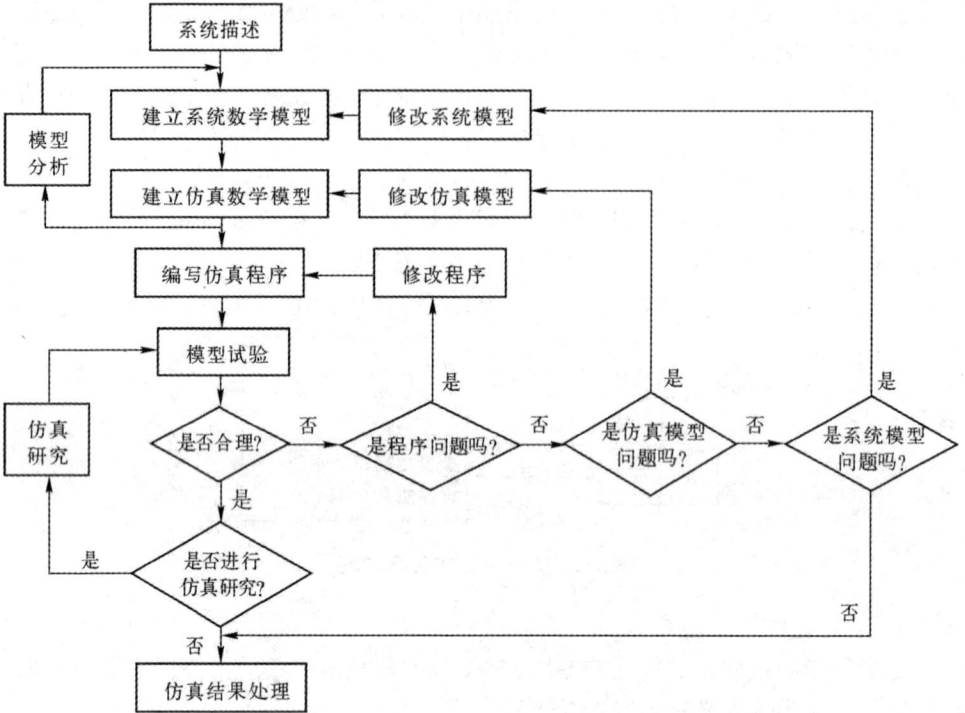

```
            ┌──────────┐
            │ 系统描述 │
            └────┬─────┘
     ┌────────────┼──────────────────────────────────────────┐
  ┌──┴──┐  ┌──────────────┐   ┌──────────────┐                │
  │模型 │  │建立系统数学模型│←──│ 修改系统模型 │←─────────────┤
  │分析 │  └──────────────┘   └──────────────┘                │
  └──┬──┘  ┌──────────────┐   ┌──────────────┐                │
     │     │建立仿真数学模型│←──│ 修改仿真模型 │←──────────┐   │
     │     └──────────────┘   └──────────────┘           │   │
     │     ┌──────────────┐   ┌──────────┐               │   │
     │     │ 编写仿真程序 │←──│ 修改程序 │               │   │
     │     └──────────────┘   └──────────┘               │   │
     │     ┌──────────┐                                  │   │
     │     │ 模型试验 │                                  │   │
     │     └──────────┘                                  │   │
  ┌──┴──┐  ◇是否合理?◇ 否 ◇是程序问题吗?◇ 否 ◇是仿真模型 否 ◇是系统模型
  │仿真 │                                    问题吗?◇       问题吗?◇
  │研究 │                                                  │   │
  └──┬──┘     是│                                          │   │
     │是    ◇是否进行                                      │   │
     │      仿真研究?◇                                     │   │
     │                                              否    │   │
     │        否│                                          │   │
     │     ┌──────────────┐
     └─────│ 仿真结果处理 │
           └──────────────┘
```

图 2-3　数学仿真试验的一般过程

数字仿真试验的主要工作流程内容分别为：

（1）系统定义。根据仿真的目的，规定所仿真系统的边界、约束条件。

（2）数学建模。根据系统试验知识、仿真目的和试验资料确定系统数学模型的框架、结构和参数。模型的繁简程度应与仿真目的相匹配。要确保模型的有效性和仿真的经济性。

（3）仿真建模。根据数学模型的形式、计算机的类型以及仿真目的将数学模型转变成仿真模型，建立仿真试验框架。应进行模型变换正确性校核。

（4）装载。利用仿真软件将仿真模型输入计算机。设定试验条件及记录变量。

（5）试验。根据仿真目的在模型上进行试验。

（6）结果分析。根据试验要求对结果进行分析、整理及文档化。根据分析的结果修正数学模型、仿真模型、仿真程序，以进行新的试验。

2.1.4　系统仿真的作用

由于仿真技术在应用上的特殊功效，仿真技术获得了十分广泛的应用。首先，由于仿真技术在应用上的安全性，航空、航天、航海、核电站等一直是仿真技术应用的主要领域。特别是在军用领域，仿真技术已成为武器系统研制与试验中的先导技术、校验技术和分析技术。因为武器系统都是多模式复合系统，为了测试其多种功能，就要在一个受控环境中，输入各种模式情况下所要求的各种激励信号，并确定系统对激励信号的响应灵敏度。由于受到实际飞行和航行试验条件的限制，多功能测试是难以实现的，而仿真试验可以比较方便地取得统计性数据。其次，仿真技术在应用上的经济性，也是被广泛采用的十分重要的因素。世界各国几乎所有大型的发展项目，如阿波罗登月计划、战略防御系统、计算机集成制造、并行工程等，因为投资极大，又有相当的风险，而仿真技术的应用可以用较小的投资换取风险上的大幅度降低。根据国外有关统计资料分析，由于采用系统仿真技术，使武器系统靶场试验次数减少了30%～60%，研制费用节省了10%～40%，研制周期缩短了30%～40%，从而使型号研制得到很高的效费比。

仿真技术在复杂工程系统的分析和设计的研究中已成为不可或缺的工具。系统的复杂性，主要体现在三个方面，即复杂的环境、复杂的对象和复杂的任务。然而不管系统多么复杂，只要能正确地建立起系统的模型，就可利用仿真技术对系统进行充分的研究。仿真模型一旦建立，可以重复使用，而且改变灵活，便于更新。经过仿真逐步修正，从而深化对其内在规律、外部联系及相互作用的了解，以采用相应的控制和决策，使系统处于科学化的控制与管理之下。

归纳起来，在进行系统性能研究的过程中，系统仿真技术的主要作用有：

（1）优化系统设计。在复杂的系统建立之前，能够通过改变仿真模型结构和调整参数来优化系统设计。

（2）对系统或系统的某一部分进行性能评价。

（3）节省经费。仿真试验只需在可重复使用的模型上进行，所花费的成本比在实际产品上做试验低。

（4）重现系统故障，以便判断故障产生的原因。

（5）可以避免试验的危险性。

（6）进行系统抗干扰性能的分析研究。

（7）训练系统操作人员。

（8）为管理决策和技术决策提供依据。

2.2　战场仿真系统的建立

在作战模拟系统中，战场仿真系统可以看作一个子系统，它的主要功能就是用于仿真描述战场中各种兵力的作战活动，客观表现作战发展变化的过程。例如，舰艇和飞机的战术机动、使用各种武器以及自然环境条件的影响等。战场仿真系统接收用户的各种操作指令，经过数据调用、仿真计算、逻辑判断产生虚拟战场的数据源。这些数据输出到显示模块，用于二维或三维战场图形显示或数据表页显示。

在研制作战模拟系统时，建立虚拟的战场，对实际兵力及其战斗活动规律进行仿真，是一项重要研究内容。在虚拟的战场中，虚拟兵力的特性及其活动规律，对其所模拟的实际兵力的仿真程度将直接影响模拟结果的真实性、客观性和公正性。

下面介绍应用现代系统仿真技术的基本理论对作战兵力和武器装备战斗使用特性仿真的一般方法。

2.2.1 建立战场仿真系统的基本思路

根据系统仿真理论，我们把战场看作一个系统，以海战场为例，它具有系统整体性和相关性这两个基本特征。整体性：这个系统是由敌对双方的兵力使用各自某种武器，在一定的海域进行的战斗所组成。其中，敌方、我方和作战海域是战斗不可缺少的部分，如果缺少任一部分，就无法构成一次战斗。相关性：系统内部各组成部分相互之间以某种规律联系，它们的特定关系形成了具有特定性能的系统。在海战中，敌对双方围绕着消灭对方、相互侦察、进行战术机动，以及实施进攻、防御等战斗活动，使战斗进程不断发展变化。战场系统中的各组成部分既相互依存又相互制约，按照某种平衡关系运动着。

任何系统都存在三方面需要研究的内容，即实体、属性和活动。为研究战场这个系统，我们要确定战场系统中的实体以及它的属性及活动这"三要素"。

实体作为系统的组成元素，同时也是系统研究的对象；属性是实体所具有的客观特性，它描述每一个实体所具有的有效特征；而活动定义了系统内部实体之间的相互作用；因此，海战场系统中的"三要素"——实体、属性和活动可以理解为：各种作战兵力是仿真实体，它的属性是该仿真实体所描述的真实兵力所具有的与作战有关的各种战术技术性能数据和当前状态，由具备不同属性的各种仿真实体之间进行的相互作用，导致系统状态发展变化。

海战离不开自然环境，包括作战海域的各种水文气象条件。同时，各种自然条件也影响着战斗进程。因此，海战仿真系统是开放系统。在研究海战仿真系统时，首先要描述清楚系统的实体、属性、活动和环境。

如果战场系统模型的建立是在给定外界环境的条件下，主要研究系统内部各种实体相互作用的规律，例如建立在给定的水文气象条件下的反舰导演武器试验系统模型，可以将系统环境的影响作为初始条件，在系统运行时为常量，这类系统可以看作封闭系统。

在战场系统中明确"三要素"的组成，便于深入认识并掌握战场仿真系统的规律，不仅定性地了解系统，而且有利于定量地分析系统，特别是便于系统开发者应用面向对象技术建立虚拟战场多层次结构框架、作战兵力的类库和对象，使系统建模更加科学、合理，符合人的自然思维方式，在系统的程序设计阶段可进行模块化开发，程序变得容易理解，增强可读性、可重用性、可扩充性等。

2.2.2　作战模型的分类

作战模拟数学模型根据其性质和建模方法不同分为解析模型、概率模型、思维模型和混合模型。

1. 解析模型

解析模型是用确定性的数学表达式来描述客观事物的模型，它是现代作战模拟数学模型的基本形式，反映了作战过程中各种因素最基本的特征及其各种因素之间的关系。在海战模拟中，存在大量这样的因素，都可以用解析模型来表达。如目标运动要素的解算、可攻击阵位的解算、武器攻击中射击诸元的解算等。解析模型的表达式可以采取与实装作战系统中实际采用的模型完全一样的形式。

2. 概率模型

概率模型是表达客观事物随机特征的模型。在海战中存在着大量的随机因素，这就需要采用概率模型来模拟。概率模型采用抽取随机数模拟随机因素。如导弹的命中概率、炮弹的弹着点散布规律等。

3. 思维模型

思维模型用于模拟人的思维过程，由于作战行动在很大因素上取决于指挥员的作战指挥决策过程，所以，作战过程模拟的主要内容就是指挥员作战指挥决策过程的模拟，因此，应当建立思维模型来模拟指挥员作战指挥的决策过程。

建立作战指挥决策的思维模型是比较复杂的。指挥员的决策过程与战场形式、历史经验、指挥员素质、作战指导思想、武器装备特性和当时的状态等诸多因素有关，很难采用传统的方法描述。随着计算机技术的发展，人工智能技术不断完善，使得建立思维模型成为可能。人工智能方法是一种描述人类思维过程的方法，适用于描述指挥员作战指挥的决策过程。

4. 混合模型

在海战中有许多过程不能直接用一种形式的模型来表达，往往是既有确定性因素又有随机因素的影响，对于这种复杂情况，可采用混合模型进行模拟。混合模型通常是解析模型与概率模型的有机结合，或者是概率模型与思维模型的有机结合，或者是解析模型与思维模型的有机结合，甚至是解析模型、概率模型与思维模型三者的有机结合。例如，舰艇的机动过程的模拟，按照理论计算方式建模，是一个确定性问题，但考虑到很多因素的影响，应采用解析模型与概率模型相结合的方式。又如，舰艇攻击过程中，指挥员的指挥决策过程要用思维模型描述，同时舰艇攻击参数的解算是确定性问题，应采用解析模型模拟。这样，舰艇的攻击模型就需要采用解析模型与思维模型相结合的方式。

作战模拟数学模型根据其功能和作用的不同大体上分为：环境仿真模型、兵力兵器作战特性仿真模型、探测模型、情报处理模型、作战指挥模型、战术机动模型、武器攻击与防御模型等。这些模型很难用单一形式模型来描述，都是由许多特定功能的子模型所组成的混合模型。

2.2.3　作战模型的设计方法

在军事上用来研究以作战为目的的模型称为作战模型。作战模型是作战过程的抽象，是作战过程的一种类比表示。作战模拟就是作战模型的试验过程。

由于现代作战模拟通常是建立在数学模型和计算机技术基础上的，所以，建立作战模拟数学模型是现代作战模拟中的主要研究内容。

模型设计是科学性和艺术性相结合的工作。科学性体现为所设计的模型主要是表示定量关系的数学模型。艺术性则体现为设计过程中为达到有目的地简化抽象所进行的一系列选择判断，例如，简化和假定条件的设定；构模方法的选择；用公式描述和用语言或逻辑描述的结合；子模型精度与总体精度的协调；计算精度与复杂程度的权衡等。

要使作战模拟技术真正成为解决军事运筹问题的有力工具，必须解决作战模型的合理构造问题。

高新技术条件下的军队作战是大规模复杂系统行为。这类系统一般都含有众多相互作用的单元，系统状态需要成百上千个状态变量来描述；系统处于与外界环境相互作用的开放状态；系统对外界作用的反应除受系统内外各种确定性因素和随机因素制约外，还取决于在系统中起重要作用的人的决策和行为过程；系统整体追求的是多个互不相同甚至互相矛盾的目标；系统动态过程错综复杂，各子过程时间尺度相差很大。这些特点给构模带来了巨大困难。实践表明，要克服作战模型构模的困难，应根据系统论思想把握好模型的层次性，并恰当运用各种数学工具。

1. 确定模型的层次

模型的层次是指模型所描述仿真实体及其作战行动的规模，它与模拟分辨率有着直接的关系。

从系统论的观点看，作战系统应当从不同层次加以描述。在建立作战模型时，首先应根据模型的目的及提供的模拟资源，确定模型描述的系统层次。

复杂系统层次结构分层的原则是每一层次的活动或事件有不同的重要属性。因此，构模时应根据模型层次决定模型在实体大小、空间属性、时间属性和效能属性等方面的分辨程度。低层次的模型通常分辨程度较高，模型较复杂，运行要求较多的计算机资源。高层次的模型分辨程度低，因而模型不一定很复杂，通过模拟可直接给出系统演变的宏观描述。例如，对军队作战系统，在低层次上，可建立描述单辆坦克或步兵排战术动作的格斗模型；在高层次上，可建立以师或团为描述单位，反映现代诸兵种合同战役进程的宏观战役模型。

分辨程度高的模型，可以是以单件武器系统为单位建立的作战仿真模型；在这种模型以上各层次的不同分辨程度的模型，则需要根据聚合原则建立。所谓聚合，就是把若干个体集总成为表示这些个体总和的综合体。根据聚合原则，构模时应按模型层次确定模拟对象的聚合特性。

模拟作战单位的聚合特性关系到模型能否实现其预定功能。一般构模中需考虑的最基本聚合特性是模拟作战单位的兵力和空间位置。除此之外，在某些仿真作战模型中，还需要考虑模拟作战单位的其他特性和相互间关系等方面的聚合特性。构模中如何定义模拟单位的聚合特性，而又在描述上保持足够的详细程度，这同样是构模艺术的问题。

2. 建立作战模型

在确定模型描述对象并定义其聚合特性之后，便可以依据作战行动的规则或一般规律建立模型。作战模拟数学模型的建模方法灵活多变，没有固定的规则，建立模型是一种创造性活动。这里讨论建模的一般方法。

1）直接分析法

当问题比较简单或比较明显，按照问题的性质和范围，直接做出模型。舰艇作战过程中存在大量的因素，可以直接采用一定的算法描述。

例如，舰艇使用小口径火炮抗击来袭导弹时，有这样的基本假设，小口径火炮发射的弹幕中每发炮弹的命中概率有一个很小的固定值，一般为千分之一左右。那么，在小口径火炮对导弹的抗击成功概率的模拟中，可以采用直接分析的方法建立抗击模型。

假设小口径火炮的最大有效射程为 R_{max}，最小有效射程为 R_{min}，发射率为 V_x，炮瞄雷达的预警距离为 D_j，来袭导弹的飞行速度为 V_D。

那么，小口径火炮在其有效射程内发射的炮弹数量 N 为：

$$N = \begin{cases} \dfrac{R_{max} - R_{min}}{V_D} V_x & D_j \geqslant R_{max} \\[3mm] \dfrac{D_j - R_{min}}{V_D} V_x & D_j < R_{max} \end{cases} \qquad (2\text{-}1)$$

假设只要命中一发炮弹，导弹就被击落，每发炮弹的命中概率为 q，则导弹被击落的概率 P 为：

$$P = 1 - (1 - q)N \qquad (2\text{-}2)$$

通过式（2-1）和式（2-2）就可以计算小口径火炮的命中概率，然后采用概率模型描述小口径火炮的攻击效果。

2）统计方法

统计方法构模的特点是在模型中直接描述、处理随机因素，其实质是获取随机事件或过程的大量现实，并通过处理这些现实得到过程参数或统计特性的估计值。

统计方法的优点在于它可应用于具有随机结果的任何问题，并能在必要的试验次数下达到要求的精度。

军事构模中常用的两种统计构模方法是回归分析方法和统计试验法。在一定程度上，这两种方法是相关的，因为统计试验方法可用于产生回归分析所必需的数据。

3）概率方法

概率方法是在模型中描述随机现象的一种间接方法，即通过建立随机变量或随机事件概率特征之间的数学关系来描述军事行动中随机因素的影响。这些概率特征通常限于事件概率、随机变量的数学期望和标准偏差等少数参数，因此所建立的模型一般比统计试验模型要简单而易于理解。然而，随机变量或随机事件的概率特征仅在其分布满足一定条件时，才能由少数概率特征完全确定，所以概率方法一般适用于这样的随机变量，它们经运算、变换后，其概率分布仍接近易于解析处理的概型。

4）优化方法

从数学结构上看，大多数作战模型把作战行动的效能指标表示为一组输入参数的函数。模拟的任务在于确定输入参数的改变如何影响效能指标的改变。然而，在许多情况下，人们希望寻找对给定输出的一组输入值，即当输出是给定模型效能指标的最佳值时，确定得到这一最佳输出的输入条件。这时，就需要利用最优化方法。借助最优化技术，人们可确定预期的最大毁伤目标数，并给出达到这一最大效能的运行条件。

一般来说，最优化问题的求解在数学上要比常规问题复杂得多。为了使优化问题求解切实可行，首先，应使所描述的从输入到输出关系的数学模型符合最优算法要求的预定数学结构；其次，应对输入参数的可能取值加以限制，即给出约束条件；最后，由于大多数作战行动的最优化必须按多个效能指标确定，而最优化模型通常只限于现实问题很窄的一个方面，因此，应用最优化方法的模型最适用于可用其他类型模拟来补充最优化方法结果的情况。

2.2.4 海战模拟系统中的主要模型

用于作战模拟的作战模型种类繁多，根据系统的具体作用，作战模型的数量又有所不同，没有统一的标准。在海战模拟系统中，根据模型在系统中所起的作用大致可分为兵力兵器作战特性仿真模块、作战指挥辅助决策模块、用于智能兵力的作战决策模块、对抗效果仿真计算模块、模拟效果评估模块、战场环境描述模块、战场信息实时显示模块、专用文件管理模块等（图2-4）。

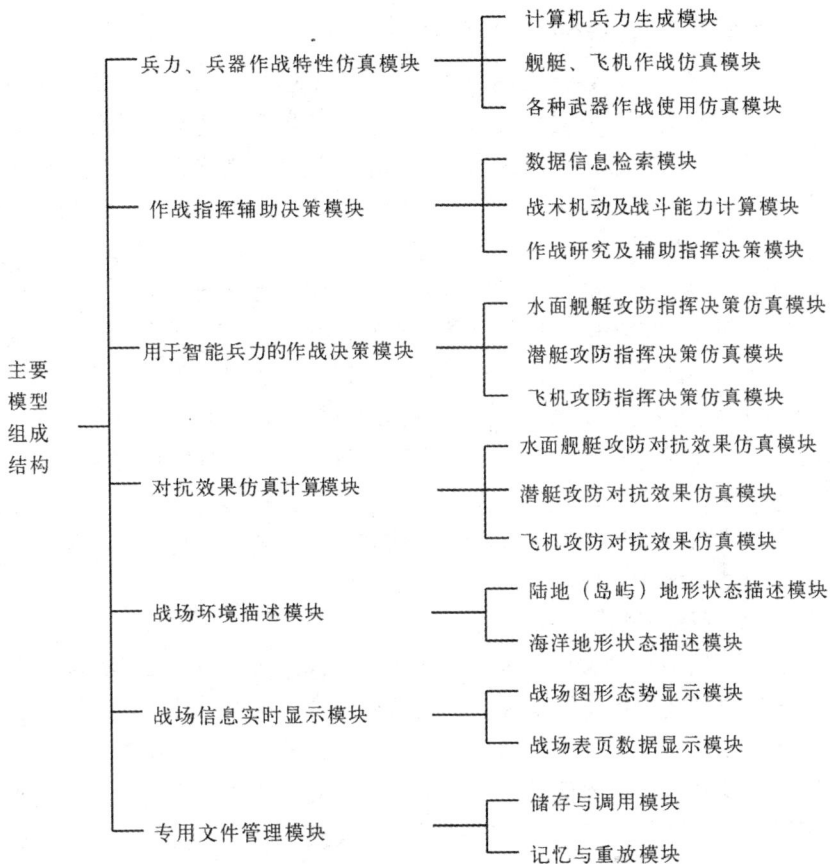

图 2-4　海战模拟系统中的主要模型

作战模拟软件系统是在数据库支撑下，以作战决策模块为核心、战场仿真系统为中枢的应用软件系统。该系统由数据库、人机交互界面、战场仿真系统、作战决策模块和图形、数据显示模块组成。图 2-5 是作战模拟软件系统的典型结构。

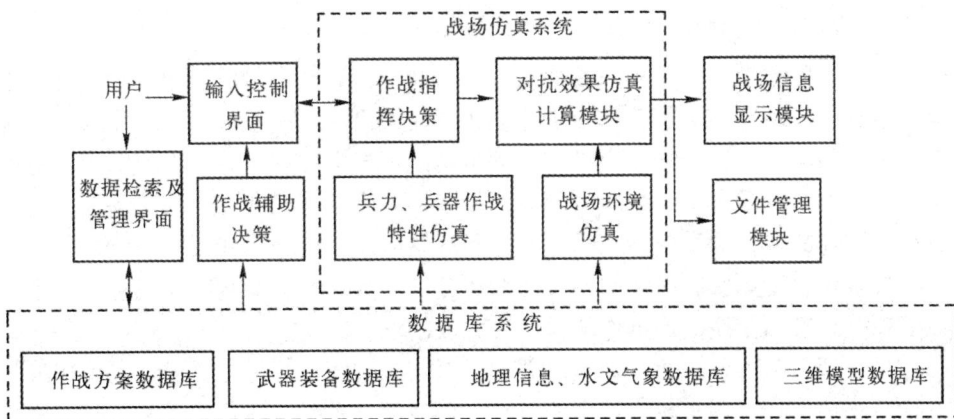

图 2-5　作战模拟软件系统的典型结构

1. 兵力、兵器作战特性仿真模型

兵力、兵器作战特性仿真模型用于完成对舰艇、飞机等仿真兵力的生成，即构件系统的仿真实体，并对仿真兵力所载各种武器装备进行初始化。具体地说，调用数据库中的兵力数据，以真实兵力的战术技术性能作为仿真实体的属性，如外形尺寸、最大航速、续航力、武器装备数量和武器射界等，对于飞机还有升限，对于潜艇还有下潜最大深度、水下航速等。这些属性决定了仿真实体的性能特征；以真实兵力的战斗活动规律来建立实体活动函数，如舰艇搜索跟踪、导弹攻击、炮火攻击、对空防御等战斗过程函数，这些过程函数反映仿真实体的活动特点，在虚拟系统中模拟了真实兵力的活动特点。以水面舰艇为例，主要仿真模型有雷达搜索及目标录取模型、声纳搜索及目标录取模型、舰艇搜索机动模型、舰艇战位机动模型、舰艇导弹攻击模型、舰艇炮火攻击模型、舰艇鱼雷攻击模型、火箭深弹攻击模型、有源干扰模型、无源干扰模型及各种防御模型。

舰艇、飞机各种性能参数繁多，在建立仿真实体时，重点考虑那些对作战影响较大的因素，抓住主要环节，放弃次要因素。

2. 作战指挥辅助决策模型

作战指挥辅助决策模型用于辅助指挥员进行作战分析，优选作战方案，定下决心。模块包括数据信息检索模块、战术机动及战斗能力计算模块和作战研究及辅助指挥决策模块等，其中数据信息检索模块为受训人员提供敌我兵力及武器装备情况、地貌及水文气象信息等；战术机动及战斗能力计算模块完成舰艇战位绘算、武器战斗使用计算等任务；辅助指挥决策模块提供辅助作战方案，供指挥员参考。目前，在作战指挥控制系统的新型舰艇中，装备各种用于辅助决策的战术软件，在训练或作战研究时，也应该为受训者提供在功能上与实装相同的设备。但是，作为模拟训练系统，要明确系统应该提供决策功能的范围，避免将本应该受训人员完成的事情用计算机来完成，变成"机器与机器"对抗，应该认清计算机在作战模拟中应起到的作用。

3. 作战决策模型

作战决策模型较多地用在智能兵力的作战决策行动中。所谓智能兵力是指根据作战任务、战场态势和战术知识库能实时地做出战术决策，智能地完成某些作战任务的仿真实体。智能兵力在作战模拟中既可充当受训一方的作战对手，也可担任本方的协同兵力。作战决策模型包括水面舰艇、潜艇和飞机攻防指挥决策仿真模型，作战决策内容包括按照作战任务选择航线、选择最佳攻击阵位、使用何种武器攻击、受到威胁时采取何种防御措施等。因此，智能兵力作战行动各个阶段的作战状态的转换是通过作战决策来完成的。

建立智能兵力作战决策模型的关键是对作战过程进行量化描述，采用作战状态定量描述作战过程是较为常用的方法。作战状态是指智能兵力在某一时间段内所处的战斗状态，且相互独立。在某一作战状态下，智能兵力的作战过程可以采

用一定的数学模型进行量化描述，作战状态的变化过程在一定意义上来说就是智能兵力的指挥决策过程，作战决策模型主要用来描述作战状态的变化过程。

传统的指挥决策模型采用逻辑判断模型，即根据作战思想，将一系列的战术原则进行量化表示，建立相应的逻辑表达式，并将作战状态的变化与逻辑表达式相联系。在作战模拟中，根据战场态势等有关因素，在每一步长内进行逻辑判断，逻辑判断结果确定了作战状态的变化趋势。逻辑模型的基本形式为：

当前作战状态→满足状态转换条件→新作战状态

智能兵力在当前作战状态下，满足状态转换条件时转入新的作战状态。例如，水面舰艇在航渡时，发现敌空中威胁目标时，转入对飞机或对导弹防御状态。

作战状态的转换条件就是体现作战原则的逻辑表达式，是作战模拟战术想定的具体体现，其逻辑表达式有以下形式：

```
switch（作战条件）
{
  case 1：作战状态为 A；break；
  case 2：作战状态为 B；break；
        ……
  case n：作战状态为 X；break；
}
```

因此，建立智能兵力作战决策模型的关键是划分作战状态以及每一作战状态下的基本战术原则，作战状态和作战状态转换应该在作战模拟战术想定中体现出来。例如，对于舰艇作战过程，广义上可划分为观察、攻击、防御三种作战状态。显然，在这样的作战状态下，舰艇作战过程仍然非常复杂，无法用数学模型进行描述。那么，对每一个作战状态可继续划分二级作战状态，将观察状态划分为搜索、跟踪、接敌等状态，攻击状态划分为舰机协同攻击、导弹攻击、鱼雷攻击、火炮攻击、深弹攻击等状态，防御状态划分为防御导弹、防御鱼雷、防御飞机、防御舰艇等状态。这样就可以形成舰艇的作战状态集。

舰艇的一级作战状态：

舰艇作战状态={观察，攻击，防御}={0,1,2}

舰艇的二级作战状态：

观察状态={搜索，跟踪，接敌}={0,1,2}

攻击状态={直升机攻击，导弹攻击，鱼雷攻击，火炮攻击，深弹攻击}
　　　　={0,1,2,3,4}

防御状态={防御导弹，防御鱼雷，防御飞机，防御舰艇}={0,1,2,3}

由于二级状态互不相交，舰艇作战过程也可以直接用二级作战状态作为一级状态进行描述。这样舰艇的作战状态集为：

舰艇作战状态={搜索，跟踪，接敌，直升机攻击，导弹攻击，鱼雷攻击，火

炮攻击,深弹攻击,防御导弹,防御鱼雷,防御飞机,防御舰艇}={0,1,2,3,4,5,6,7,8,9,10,11}

对于每一个作战状态,均应确定该作战状态转换的逻辑表达式,主要通过收集舰艇作战行动的基本原则以及战术思想,并在战术想定中体现出来。

在现代作战模拟中,一般采用人工智能的方法描述指挥决策过程。人工智能方法是描述人思维过程的最有效的方法,因此,人工智能方法在作战模拟中得到了广泛的应用,如专家系统技术、神经网络技术等。

4. 对抗效果仿真模型

对抗效果仿真模型用于描述武器射击效果或进攻武器与防御武器对抗的效果。武器射击效果描述是作战模拟的重要内容,在作战模拟中,武器射击效果的描述对作战模拟结果具有重要的影响,其模拟精度直接决定了作战模拟结果的可靠性。海战模拟中的武器种类繁多,例如,舰空导弹射击、舰炮射击、舰潜鱼雷攻击、空舰导弹攻击、潜舰鱼雷攻击、电子对抗等;作战样式多种多样,有时一种进攻武器与多种防御武器进行对抗,如水面舰艇对导弹防御的方法有电子干扰、导弹拦截、火力抗击和机动规避,对抗效果是各种武器综合的结果,对抗效果的仿真计算也比较复杂,一般情况下,先进行一对一武器对抗效果的计算,然后进行综合计算。这里简要介绍在无源干扰情况下的反舰导弹捕捉目标效果的计算方法。

假设舰舰导弹为自控+自导方式,即导弹在雷达开机前为自控飞行段,雷达开机后则要根据导弹自导雷达搜索的情况决定导弹的飞行弹道变化趋势,因此,攻击效果的描述主要考虑导弹自导雷达开机以后的情况。

反舰导弹自导雷达开机后,进入搜索目标段。自导雷达搜索、捕捉水面舰艇是根据水面舰艇的雷达截面积(RCS)大小而确定的,舰艇为降低导弹的命中概率,发射干扰云形成多个有一定强度的雷达截面积假目标,在仿真时,导弹、舰艇与干扰云是通过雷达截面积这个参数进行计算的。因此,在仿真建模时是围绕着雷达截面积进行的。

仿真中如果没有舰船的实测雷达截面积分布图,可用以下公式估算舰船的平均雷达截面积 $\bar{\sigma}_j$:

$$\bar{\sigma}_j = 52kf^{\frac{1}{2}}D^{\frac{3}{2}} \tag{2-3}$$

式中:f 为导弹末制导雷达的工作频率,单位为 MHz;D 为舰船的满载排水量,单位为千吨;k 为方向性因子系数。

箔条干扰云的雷达截面积 σ_b:

$$\sigma_b = A_0\left[1 - \exp\left(-\frac{N}{A_0}\sigma_1\right)\right] \tag{2-4}$$

式中:A_0 为箔条干扰云在垂直于雷达波束方向的几何投影面积;N 为箔条干

扰云包含的箔条总根数；σ_1 为单根箔条平均雷达截面积。

导弹在搜索目标过程中，当搜索雷达发现搜索扇面内目标后，导弹跟踪目标。当导弹只发现一个目标，则跟踪此目标；当导弹发现多个目标时，则跟踪目标等效的雷达截面积较大的目标；当导弹发现多个目标无法分辨时，则跟踪这些目标的等效雷达反射面积中心，直到导弹能够分辨目标时，跟踪其中等效雷达反射面积较大的目标。

假设导弹搜索雷达扇面角度为 α，雷达自导作用距离为 R，飞行航向为 C，目标方位为 B，距离为 D，则当满足目标舷角 $|x_d| < \dfrac{\alpha}{2}$，且 $D<R$ 时，其中 $x_d = B-C$，即目标位于搜索雷达扇面内，导弹发现目标。导弹跟踪的目标有可能是所攻击的舰艇目标，也有可能是干扰云，当导弹跟踪舰艇（真目标）则进入跟踪目标段，当导弹跟踪干扰云（假目标）则进入跟踪假目标段。

由此可见，进行对抗效果仿真时，建立正确的仿真模型是关键。

5. 战场环境描述模型

人类的一切活动都是在一定的环境中进行的，战争与作战行动亦不例外。环境条件对作战结果的影响很大，同样的部队，执行相同的作战任务，但在不同的环境条件下进行，可能会产生截然不同的效果。历史上不乏因忽视环境条件而导致失败的教训。因此，历代军事家对作战的环境条件都十分重视。在作战模拟中，要准确掌握环境条件的特征及其在军事行动中的作用，并把影响作战行动的主要环境条件加以量化和体现，战场环境描述模型就是用于描述自然环境对作战行动的影响。

自然环境是指自然界所提供的各种作战条件，主要包括：地理和空间位置，地形（地貌、地物），水文气象等。这些环境条件对雷达和声纳探测目标、舰艇机动、武器的战斗使用都有不同程度的影响。例如，由于气温和湿度随高度分布的不均匀性所造成电波在大气中产生的折射现象，导致雷达探测效果出现异常现象；不同的风向风速和气压会影响导弹、炮弹弹丸的飞行弹道，从而影响射击效果。这些环境条件是影响作战效果而又不能人为地直接控制的全部外界因素的集合，通常作为武器作战使用模型的输入参数，经仿真计算来影响作战模拟的效果。

由于舰艇是在海域中活动的，因此水文条件对舰艇作战影响极大，特别是水面舰艇反潜作战和潜艇对水面舰艇作战表现得更为突出。我们知道，声纳是舰艇探测水中目标的主要装备，它是利用声波在水下传播的特性，通过电—声转换、信号处理和终端指示，完成水下目标探测、定位、通信和水中兵器控制任务的设备。而声音在海水中传播速度是计算目标距离的重要参数，在海水中，影响声速的三个主要因素是水温、含盐度和水压。声速与这些因素之间的关系由下列经验公式给定：

$$c_s = 1448.6 + 4.63t - 0.0538t^2 + 0.000354t^3 - 1.307(s-35) - 0.017t(s-35) + 0.01815z \quad (2\text{-}5)$$

式中：c_s 为声速（码/s）；t 为水温（°F）；s 为海水盐度（‰，1L 盐的克数）；z 为海水深度（码）。

经验公式还有别的形式，但计算结果相差不大。如

$$c_s =1450+4.21t-0.037t^2 +1.14s+0.018z \qquad (2-6)$$

式中：c_s 为声速（m/s）；t 为水温（℃）；s 为海水盐度（‰，1L 盐的克数）；z 为海水深度（m）。

在这三个因素中，水温对声速变化的影响特别显著。在靠近海面的水区，由于表层海水的加热、冷却和搅拌作用，水温的变化通常很大；深海中，水温的变化较小，声速主要随水压变化而变化。另外，不同海区、不同季节海水的物理状态是不一样的，所以在不同海区、不同季节、不同深度时声速也就各不相同。

6. 战场信息实时显示模型

战场信息实时显示模型一般由图形显示子模型和数据显示子模型组成，用于显示战场中各种与作战有关的图形信息和数据信息。根据系统的功能，图形显示有二维显示方式和三维显示方式；数据显示子模型是以数据表页的方式显示战场信息；无论是图形显示子模型还是数据显示子模型，它们的数据源是相同的，即接收战场仿真系统的输出数据，所不同的是显示方式不同。图形显示子模型显示战场全景态势，如兵力（舰艇、飞机）的机动过程、武器弹道和各种场景效果；数据显示子模型以数据表页方式实时显示战场中兵力的种类、性质、位置（经纬度、高度）、机动状态（航向、航速、俯仰等）和各种武器（如鱼雷、导弹）弹道参数，同时显示各动态目标之间的方位、舷角和距离等。

7. 数据库模型

数据库模型包括武器装备数据库、水文气象数据库、地理信息数据库和三维模型数据库等。其中武器装备数据库的内容包括红蓝双方兵力、兵器的战术技术性能及使用特点，这些数据作为各种作战模型和仿真模型的输入参数，进行作战仿真计算；水文气象数据库的内容包括指定海域的水深、温度、盐层梯度、海底地质和年平均气象情况，这些数据作为影响兵力战斗行动和兵器作战使用的环境因素，输入到作战模型进行计算；地理信息数据库的内容包括陆地的等高线、海域的等深线、地名及位置等信息，根据这些信息，可以生成二维的电子海图和三维的电子沙盘；三维模型数据库的内容包括用于三维战场视景显示的舰艇、飞机、导弹等三维模型，根据需要调用显示。

2.3 对作战兵力仿真的基本方法

在海战模拟中，模拟实体一般模拟的是作战兵力和某些武器装备。作战兵力主要指水面舰艇、潜艇和飞机或者由它们组成的编队等具有独立战斗活动的作战

兵力；武器装备主要指各种导弹、鱼雷和深弹等。如果我们把作战兵力当作海战仿真系统中的模拟实体，每个实体均有自己的属性和活动特征，模拟实体所具有的属性和活动特征应当与该实体所描述的真实兵力的战术技术性能及其战斗活动规律相似。例如，某个模拟实体在仿真环境中描述的对象是某型导弹驱逐舰，这个模拟实体的最大航速不能超过该型驱逐舰的实际最大航速，模拟实体使用武器时，其射界和射程要与该型驱逐舰的实际射界和射程相符；模拟实体对某型潜艇的描述，其下潜深度不能大于该型潜艇实际下潜深度。

在程序设计中，建立模拟实体的方法很多，如数据结构法、实体类法等，下面举例说明，依据某型水面舰艇的战术技术性能及战术活动规律，建立作战实体模型的一般方法。

2.3.1 数据结构法

数据结构法建立模拟实体是通过定义特定的结构体，将实体属性变量包含在该结构体中。

1. 确定实体类中的属性

属性是数据元素记录对象的状态信息，它用来描述实体的特征。模拟实体的属性是该实体所描述真实兵力的固有性能参数和活动状态参数；同时，根据仿真系统的仿真目的、功能要求，对真实兵力的固有性能参数进行取舍，选择有价值的数据作为模拟实体的属性。

某型水面舰艇战术技术性能、当前状态所表示的意义如表 2-1 所示。

表 2-1 某型水面舰艇战术技术性能、当前状态所表示的意义

实体属性	类　型	含　　义	赋值的途径
国家（地区）	Char[]	说明该实休的国籍	查找实体属性的条件
舰种	Char[]	说明实体所描述兵力的种类和模拟分辨率大小	
舰型（级）	Char[]	说明实体所描述兵力的型号（级别）	
舷号	Char[]	说明实体在舰型（级）中的哪一艘舰	
舰长（m）	Float	描述外形尺寸	从数据库中调用数据
舰宽（m）	Float		
舰高（m）	Float		
最大航速（kn）	Float	描述机动特性	
续航力（n mile）	Short		
舰舰导弹型号	Char[]		
舰舰导弹数量（枚）	Short	描述载弹量	
导弹射界中线（舷角、°）	Short	描述导弹发射的允许射界	

实体属性	类 型	含 义	赋值的途径
导弹射界宽度（°）	Short	描述导弹发射的允许射界	从数据库中调用数据
经度	Float		
纬度	Float	描述位置	初始化时定位
高度	Float		
当前航向	Float	描述航行状态	
当前航速	Float		

2. 定义实体结构体

结构体有以下格式：

```
struct 结构体名
{
    ...
        变量类型  变量名; //注释
    ...
};
```

根据该实体的属性定义结构体：

```
struct StType
{
    char sNation[20];          //说明该实体的国籍
    char sKind[20];            //舰（机）种：实体所描述兵力的种类。如舰艇中：
                               //驱逐舰、护卫舰、普通动力潜艇、核潜艇等；飞
                               //机中：歼击机（战斗机）、强击机（攻击机）、
                               //轰炸机、侦察机等。
    char sType[20];            //舰型（级），如斯普鲁恩斯级等
    char sSymbol[20];          //舰艇为舷号，飞机为机号
    float fLong;               //舰艇（机）长（m）
    float fWidth;              //舰艇（机）宽（m）
    float fHigh;               //舰艇（机）高（m）
    float fFullOut;     //最大航速，舰艇航速单位：kn；飞机航速单位：km/h
    float fFarthest;    //续航力，舰艇单位：n mile；飞机单位：km
    char sSSMisType[20];           //舰舰导弹型号
    short iSSMisAmount;            //舰舰导弹数量（载弹量：枚）
    short iSSMisBorderline1;       //导弹射界中线（舷角、°）
    short iSSMisBorderline2;       //导弹射界宽度（°）
    float fLongitude;             //经度
    float fLatitude;             //纬度
    float fHighitude;            //高度
```

30

```
float fC;        //航向
float fV;        //航速
};
```

3. 建立实体模型

（1）通过定义结构体的变量来建立实体模型。

```
StType St[n]; //定义实体数组，n 为系统中可建立该结构实体的最多数量
```

（2）对结构变量进行初始化。

对结构变量进行初始化就是在启动系统时或在调用仿真实体时，对结构变量中的成员变量进行赋值。通常采用的方法是在数据库中可调用该真实兵力的性能数据进行赋值。以某型驱逐舰为例，实体初始化流程如图 2-6 所示。

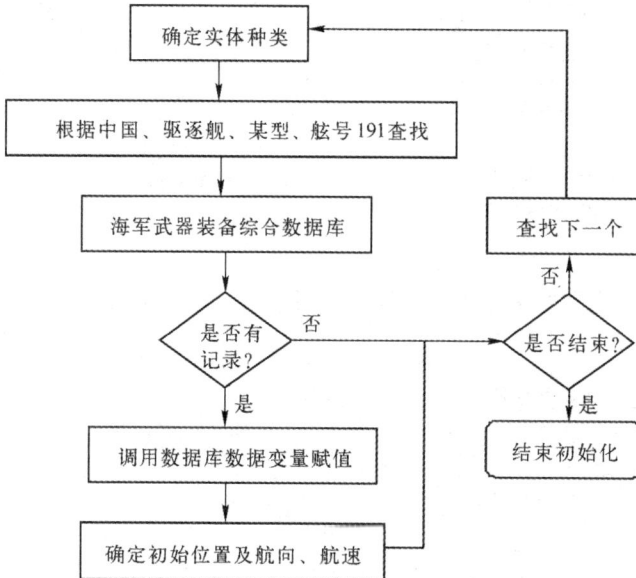

图 2-6　实体初始化流程

首先，用户选择所要输入的兵力，确定实体种类，根据其国籍、舰种、舰型和舷号在数据库中检索，如果有记录，则将该兵力的有关战术技术性能数据赋给实体结构体相对应的成员变量，以确定该实体的属性和活动特征，然后输入该兵力的初始位置（经度、纬度）、高度、航向和航速。这样就完成了一个简单的仿真兵力（实体）的建立。

上述简单的仿真实体中各个变量描述了真实兵力的属性，即所属国籍、舰（机）种、舰型（级）、舷号等，说明该实体是模拟哪个真实的兵力；实体的长、宽、高说明了该真实兵力的外形尺寸，仿真计算时可简要判断武器（导弹、炮弹、鱼雷等）是否命中该兵力（可根据兵力的外形建立多个矩形体以提高仿真精度）；

31

最大航速和续航力限制了仿真实体在作战模拟中的机动特性，该仿真实体在作战模拟时不能无限制地进行机动，应该按照真实兵力的机动速度和机动范围进行模拟作战；导弹射界参数和载弹量按照真实兵力规范了该实体模拟导弹攻击时的战术活动；通过导弹型号可以从数据库中调用该型导弹有关飞行弹道、进行搜索目标的各种真实数据，以模拟导弹飞行、搜索捕捉目标的过程。通过以上属性，可简单描述仿真实体模拟真实兵力的特性在作战模拟过程的战斗活动。在设计作战模拟系统时，可根据系统的功能、需要仿真的程度设定实体属性的种类。

2.3.2 实体类法

根据面向对象软件设计方法，可以采用类的方法定义各个作战实体所包含的数据。

在定义作战实体类时，首先定义一个作战实体基类，该基类定义各个作战实体共性的变量，有以下形式：

```
class  实体基类名
 {
   public:
    作战实体共性参数;
 };
```

根据不同种类作战实体的特殊性，通过实体基类派生其他作战实体类，有以下形式：

```
class  派生实体类名  ：实体基类名
 {
   public:
   作战实体特殊参数;
 };
```

每个派生类名对应各个作战实体的名称，如飞机类、舰艇类、鱼雷类、导弹类等，如图 2-7 所示。

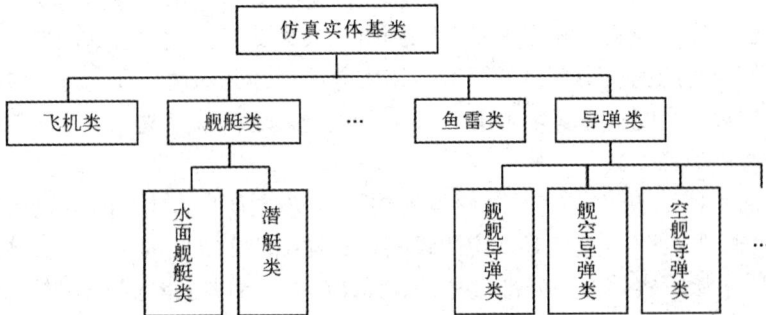

图 2-7 仿真实体基类派生关系结构

派生类除继承基类的共同特性外，还反映各个作战实体的特殊性。在数据结构法中结构体的参数：国家、舰（机）种、舰（机）型、舷（机）号、长、宽、高、最大航速、续航力、经度、纬度、高度均为共同参数，可作为仿真实体基类的成员变量；舰舰导弹型号、数量和射界参数为水面舰艇类的特殊参数；潜艇类还有自身的特殊参数，如下潜深度、最大下潜深度、水下最大航速等。

以上创建的模拟实体举例只是描述简单的作战实体类，如果较全面反映实际兵力的作战性能，还需要充实许多特性参数，如水面舰艇实体属性应包含国籍，类别，外形尺寸，吃水，位置参数，机动特性，探测器材，电子战装备，各种武器装备的配置，状态和数量，生存状态，作战状态，作战决策，战斗力指数，时间等参数。

第3章 现代海战模拟技术

3.1 想定生成与管理技术

想定（Scenario）是作战仿真的基本依据，任何一个成功的作战仿真系统都是建立在成功的想定基础之上的。早期的作战仿真系统一般是针对特定的想定来开发专用仿真系统，通用性、适用性差，更换一个想定，需要重新设计和开发新的仿真系统，造成人力和资源的巨大浪费。随着仿真技术的发展，作战仿真系统已开始向分布式、交互式、开放式以及标准化、组件化、通用化和集成化方向发展，仿真系统能够支持同一类型的多个想定，甚至支持完全不同类型的想定。

3.1.1 想定内容

想定，又译成"脚本"或"剧情"，主要用于描述场景、角色以及事件的发生过程。仿真想定内容如表 3-1 所示。从形式上看，仿真想定是对传统军事想定的加工和处理，想定从以文字和图表等文书形式表达，被表示成能被仿真系统理解和使用的结构化、形式化想定数据，这一类用于计算机仿真的数据称为仿真想定。想定数据是训练演习中由参训和导控人员经常变更的数据。以往提到想定数据的时候，不仅包括了对被仿真的战争系统进行假定，还包括对整个建模仿真活动进行规划与设置，特别是对仿真系统相关的内容进行选择和设置，如角色划分、席位设置等内容放在了想定的演练配置数据中。

表 3-1 仿真想定内容

类 别	作 用	要 素	内 涵	
作战活动假设类	确定作战的仿真对象和目标	实体数据	实体的种类、数量、属性、参数等，如作战编程和武器装备	
		环境数据	对战场环境的假定，包括地理环境、电磁环境和气象环境等	
		活动数据	对可能发生的各种活动或事件的假设，即对随时间推进作战过程的预先假设，如作战预案	
		态势数据	作战态势的假设，包括兵力部署的初始态势和各阶段态势的预先设定	
仿真过程设定类	界定作战仿真的边界条件和约束	仿真约束数据	对一次仿真中的某些对象或对象活动进行约束，如不能采取的军事行动、方案要素限制或武器平台的挂载限制	
		仿真规则数据	各类对象实体应遵循的一般规则，如作战条令	
		仿真过程数据	对仿真过程预先假设，如仿真结束条件	

目前，仿真界对于仿真想定概念的内涵和外延还不是很清晰。对于作战仿真系统的想定内容，可以做如下的划分。

1. 战场环境数据

人类的一切活动都是在一定的环境中进行的，战争和作战行动也不例外。同样的作战任务在不同的战场环境下，效果可能会截然不同，对作战环境中影响战役作战行动的主要因素进行量化描述，才能使仿真系统客观地运用于战役对抗演习。战役作战的战场环境为仿真系统中的作战实体提供了一个舞台，它们在这个环境中进行自己的行动。

战场环境，是指占据战场空间的、除人员与武器外的客观环境，分为自然环境和人工环境。自然环境很容易理解，作战地域的地形地貌、气象条件等数据都是自然环境，它来源于演练基础数据，抽取的依据是作战地域；人工环境是指人为设置影响战役作战效果的环境，如电磁环境、核化环境、网络环境、工事和障碍、雷场、作战分界线等。在包含空军航空兵作战模型的训练仿真系统中，人工环境还有空域和航线数据。空域是飞机编队活动的区域，是根据作战任务在空中划分的某一区域，也是一种人工设置的环境，它和陆军作战部队的作战地域及海军作战计划中的海域相对应。航线相当于陆军作战中的行军路线，是飞行编队执行任务遵循的路线，也是根据具体的作战任务来设置规划，是任务的要素之一。

2. 作战编成和部署数据

作战编成是对抗双方指挥员针对自己的作战任务和情况，对部队进行战斗区分与编组后所形成的各作战单位人员组成、武器配备与指挥关系等。作战编成数据可以直接按指挥员划分的战斗单位建立，也可以根据基础数据的部队编制表来生成。部署数据包括作战双方各参战单位初始位置的坐标值、作战单位的初始状态、部署形状和其他一些附带的特征数据。表示一个作战单位部署情况的最基本数据就是坐标数据，该坐标值一般要求与量化地形、地图显示的坐标相一致，并且所有作战单位的部署坐标值都基于同一个坐标系。除坐标外，还可以附带其他的特征数据，如疏开半径、机动半径、作战单位等级、部署的形状等。

3. 作战方案数据

战役训练仿真系统中的作战方案数据是依据作战双方的战役作战方案将战役作战行动进行量化后所得到的数据，因此，又称为行动方案数据。作战编成中的各个作战单位可以执行不同的战斗行动，同一方的各种作战单位的作战行动综合起来就构成战斗中一方的作战方案和计划。这些方案和计划由作战单位的指挥人员及指挥机关具体拟定，并以指挥员命令的方式给各级加以明确。量化后的数据，如参战兵力、行动方向、行动路线、攻击目标、执行时间等，被输入到计算机中，是作战模型进行仿真运算的基础数据。

作战行动多种多样，不仅因军兵种而异，而且随情况而变化。每类作战单位可以执行的作战行动类型在作战条令中都有明确规定。例如，陆军典型的作战行动包括机动、火力运用、动作变换等，相应的作战行动数据具体包括机动数据、火力运用数据、动作变换与协同数据等。

作战方案中关于作战单位机动的数据主要包括作战单位的起点坐标、开始机动时间、机动路线中的节点坐标以及到达指定地域后的任务等。机动数据有时还包括其他机动特征数据，如队形类别、机动方式类别、机动任务类别、机动单位行进时的方向等。

火力运用数据是火力计划的量化表示，一般包括时间、目标位置、射击的火力范围、对目标运用火力的持续时间、发射弹药数量等。火力计划是作战方案的重要组成部分，特别是一些支援兵种的作战方案，很大程度上体现在这些军兵种的火力计划上，如炮兵火力计划、航空兵火力计划、导弹部队火力计划等。

动作变换数据是描述战斗中作战单位队形、机动方向、攻防类型、进与退等动作变换的时机与变化的数据。

协同数据是作战方案中协同计划的量化表示，主要包括战斗单位之间的距离、接替战斗的时机、出现某情况时各指定单位的行动等。

4. 战场目标数据

军事目标是建立在基础环境数据之上的所有可能受到对方攻击而己方必须维护和使用的各类作战及保障目标和设施，包括机场、港口、桥梁、雷达站、观通所、导弹阵地、指挥机构、通信枢纽、交通枢纽、通信线路以及各类重要的物资、油料库等。这些信息对于进行作战仿真、作战评估分析均十分重要。对基础地理信息中的军事目标进行筛选所得到的就是战役作战的战场目标数据。

一般来说，对敌方的某种目标进行毁伤时的毁伤效果分为硬毁伤和软毁伤。战场环境中的地理目标、作战空间中的某种作战实体，如部队和武器平台，都是己方火力计划的打击目标。仿真想定要从战场环境数据和作战编成数据中提取出打击目标数据，供目标选择时使用。例如，在航空兵火力计划中，要选择空袭的目标，这种目标可以是地理目标，也可以是敌方的某指挥机构或者作战单元，前者可以来自基础数据中的地理信息，而后两种数据都是由作战编成数据提供的。

5. 后勤装备保障数据

后勤装备保障数据是对后勤装备保障计划和方案的量化表示。由于后勤装备问题涉及的因素比较多，因此数据内容比较多，也不易分类，大到兵力投送方案、物资保障方案等数据，小到后勤仓库位置、库存物资种类与数量、弹药补给速率、机械维修所位置、维修能力等都可能成为后勤装备保障数据项。

6. 想定说明性数据

一般来说，战役训练用的想定都是假定某一段时间内、在某一地理空间中发生的战争行动，时间和空间信息分别用演练开始时间以及作战地域表示，传统想定中的作战企图内容，如指导思想、红蓝军战役企图等描述性文本都属于想定说明数据。另外，还要指定战役训练所用到的作战地图。

仿真想定作为仿真系统的想定，其内容与作战想定既相联系，又有区别。仿真想定作为作战仿真系统的输入，是根据作战仿真研究的目的，对作战的背景、条件及过程进行的假设和描述，还包括对仿真系统及仿真过程的预先设定等内容，需要明确作战仿真的目标和对象，并界定作战仿真的边界条件和约束。而且，仿真想定相对于作战想定而言，除了必要的基本想定和背景想定外，对作战过程描述更仔细，需要更加详细的作战双方随时间推进的作战过程数据，以及作战实体的编成、位置、行动、行动规则、武器装备数据、作战环境数据等。

另外，从形式上看，仿真想定不仅指为"人"（包括导调人员、研究人员、训练人员等）提供的各类想定文书和各类媒体信息，还包括能够被计算机所理解的想定数据。想定数据是对各类仿真条件、背景、约束、规则、过程的结构化描述，是想定内容的数据载体。

3.1.2 想定描述

1. 仿真想定描述要求

作战仿真想定是军事仿真系统的重要组成部分，为仿真系统的运行提供了初始态势和作战任务。目前，在仿真想定中存在的主要问题是对想定描述的格式和手段不统一，生成的仿真想定可读性和可移植性不好，想定与仿真系统耦合关系紧密，想定只能在特定的军事系统和作战仿真系统中被使用，严重影响了想定的可重用性与互操作性。为了解决以上问题，需要在想定结构化描述的基础上，采用标准的数据格式和结构来描述想定数据。

作战仿真想定描述，又称为脚本描述或想定定义，通常采用想定描述语言来实现，它为基于仿真的军事想定信息规定了一种标准表示法及文件传输格式。想定描述语言作为军事想定和仿真想定之间的桥梁，是一个开发军事想定的方法，可以为仿真系统提供一种加载想定的机制，并且为仿真系统之间提供共享想定数据的能力，以及为仿真系统与 C^4ISR 系统之间共享想定数据的能力。想定描述语言独立于具体的仿真，它的建立不但能大大提高想定的重用性，而且有利于仿真技术人员和军事人员进行有效的沟通，使仿真目的和需求能够在概念想定中得到最多的体现，解决用户和仿真开发者交互的问题。

评价想定描述语言设计优劣的标准包括表达能力、领域专家可用性、设计完整性、可实现性、可扩充性等。想定设计规范和想定描述语言应该具有下列特点。

（1）伸缩性。想定设计必须支持仿真规模的动态变化。影响仿真的因素来自各个方面，仿真输入作为初始条件，必须具备灵活配置的功能，以适应不同的战场环境需求。

（2）层次化。包括软件体系结构的层次性以及想定的分层管理。

目前，大部分想定描述语言都是 XML 定义的，XML 的跨平台特性可以实现仿真系统之间的互操作特性，解决当前"烟囱"式的仿真系统之间互操作问题。

同时，利用 XML Schema 技术的数据约束规则和语法检查特性，可以有效提高想定描述质量。

2. 军事想定定义语言 MSDL 技术

1）MSDL 基本概念

MSDL 是一种开放式规范，在美军计算机生成兵力 OOS 系统中用作想定编辑系统与仿真系统之间的信息交换机制。OOS 是新一代符合 HLA 标准的计算机生成兵力系统，其最大特点在于模型的通用性与可重组性，具有可变的仿真等级，支持不同领域的建模仿真。OOS 不但能对 C^4I 系统进行仿真，精确构建 C^4I 结构模型，还能够接入真实的 C^4I 系统与其进行交互。因此，在 OOS 中涉及大量不同类型系统的互连互操作问题。为保证想定的共享与一致，研发小组在 OOS 开发的第一阶段就为此专门设计了一种基于 XML 的想定描述定义语言——MSDL。

仿真互操作标准组织（SISO）正以 MSDL 为基础，着手制定适用面更广的 MSDL 规范，减弱想定开发与仿真系统执行之间的耦合程度，加强仿真领域和军事领域之间的互操作性和可重用性。2007 年 2 月，SISO 发布了 MSDL 规范草案，草案中将 MSDL 定义为：MSDL 是为支持军事想定开发而设计的一种基于 XML 的语言，它能为仿真程序提供验证与加载军事想定的公共机制；用 MSDL 开发的军事想定可供仿真系统和 C^4I 系统共享；MSDL 还是提高联合仿真想定一致性的途径之一；借助 MSDL 使想定描述标准化，陆军、合成兵及联合部队在训练和作战行动方案设计就能够方便地重用军事想定。

OOS 研制过程中，始终注意仿真系统与 C^4I 系统的交互，就想定生成问题专门进行讨论，正式给出了军事想定的两种定义。其中一种定义将 MSDL 本体视为一门语言，另一种则是在本体之内规定 MSDL 范围。军事想定本体的定义表明，军事想定是由有效地图内某一时刻的状态（Situation）与根据此状态而计划实施的行动序列（Course of Action，COA）所限定的，即

$$军事想定=军事态势(t_0)+行动序列(t_j)$$

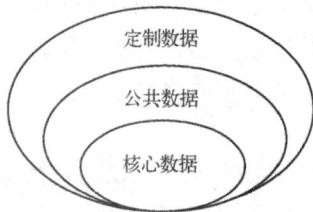

图 3-1　军事想定本体

在所定义的本体中，MSDL 描述范围的划分是依据保持仿真应用独立性的需要来指定的。如图 3-1 所示，想定包含以下三部分：核心数据，所有军事想定必须包含的数据；公共数据，任何军事想定都可以包含的数据；定制数据，自定义或具体应用程序特有的数据。

MSDL 描述军事想定的核心和公共数据部分，这两部分是与具体仿真无关的。

定制数据依赖于具体仿真应用，当它可以抽象成公共用例和数据模型时，也能被纳入 MSDL 定义的范围。从长远发展的趋势来看，MSDL 试图能描述所有军事想定要素。

虽然军事想定类型众多、形态各异，但不管是用于训练、分析，还是军事行

动，几乎所有的军事想定要素都被纳入了 MSDL 定义范围。MSDL 具有与系统无关的特性，解除了想定编制与执行系统间的紧耦合，提高了仿真和作战领域的互操作性以及想定的可重用性，如图 3-2 所示。

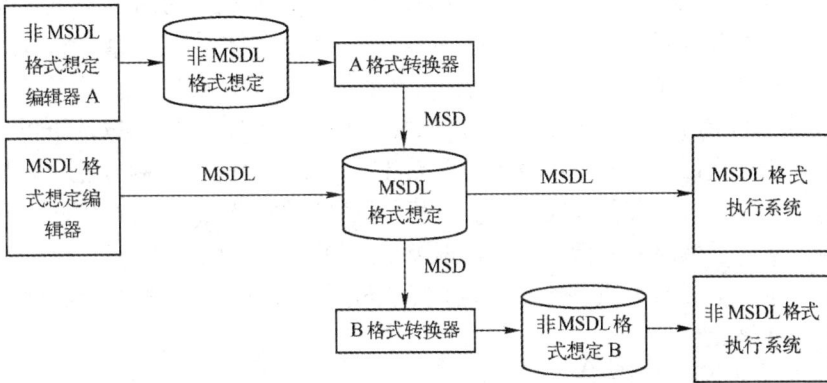

图 3-2 基于 MSDL 的想定编辑与执行

MSDL 是连接想定编制与执行的桥梁，对于不能直接支持 MSDL 的想定编制与执行系统，则只需在专有格式与 MSDL 格式之间增加格式转换器便能大大提高其通用性。若各子系统都采用 MSDL 标准或者拥有相应转换接口，就能方便地实现交互。不管对于仿真还是军事行动，MSDL 用于想定编制阶段均具有明显优势。例如，在指挥训练或辅助决策系统中，往往需要对受训者的想定作业进行评估，根据反馈结果相应修改想定，MSDL 的引入能显著降低这些过程的实现难度。MSDL 还支持用户根据需要将想定划分由不同系统单独编制再融合重组，当想定规模较大时这种做法十分可取。另外，将 MSDL 作为标准用于执行系统，有利于促成仿真与 C⁴I 系统间的互操作。这对于需要频繁设定或更改剧情的作战训练、作战计划评估的系统仿真活动尤其重要。

2）MSDL 开发规则

MSDL 定义军事想定的功用，以及试图将系统所有初始化数据纳入一个 MSD 文档的终极目的决定了 MSDL 必定是开放的。MSDL 的开发通常要遵照以下几点规则：

（1）尽量采用军用标准。MSDL 之所以能具有广泛的通用性，是因为在其定义过程中参考了诸多作战条令，以此为依据来抽取和确定需要表述的要素。例如，规范中对军事态势的定义遵循联合出版物中的 METT-TC，内容包括“任务（Mission）、敌人（Enemy）、地形和气象（Terrain and Weather）、时间（Time）、可用军队与平民（Troops available and Civilian）”。对作战单元、实体和战术图等的表述参照 MILSTD 2525B。与指挥控制系统通信的任务语言采用陆军通用任务列表（Army Universal Task List，AUTI）来定义。在数据类型、枚举、精度等方面，MSDL 也尽一切可能使用前军用标准。

（2）全局唯一标识符（Universal Unique Identifier，UUID）。MSDL 中所有的想

定对象及行动都要以全局唯一标识符存储于各自的 ObjectHandle 子元素中，所有重要元素都通过各自的 UUID 来识别。这样做使得任何想定对象在想定编制、执行及事后讲评（After Action Review，AAR）等任何阶段都能得到准确跟踪。UUID 引用机制还有利于 MSDL 结构在某些领域得以扁平化，如查询上下级指挥关系结构。

（3）规范各类标记之后，MSDL 着重要解决元素层次结构关系、非层次结构关系及元素类型限制。对元素层次结构关系的描述，通过 XML 模式中的 XS：all，XS：choice 和 XS：sequence 这 3 种合成器及重数指示器（Multiplicity Indicators）来实现。非层次结构关系通过对象间关系建立，元素实例间关系则通过文本进行描述。特定元素选用某种标准进行实例化，这种实例与标准间的关系也是通过文本描述。元素类型限制是指对元素数据类型的约束，如合法值空间、词汇表示集合等。军事想定文档实例中的元素类型限制可用标准 XML 解析工具参照 MSDL Schema 进行验证。

3）MSDL 模式结构

每个 MSDL 想定文档都基于若干个 MSDL 模式文档。MSDL 模式自由利用各种 XML 模式约束来限定军事想定的数据结构及内容。因此，采用 MSDL 标准的想定文档能从完备性和有效性两方面进行相容测试。其中，完备性是针对文档结构构成，有效性则针对文档内容模式和数据类型等。

MSDL 标准化虽尚处于初步阶段，但基本的体系结构已经建立起来。其基本模式体系结构如图 3-3 所示，包括了以下诸多元素：选项（Options）、计划（Plan）、环境（Environment）、兵力结构（Force Structure）、任务编制（Task Organizations）、设施（Installations）、透明图（Overlays）、战术图（Tactical Graphics）、非战争军事行动图（MOOTW-Graphics）、威胁（Threats）等。

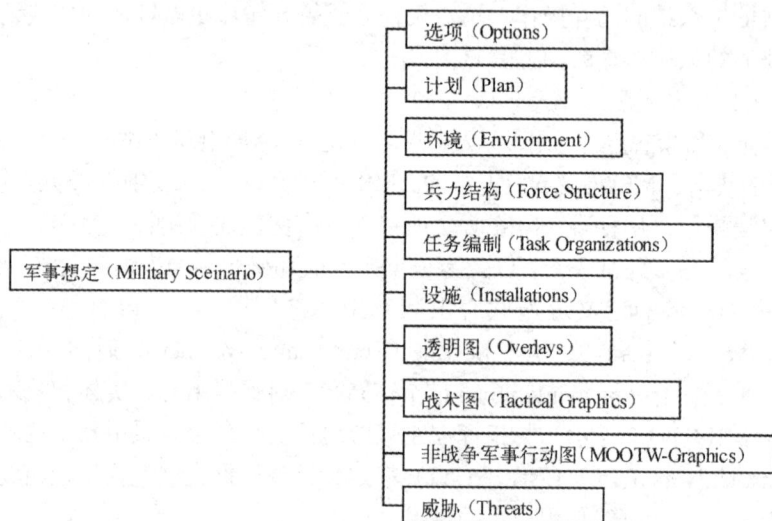

图 3-3　体系结构

（1）选项（Options）。为如何使用想定规定所需边界条件，包括标识任务组织的界定方式（实体还是聚合）、确定想定所用数据标准等。

（2）计划（Plan）。提供对想定的描述性信息以及可执行行动序列，其中描述性信息包括命令概述、想定对象、参考条令、计划文书和决策支持表等。

（3）环境（Environment）。用以描述执行环境，包括想定时间、兴趣区域地形、气象和其他环境影响等内容。

（4）兵力结构（Force Structure）。限定交战双方及盟友情况，包括兵力名称、兵役类型、效忠情况、所属国代码、关系描述等。

（5）任务编制（Task Organizations）。由作战单元（Units）和装备（Equipment）构成。作战单元明确想定中组成作战兵力的军事组织及相关信息，装备是指为让作战单元具备战斗力而为其配备的军用设备和武器。

（6）设施（Installations）。明确军用设施情况，包括各实例的标识、名称、归属、定位、相关透明图等方面信息。

（7）透明图（Overlays）。提供一种使战术图按特定图层进行显示的机制，从而使作战信息可根据需要而有选择地呈现，例如，仅显示火力支援图或我方防空图。

（8）战术图（Tactical Graphics）。描述某作战方或作战单元通过情报搜集、分析评估等手段而掌握的战术信息，为军事想定提供管控措施。战术符号参照MILSTD 2525B，且与透明图及所属作战单元相连接。

（9）非战争军事行动（MOOTW-Graphics）。指在和平或冲突期间，不卷入两个组织力量冲突的军事行动。

（10）威胁（Threats）。关于非军事组织或环境方面的威胁信息，包括威胁类型、名称、受主，相关非战争军事行动或海洋大气（MOOTW/METOC）情况及其影响等。

MSDL 是与美军编制体制、军用标准定义紧密相扣的，与我军的相关概念有较大出入，但是，其中的某些原理可以作为我们对想定规范化描述的参考。国内仿真界也对想定的标准化描述进行了研究，研究涉及的领域包括：基于 XML 的想定数据表达、处理、传输与交互，基于 XML 的想定描述与作战任务分析，作战文书的 XML 表示形式，以及在分布交互作战仿真系统中通过 XML 文档的发布，实现异构信息的交换与共享。

3.1.3　想定生成

想定对于仿真应用生成过程的高效、科学和智能化具有非常重要的意义，随着仿真规模的不断扩大，仿真应用的准备工作非常复杂、费时。因此，迫切需要一个专用的想定生成工具来对仿真应用进行规划，定义具体仿真应用所关注的问题空间，并完成相应的仿真资源准备工作。作战仿真的价值直接与它所描述的军事行动、装备、系统以及环境的真实性有关，如何规范化描述想定，保证仿真的质量，并为后续仿真模型的可重用和互操作打下基础是摆在建模与仿真人员面前一个迫切需要解决的问题。

1. 想定生成框架

由于作战过程中存在大量的不确定性因素，想定又往往是解决不确定性的最有效的手段，因此，军事作战训练和作战仿真需要各式各样的想定。现代作战仿真系统中，仿真的对象一般都是双方进行的体系对抗，可以参与仿真的武器平台和目标不仅数量大、种类多，而且特性和属性繁多。其想定除了需要提供所有的这些静态的指标参数配置和设置外，还要根据已知的军事原则和作战要求配置平台与平台之间、平台与目标之间的动态关系，如编队方式、协作方式等。由此，到目前为止，想定的编辑和生成往往需要花费数十天乃至数月的时间，远远不能满足现实需求。随着武器平台的发展和作战样式日益复杂，想定也变得越来越繁杂，想定的生成也必须越来越依靠计算机系统来进行。

生成想定过程可以利用的知识和方法主要包括两个方面：一是作战任务和作战过程中涉及的时间约束、空间约束、组合关系约束等关系，这些关系或约束有其具体和明确的上下文，必须得到充分考虑；二是长期作战积累的军事规则，以及军事运筹研究得到的用于作战分析的代数和微分方程模型。为此，从如下的两个方面可以解决作战仿真应用中的想定建立与生成问题：

（1）引入外部的军事规则模型库，建立一个基于军事知识的想定生成智能系统，在想定生成过程中为用户提供各种提示、选择和指示。

（2）根据作战任务规划过程和作战仿真中作战过程的特点和要求，对想定中涉及的实体、实体群组之间的时间、空间、组合、逻辑关系建立想定生成模型，并生成服务于作战仿真的想定数据。

基于上述思想，仿真中的想定生成框架如图 3-4 所示。

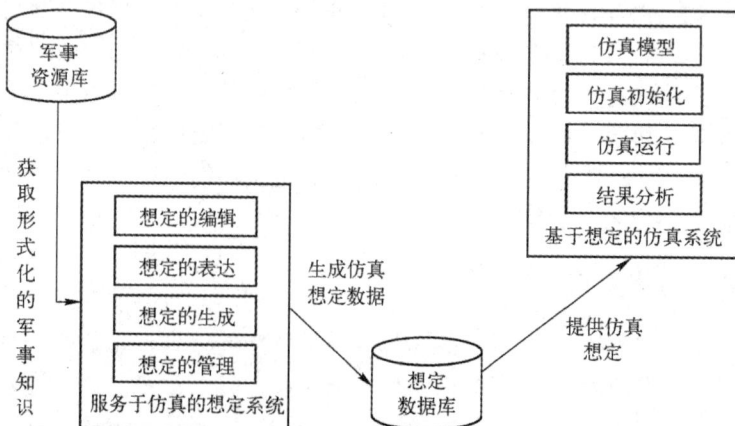

图 3-4　仿真中的想定生成框架

1）军事资源库

军事资源库主要是指与作战仿真相关的基于使命功能描述模型的军事资源库和被形式化了的作战任务列表。它是军事仿真应用系统的知识基础，而且也是仿真想定、仿真运行的数据基础。

使命功能描述（FDMS）模型是与仿真具体实现无关的真实世界中构成军事使命、行动和任务的实体、过程、环境因素、相互关系和交互的功能描述。使命功能描述模型获取和形式化军事领域的面向过程的知识，这些过程知识和形式化描述为想定生成提供准则、度量、数据、模型、事件、过程等知识。

作战任务列表一般由任务尺度和准则、条件、通用任务列表或图表、军事行动的描述、任务建议的行动模板组成。

2）服务于仿真的想定系统

服务于仿真的想定系统是为形成仿真所需要的仿真想定数据提供想定的编辑、想定的表达、想定的生成以及想定的管理等功能。

想定的编辑为作战仿真应用系统的用户提供仿真想定的输入、编辑界面和工具，根据想定内容框架中不同部分内容有不同输入形式。编辑工具主要功能是提高想定的编辑速度、数据的准确性与可靠性，输入的想定数据将被保存到想定数据库中。

想定的表达主要是指面向仿真应用系统的用户展现想定内容，包括作战想定部分的想定背景、作战过程描述、作战实体编成、位置（部署）、行动（机动、发现、交战、毁伤、保障）、行动规则（制约关系和协同关系）、武器装备数据、作战环境数据等。一般在数字地图的基础上，以军事人员所熟悉的形式展现。另外，仿真过程设定类的想定内容，例如界定作战仿真的边界条件和约束，则用数据形式直接表现。

想定的生成是指将仿真想定的内容以结构化和规范化的描述方式组织成有机的整体。一般以想定数据库提供的典型想定为基础，充分利用想定描述语言的可伸缩性、动态裁减和重组功能，有机组织想定内容，并利用想定描述语言的语法和语义检查，检查新制定的想定时序、指挥关系等是否有冲突，如果不合适，还要反复修改直至达到要求。

想定的管理主要是对想定数据库的想定内容进行维护管理，包括新增、普改、删除等功能。

3）基于想定的仿真系统

基于想定的仿真系统一般通过加载想定，利用想定数据来实现仿真的初始化和仿真过程的运行控制。仿真初始化主要将想定中的作战背景、作战实体和作战武器描述数据加载到装备仿真成员、作战仿真成员和战场环境成员，完成作战仿真环境生成和装备实体、作战实体的初始化；仿真过程的运行控制则是将全局作战过程及计划有关的想定数据加载到仿真运行控制成员中，由想定处理引擎读取并调度相关仿真模型的运行。

2. 基于军事概念模型的想定生成

想定是一种"设想"和"假定"，但并不是主观的空想，而是建立在客观基础之上的设想。这些客观基础就是我军和外军的战术理论、条令、条例、战史、战例、各种武器装备的战术、技术性能等，而这些知识都包含在分析全面、描述完整的军事概念模型中。这是因为军事概念模型的知识来源于我军和外军的条令条例、军事著作、统编教材等权威的军事数据源，并且还有大部分知识来自实际作战系统的相关数据，如特定的演习、测试和试验中真实系统的性能和参数等，它全面反映了军事行动和作战任务所包含的知识。因此，利用军事概念模型的信息，提取想定中所需要的内容，不仅可以保证想定内容的真实、全面，而且可以提高想定开发的效率。想定与军事概念模型之间的关系如图 3-5 所示。

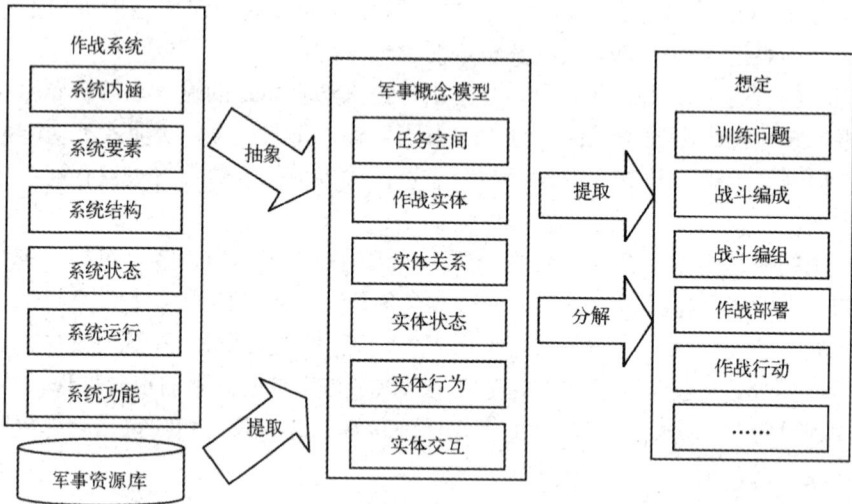

图 3-5 想定与军事概念模型之间的关系

根据军事概念模型本身的特点及与想定之间的关系，基于军事概念模型的想定生成流程如图 3-6 所示。

在想定开发前，利用军事概念模型结构化和形式化描述工具对军事领域资源数据进行提取和转换，建成相应的军事概念模型库。想定的生成是以军事概念模型库为基础的，通过对军事概念模型库中的相关数据进行提取和转换，得到了想定的作战背景、作战实体、初始状态、作战任务、后续控制事件等数据，并在电子军事地图上完成图上兵力部署与态势标绘，生成相关的想定文档（如作战背景文书、基本想定、补充想定等）及想定数据库（结构化想定数据），完成仿真运行前的想定数据资源准备工作。

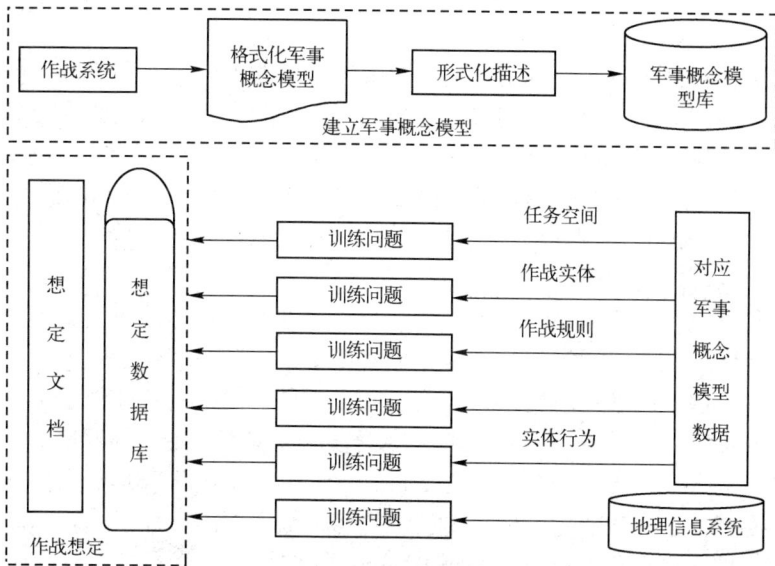

图 3-6 基于军事概念模型的想定生成流程图

3.1.4 想定分发管理

1. 想定数据的分发管理

独立于仿真的想定需要对想定数据进行集中管理和存储，分布在不同地方的各个仿真成员如何从想定管理系统中加载自己所需要的想定数据并将其导入自己所在的数据库中？如何根据仿真想定数据生成仿真的执行计划并驱动仿真的执行？实现仿真想定数据在联邦成员之间分发的关键是想定数据库和各仿真盟员数据库之间的数据交互问题。想定数据交互主要会面临以下问题：

（1）异构性。想定数据库和各仿真成员自带数据库可能是不同的数据库，存储模式也不相同。

（2）完整性。集成后的想定数据必须保证一定的完整性，包括数据完整性和约束完整性两方面。

（3）语义冲突。不同的仿真成员所对应的想定数据之间存在着语义上的区别。

语义的不同可能引起各种矛盾，从简单的名字语义冲突，到复杂的结构语义冲突。语义冲突会带来想定数据的冗余，干扰想定数据的管理、发布和交换。

仿真想定的管理的目标是实现想定与仿真相分离的处理机制，保持想定数据的独立性，使想定的输入、存储与处理独立于仿真，允许基于典型想定进行想定裁减与重构，促进想定、仿真模型与仿真成员的重用。

2. 仿真想定的分发管理系统结构

在仿真想定描述语言基础上，设计实现独立于仿真应用的想定管理系统。

仿真想定分发管理系统的基本功能如下：

1）想定输入与编辑

提供了仿真开发者与仿真用户输入和编辑想定的不同界面和工具。根据想定内容框架中不同部分内容有不同输入形式。由于 SSML 具有想定数据的显示与内容相分离的特点，因此对于同样的 SSML 文件可以不同显示方式进行显示和编辑。同时 SSML 语法和语义检查器利用 SSML 的 Schema 对输入的 SSML 想定数据进行检查。符合 SSML 语法和语义的想定数据将被输入到想定数据库中。

2）想定存储与管理

想定数据包括想定索引数据库、想定背景数据库、兵力编成数据库、装备数据库、作战区域及路径数据库、作战计划数据库、后勤保障数据库等。这些想定相关的数据库由不同部门所提供，互相之间存在异构性、完整性、语义冲突等问题，利用 SSML 文件作为想定描述的标准语言，提供了想定数据存储的中间层，屏蔽了想定数据库的各种差异，外部 HLA 仿真系统只按照 SSML 文件格式对仿真想定数据进行透明的访问，而不需要理解想定数据库的存储模式。因此未来想定数据库的扩展和修改，将不会影响 HLA 仿真系统的运行。

3）想定生成和加载

想定生成就是以想定数据库提供的典型想定为基础，快速生成 SSML 文件：想定数据文件、想定结构文件和想定样式文件。想定生成另一个重要功能就是利用 SML 的语法和语义检查，检查新制定的想定时序、指挥关系等是否有冲突，如果不合适，还要反复修改直至达到要求。

想定加载充分利用 SSML 文件的可伸缩性、动态裁减和重组功能，将仿真想定转换为与仿真联邦成员实现相关的仿真运行脚本。想定加载包括两个方面：一方面是从 SSML 文件中把与装备有关的想定加载到装备仿真成员中，仿真成员中开辟专门的数据区予以存储；另一方面从 SSML 文件中把全局作战过程及计划有关的想定数据加载到仿真运行控制盟员中，由想定处理引擎读取并调度。想定加载过程就是每个仿真盟员通过定义自己的过滤语句对整个仿真联盟的想定进行动态裁减和重组，得到自己所需要的仿真想定数据。

4）想定处理与驱动

想定处理与驱动主要是仿真联邦成员利用想定加载的想定数据完成两项工作：一是把想定实体实例转换为联邦成员对象类实例；二是把行动方案转换为联邦成员的交互类列表。想定处理与驱动包括两种机制：与装备有关的想定由仿真成员自行存储、管理和处理；全局性的作战计划等由想定处理引擎处理。

3.2 模拟态势显示技术

计算机作战模拟的推演过程，实际上是参加模拟的军事人员根据计算机显示的战场态势，不断发出干预命令，战场态势随之不断变化的过程。从图形显示的角度来看，其任务主要是将各种不同的战场态势形象逼真地表现出来。在作战模拟的战场态势中，首先是显示作战地域的背景地图，然后在背景地图上显示部队、武器等参战单元。

数字仿真技术出现伊始，仿真结果是以文本方式输出的，这是一种最基本的输出形式。随着计算机图形技术的发展，战场态势的表现一般是二维图形，即通过在一个特定的二维背景地图上标绘出各种参战单元来实现的，并利用参战单元的运动体现出作战态势的连续变化。至20世纪80年代末以来，特别是可视仿真技术的出现以及日益广泛的应用，出现了"三维视景战场"，即通过在一个特定的三维背景地图上标绘出各种三维实体造型的参战单元来实现，并利用三维实体参战单元的运动体现出战场态势的连续变化，而且可设置不同的观察点和视角来观察作战态势及其变化，使得仿真结果的展现具有直观、逼真的效果。科学家们通过研究证明：人类日常生活中接收的信息80%来自视觉信息。俗话说"一图抵千言"，可视化技术充分利用了人类的视觉功能。

海战模拟中的图形显示是对抗双方态势的一种描述，是作战过程的一种动态反映，它是军事人员了解战场态势的一种直观形式。采用图形显示的目的，是将模拟的战斗经过、战场概貌、战斗实施、战斗发展和伤亡情况，以尽可能详细、准确的图形方式显示出来，实现战斗过程的实时显示，方便地与作战模型之间进行数据交换。近年来，由于计算机仿真技术的发展，在微机平台上也能实时显示高质量的图像，使得战场图形显示更加逼真。

战场图形显示是作战模拟系统的一个重要组成部分。一个功能完善的、适用的、为广大用户欢迎和接受的作战模拟系统，一定是有与其地位相同的作战模型和图形显示系统相匹配。仿真建模技术与图像显示技术的应用程度是反映作战模拟系统研制水平的重要内容。

在海战模拟时，战场图形动态显示通常有三种方式：极坐标方式、二维直角坐标方式和三维视景方式。

3.2.1　极坐标图形显示方式

极坐标方式也称为相对态势方式，是以本舰为中心，其他目标相对于本舰运动的显示方式。目前，雷达显示以及我海军新型水面舰艇作战指控系统的舰长指挥台态势显示器是极坐标显示方式。舰长可以清楚地观察到本舰周围各种目标的运动情况，直观地掌握战场态势。极坐标方式适用于观察者在运动的平台上显示周围目标。

极坐标显示的计算方法：根据目标的地理坐标换算为相对于本舰的方位和距离，将目标新的方位、距离画在我舰周围，如图3-7所示。

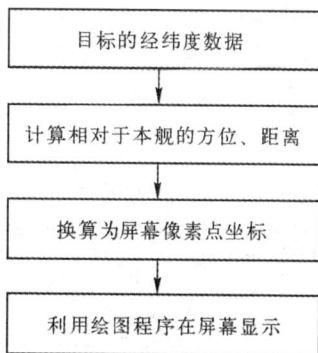

图 3-7　极坐标显示的计算方法流程图

目标的经纬度数据

↓

计算相对于本舰的方位、距离

↓

换算为屏幕像素点坐标

↓

利用绘图程序在屏幕显示

极坐标图形显示方式一般应用于对实装模拟的系统中。

3.2.2　二维直角坐标图形显示方式

二维直角坐标方式也称为绝对态势方式，是以各兵力的经纬度表示其位置的平面显示方式，通常采用军标符号的来反映战场态势，有俯视战场的视觉效果。这种显示方式是对传统的作战情况图、兵力部署图和决心图进行计算机仿真，是一种直观、通用的显示方式。

二维直角坐标方式基本组成内容包括电子海图和各种军标符号。

1.　电子海图的种类

按照图形构成方式分，有两种不同的图形：一种是位图，另一种是矢量图。

1）位图

位图（也称点阵图、像素图或光栅图）是将一幅图像分割成多个栅格，栅格的每一片（像素）的亮值（亮、暗或彩色）都单独记录。位图区域中数据点的位置确定了数据点表示的像素，换句话说，数据点（位，bit）"映射"的图像（地图，map），因此得名"位图"（bitmap）。

位图的生成是利用图像扫描仪把海图输入到计算机中，形成某种标准的图像文件格式（如.BMP、.GIF、.PCL、.JPEG 等）存储起来。需要时整张图调出，局部或全部地显示在屏幕上。

2）矢量图

"矢量表示"的意思是用一系列的线段或形状描述图像，必要时，还要使用实心的或者有等级深浅或彩色填充的一些区域来表示。

3）矢量图的显示

矢量电子海图的显示是由一个解释执行程序调用矢量地图文件的数据进行显示。它是选用一定比例尺的墨卡托海图，利用数字化仪采集海图中各种图示信息（如海岸线、等深线、等高线、灯标等图形）的轮廓线或位置点的相对坐标，形成一个或若干个海图数据文件。然后通过编程，并对纬度渐长等问题进行技术处理，将数据文件中的海图信息的相对坐标转换为在屏幕上显示的像素坐标，再利用某种计算机语言（VB、VC 或 BCB 等）的画图语句实现矢量图的屏幕显示。必要时对封闭的图形进行颜色填充。用矢量方式绘制电子海图的流程如图 3-8 所示。

作战模拟中的电子海图是作战海域的背景图，是指挥员进行作战指挥的重要

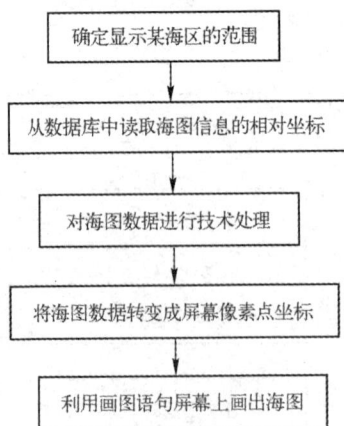

```
┌─────────────────┐
│ 确定显示某海区的范围 │
└─────────┬───────┘
          ↓
┌───────────────────────┐
│ 从数据库中读取海图信息的相对坐标 │
└─────────┬─────────────┘
          ↓
┌─────────────────┐
│ 对海图数据进行技术处理 │
└─────────┬───────┘
          ↓
┌───────────────────────┐
│ 将海图数据转变成屏幕像素点坐标 │
└─────────┬─────────────┘
          ↓
┌─────────────────┐
│ 利用画图语句屏幕上画出海图 │
└─────────────────┘
```

图 3-8　用矢量方式绘制电子海图的流程

依据，因此，作战用电子海图必须准确反映一定海域内与作战指挥有关的各种自然信息，同时，要达到清晰、可视性好的显示效果。为解决问题，电子海图模块还应设有海图层控子模块，采用分层控制、按需显示的处理方法，即将不同类型的海图信息进行归类存放，并由用户根据具体战术情节的需要，选择所显示的海图信息，另外，系统海图模块还设有海图无级缩放子模块和漫游子模块，如图3-9所示。

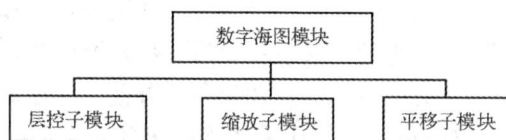

图3-9　作战用电子海图组成框图

（1）层控子模块。层控子模块的功能是将各种与作战有关的海图信息分类存放，并由用户根据需要选择显示。这些海图信息有：海区名称，海湾、海峡名称，岛礁名称，群岛名称，等深线，水深注释，海底性质，沿海高山，灯标等。

（2）缩放子模块。海图缩放子模块的功能是按用户的需要，在一定比例尺范围内对电子海图进行无级放大缩小，以满足用户对显示海图范围的需要。由于海图按矢量方式建立，因此，各种海图信息不随海图的缩放而变形。

（3）海图漫游（平移）子模块。海图漫游子模块的功能是根据用户的需要，可在一定比例尺的海图上做平行移动，其特点是显示的比例尺不变。

4）位图与矢量图的特点比较

（1）位图。调用图形的程序代码少，简便易行；适用于显示具有复杂的颜色、灰度或形状变化的图像，如照片、绘画和数字化了的视频图像。位图可以表示任何想象得到的图像，因为每个图像都可以分割成栅格，所以程序开发者经常用位图来简化编程，如制作多媒体软件的面板时，经常使用位图进行粘贴。

但由于位图的数据存储，是以像素点为单位，例如，分辨率为1024×768的图形，每行有1024个像素点，每列有768个像素点，共记录1024×768个像素点阵的亮值（亮、暗或彩色），文件存储量大，占据内存和硬盘空间多，并且图形上的信息不便于分层控制，缺乏灵活性；另外，由于位图具有的固定分辨率特性，图形放大只是简单的颗粒放大，容易出现锯齿形状，使图像变形。

为使位图图形放大同时能增加信息量，也可以使用控制图层的方法，即：将不同比例尺的位图按照从小到大、从上到下分层控制，图形局部放大时，先关闭当前图形，然后调用比例尺相对较大的位图图形，以达到增加信息量，改善图形显示效果的目的。

（2）矢量图。矢量图在显示复杂图形方面比起位图有着很多的局限性，但对于许多应用程序来讲，矢量表示比位图表示具有更高效和更灵活的优点。采用矢量方式绘图，可以方便地对图形中的要素进行控制，如各图形单元的大小、颜色、形状、性质（实线或虚线）和显示状态（隐含或显示）等，利用这个特性对图形上的信息分层控制，按需显示；另外，图形文件小，放大后不失真也是突出的优点。目前，多数先进的电子海图信息系统（ECDIS）的研制均采用矢量表示方式。

2. 电子标图

电子标图即以计算机为工具，在电子海图上标绘各种作战用图。在海战模拟中，常用的作战用图包括情况图、兵力部署图、作战经过图和突击方案图。电子标图首先要求标准规范，应按照有关规定执行，使标绘的队标、队号、注字和各种图形标准统一，可读性好；其次，标图手段要方便，操作简单，易学易用；还要能对所标绘的各种军标符号进行修改和编辑。因此，电子标图模块应包括队标、队号、绘图工具和修改编辑子模块。

1）队标子模块

队标是用以标示部队、机构、武器装备、设施和军队活动的图形。海战模拟中，常用到的队标有指挥机关、海军基地、各种舰艇（船）、舰艇停泊点、海上待机点、舰艇战斗活动、观通设施、岸防设施以及各种飞机及其战斗活动等100多个符号，队标子模块的主要功能是建立队标库，调用队标并在指定位置标绘。

因为大部分军标符号都是由各种线段组成的不规则图形，而这些图形根据不同战术情节，需要随时可能改变编辑。采用矢量方式建立队标，灵活性强，容易控制，只要改变设置参数即可实现。

按照规定，每一个队标都有其"定位点"，因此，标图时以"定位点"为准，来确定队标的位置。另外，每一个队标都应具有移动、放大、缩小和改变颜色的功能，有些队标还有旋转功能。

2）队号子模块

队号是用以注明队标的代字（汉字）和数字。队号子模块的主要功能标注队号和其他注字。为了使用和管理方便，一般把队号作为一种字符串处理，只是对时间的输入（分的表示方式）要特殊处理。

3）绘图工具子模块

绘制各种作战用图仅仅依靠队标和队号子模块是不够的，如航线、雷达探测范围和岸导射击扇面等，还需要画线、画弧、画扇面、画圆等绘图工具进行补充。绘图工具子模块的主要功能是绘制除队标之外的其他图形。一幅标准的作战用图需要用户灵活使用队标、队号和绘图工具子模块，将图形与注字有机地组合，才能绘制成功。

4）图形编辑子模块

图形编辑子模块用于对已标绘的图形进行修改、复制和删除，修改的内容包括形状、颜色、大小等属性；图形编辑子模块将大大方便各种作战用图的绘制，也能是反映标图系统功能和水平的高低。

3. 二维图形在作战模拟中的作用

二维图形是现代海战模拟中用途最广泛的图形显示方式，具有以下优点：

（1）不同海域的快速查找、海图信息的分层控制、快速显示。通过电子海图信息系统可以非常方便地查找并且快速显示指定海域，海图中各种信息可以根据种类不同，进行分层控制，海图信息包括等高线、等深线、地名、岛礁名、水深注释、公路、铁路、流向流速、山高等，用户可根据需要有选择的显示，避免所有信息都集中显示造成信息重叠覆盖，视觉效果模糊、混乱，同时影响了军标符号显示的清晰显示。

（2）标绘各种作战用图快速、方便。电子标图系统具有图形标绘、修改编辑功能，既可以快速选择、标绘各种图形，也可以方便地对已标绘的图形进行修改、复制和删除，比在纸海图上标图方便得多，同时可节省时间，从繁重的人工标图工作中解放出来，使参训人员有更多的时间考虑作战问题，提高效率，节省消耗纸海图的经费。

（3）战场态势动、静结合，仿真效果好。战场态势信息包括兵力部署、以往发生的战术情节和当前兵力的动向，其中表示兵力部署和以往发生的战术情节的图形通常是静态显示，而描述当前兵力的动向参数则应该是随着时间的递推、各种战场事件的出现而实时变化。这种变化是与战术企图、战斗过程以及作战结果相对应的。与以往在纸海图上推演相比，利用作战模拟图形系统可较好地体现战场态势的特征，动、静结合，实时、准确、逼真地反映战场态势信息。

3.2.3 三维视景显示方式

三维视景显示又称为可视化显示，它是以自然界三维空间环境作为仿真对象，利用计算机的图像技术原理所生成的近似人类视觉效果的一种表现显示方式。

随着科学技术的飞速发展，人类社会已经跨入了信息时代。作为信息技术核心的计算机技术自其诞生之日起经历了 60 多年的发展，已广泛应用于国民经济和社会生活的各个领域。而作为计算机技术重要组成部分的计算机三维视景仿真技术，因其有效性、直观性、可移植性等特点而受到了广泛的采用，并已成为社会、军事各个应用领域中不可或缺的技术手段。

1. 可视化仿真

传统的数字仿真技术主要用于科学计算。其表现形式主要是数字或平面曲线，由于人们对复杂系统仿真应用的逼真度和直观性要求的不断增加，使这种以数学模型为中心的仿真手段，无论是仿真过程的描述，还是对仿真结果的分析，都很难得到整体、形象、直观的仿真结果，给及时了解系统的变化趋势并进行判断与决策，掌握大量有价值的信息带来不便，所以使计算机仿真技术的高效和仿真结果的形象逼真的显示结合起来就显得十分重要。仿真与可视化技术的结合，即仿真可视化也因此成为人们日益关注的问题。

随着计算机技术的飞速发展，使得仿真可视化变成现实。并且由过去只能在图形工作站运行，现在普及到微机运行环境，所谓仿真可视化，就是把仿真中的数字信息变为直观的、以图形图像形式表示的、随时间和空间变化的仿真过程呈现在用户面前，使用户能够形象、直观地了解系统中变量之间、变量与参数之间、变量与外部环境之间的关系，直接获得系统的静态和动态特性。仿真可视化不仅是由图形与图像来表征仿真计算结果的，更重要的是为用户提供了观察数据交互作用的手段，实时地跟踪并有效地驾驭数据模拟与试验过程。简洁地说，仿真可视化的内涵有两层：仿真计算过程可视化与仿真结果可视化。

三维视景图像的一项主要应用技术是可视化技术。可视化技术使人们能够利用计算机在三维图形世界中直接对有形的信息进行操作，并和它们直接交流，可视化技术赋予人们对物体进行仿真并且实时交互的能力。这种技术把人和机器以一种直观而自然的方式加以统一，这无疑极大地提高了人们的工作效率。这样人们可以在三维图形世界中用以前不可想象的手段来获取信息并发挥自己思维的创造性。三维图形的另一项主要应用技术是动画技术。动画技术使得设计师可以随心所欲地发挥自己的想象力进行模型的外表、模型的动作、景物的布置等设计。

视景仿真是仿真动画的高级阶段，也是虚拟现实技术的最重要的表现形式，它是使用户产生身临其境感觉的交互式仿真环境，实现了用户与该环境直接进行自然交互。视景仿真采用计算机图形图像技术，根据仿真的目的，构造仿真对象的三维模型或再现真实的环境，达到非常逼真的仿真效果。它可分为仿真环境制作和仿真驱动。仿真环境制作主要包括模型设计、场景构造、纹理设计制作、特效设计等，它要求构造出逼真的三维模型和制作出逼真的纹理和特效；仿真驱动主要包括场景驱动、模型调动处理、分布交互、大地形处理等，它十分适于应用在军事领域的作战训练和武器研制方面，例如运用场景模拟技术建立起一个虚拟的、非常逼真的战场仿真环境，使攻防双方的作战人员沉浸在由计算机产生的作战环境中，它为武器装备研制、战术演练和训练提供了非常有效、经济的手段和途径，具有十分明显的经济效益并成为军事领域里重要的高科技手段。

可视化的目标是把由数值计算或试验获得的大量数据按照其自身的物理背景进行有机的结合，用图像的方式来展示数据所表现的内容和相互关系，便于把握过程的整体演进，发现其内在规律，丰富科学研究的途径，缩短研究周期。目前仿真可视化表现出以下特点：

（1）仿真考虑了三维物体的时空变化，考虑了其真实的物理模型情况，如控制、受力、受力后的动态过程。

（2）计算机图形学的发展，使得真实感图形被广泛采用。

（3）采用友好而自然的人机交互方式。

（4）实时仿真中仿真进程与实际物理进程一致。

（5）驾驭计算，研究人员根据数据及可视化反馈，可对仿真数值模拟进行直接控制和导引。

（6）分布式仿真、计算机网络技术的发展使得大型仿真系统常采用此方式。

（7）在低平台的应用，用低端平台（PC机）有助于推广可视化仿真的应用，它与计算机硬件（CPU、图形卡）及可用于低端平台的图形支持软件（如OpenGL）的发展密切相关。

2. OpenGL

人们对三维图形技术的研究已经经历了一个很长的历程，而且涌现了许多三维图形开发工具，其中SGI公司推出的OpenGL（Open Graphics Library）三维图形库表现尤为突出。

OpenGL的前身是SGI的IRIS GL。IRIS是SGI公司首要的图形工作站的名称，而IRIS GL过去是这些工作站上编制实时动态场景的"图形语言"。IRIS GL仅为SGI的图形工作站专有，不是一个开放标准。那时，SGI公司虽然制造了世界上速度最快的3D计算机，但是很少有人能够承受它昂贵的价格，更不用提使用GL语言编程所需要的专门技巧了。后来，SGI公司认识到了这一点。为了拓宽3D市场并扩大自己在其中的份额，SGI开始对IRIS GL改造以使其适应多种不同的平台，从而产生了性能优越，具有跨平台和高度可重用性的OpenGL。鉴于此，已经有超过30个大公司和研究机构加盟或表示接受OpenGL作为标准图形软件接口，许多软件和硬件的制造商与SGI公司一起成立了OpenGL体系结构审查委员会（简称OpenGL ARB），从而使OpenGL成为一个开放的标准。目前ARB的成员包括SGI、Microsoft、Intel、IBM和DEC等公司。

1）OpenGL主要功能

（1）创建二维和三维物体。任何复杂的形体都可以通过对点、线和面的组合构造出来。OpenGL提供了描述点、线和多边形等几何形体的函数，通过它们可以绘制出任何自己所需要的二维和三维物体。OpenGL中还有设置颜色的函数，用以对物体的表面进行着色。

（2）布置场景并以适当的角度观看场景。创建后的三维物体需要布置在场景中的不同位置，在OpenGL中，可以使用平移、旋转和缩放等变换来实现。正如照片一样，每一个画面都是以一定的角度来拍摄的，OpenGL在完成场景的绘制后，也必须调用视点变换函数来确定观看场景的位置和角度。此外，OpenGl还提供了投影变换，实现从三维场景到二维图像的变换。OpenGL中的投影变换分为两种，一种是正视投影，我们通常所说的三视图（工程制图中的正视图、俯视图、侧视图）均通过正视投影来实现；另一种是透视投影，透视投影得到的图像符合人们在现实生活中观察周围景象的情形，也就是，距离观察者较近的物体看起来较大，而较远的物体看起来则较小。建立战场的视景环境一般采用透视投影。

（3）在场景中引入光线。OpenGL 可以在场景中引入光线，这样做才能使绘制的图形有真实感和立体感。物体光照的实现主要与三个要素有关：光源、被照射物体的材质特性及该物体表面每点的法向量。OpenGL 可以提供四种光，即漫射光、环境光、镜面光和漫反射光，同时还可以指定光的颜色、位置以及强弱等参数。物体的材质特性指明了物体反射光线的方式，它直接影响物体看上去像什么。物体表面每点的法向量用来确定光线在该点的反射方向。

（4）纹理映射。通过点、线、面等几何图原创建的物体，往往由于表面过于光滑和单调，缺少表面细节，看起来反而不真实，解决此问题的方法就是使用纹理映射。OpenGL 可以让开发人员应用纹理映射把真实图像贴到物体的表面，即把从真实世界中拍摄到的某种物体的表面细节，采用贴图的方式贴到三维场景中同种物体的表面，从而使渲染后得到的图像中的物体与真实世界中的物体惟妙惟肖。纹理映射使用的范围非常广泛，桌面、墙壁、天花板、壁画、甚至树木、天空、路面都可以使用纹理映射来表示物体的细节。

（5）实现特殊效果。OpenGL 提供了一系列实现特殊效果的函数，通过它们可以实现半透明效果、烟雾，以及图像的保真。具体地说，使用融合技术可以实现半透明效果，使用雾化技术可以模拟大气中的雾或模糊场景，使用反走样技术可以改善图像中物体轮廓的锯齿效应，实现图像的保真。此外，照片中的景深和运动模糊效果也可通过对累加缓存的使用而得到。

（6）绘制位图和图像。除了点、线、多边形等几何图形外，OpenGL 还提供对位图和图像的渲染。位图主要用来生成字符，而图像不仅可以直接显示在屏幕上，而且还可以用在纹理映射中作为贴到多边形上的纹理来使用。此外，图像可以按各种格式在屏幕和内存间传送，也就是屏幕上的图像可以保存在内存中，而内存中的图像也可以直接显示在屏幕上的指定位置。

（7）制作平滑动画。OpenGL 中采用双缓存技术实现平滑的动画。当指定双缓存方式时，OpenGL 的显示帧缓存分为前台和后台，当指定屏幕上显示前台帧缓存的内容时（缺省），对后台帧缓存所做的修改不影响前台帧缓存和屏幕显示。在对动态场景进行渲染时，其绘制工作在后台缓存中进行，一帧渲染结束后，将后台的内容复制到前台，并继续在后台缓存中进行下一帧的绘制，如此循环反复，就产生了平滑的动画。

2）构建虚拟海战场的基本方法

利用计算机构建虚拟的海战场环境，是研制作战模拟系统一项重要的工作。使用不同的软件，具体方法也不同，这里介绍在 MS Windows 各种版本的操作系统中，基于 OpenGL API 的程序设计时，构建虚拟海战场环境的基本方法。

海面的模拟可以利用纹理贴图的方法，将海面位图贴到一个矩形中，水流动的效果采用纹理位置的按照匀速、缓慢偏移来实现。如果要求海面较大而所用的纹理位图较小，可以采用重复纹理贴图的方法，即在一个较大的矩形内，按照一定的顺序将纹理重复粘贴到铺满位置。

三维地形图的制作，首先采集海图中陆地、岛屿的等高线数据，然后通过模型计算出三维地形的外表面三角形坐标，利用 OpenGL 的绘图语句画出三维地形图，最后选用相适应的纹理位图进行贴图。

绘制战场中的仿真实体，如舰艇、飞机、导弹和鱼雷等，若采用 OpenGL 绘图函数的方法既费事，也不可能达到较好的仿真效果。由于 OpenGL 可以调用 Autodesk 公司的 3D Studio Max 3DS、DXF 等格式的文件，因此，常用 3D Studio Max 来制作实体，然后在利用 OpenGL 工具调入三维仿真战场中，对该实体的运动方向和自身状态进行控制。

在三维战场中的一些特殊效果，如爆炸、着火、冒烟、烟幕、火光、水柱等，则综合利用 OpenGL 的绘图函数、纹理贴图和融合、雾化技术进行加工处理，可以达到较好的视觉效果。

在构建虚拟的海战场环境时，还应该注意估算计算机硬件设备所能承受的计算量和屏幕刷新的频率。由于三维仿真实体的表面可以看作由许多三角形组合而成的，屏幕每一次刷新，都要重新计算物体位移、姿态变化或视点变化后场景中各三角形新的参数和纹理以及光照效果等。因此，场景中实体表面三角形的数量将直接影响屏幕刷新的频率。对那些外形较复杂的物体，在制作时应进行必要的简化，使得刷新频率满足 20～24 次/s。

3.2.4 三种显示方式的比较

1. 三种显示方式的数据"同根同源"

视景仿真为作战模拟提供了逼真的战场环境，但从作战模拟系统整体设计角度看，它的底层数据源与二维显示方式相同。如图 3-10 所示为作战模拟数据仿真与显示关系示意图。

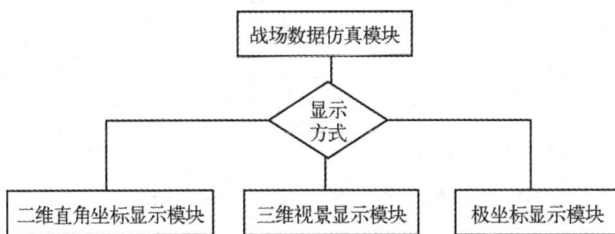

图 3-10　作战模拟数据仿真与显示关系示意图

在作战模拟系统的设计中，战场仿真模型主要由兵力、兵器作战特性仿真模型、作战指挥决策模块、战场环境（自然条件）仿真和对抗效果仿真计算模块组成。战场仿真模型接收用户的各种操作指令，经过数据调用、计算机兵力生成、对抗效果仿真计算产生虚拟战场的数据源。这些数据包括所有仿真实体的位置（经纬度、高度）、运动状态（航向、航速）、自身状态（俯仰、翻滚）和事件发生（攻防效果）等，由于是以数据的形式存在，因此不能直观地体现战场态势特征，需要通过二维或三维图形方式的显示，因此，无论哪种显示方式，其数据源是相同的，即战场仿真模型的输出数据。所不同的是，各种显示模块由于其显示方式需要，其内部子模块组成不同。

二维直角坐标显示模块包括电子海图、军标符号库等子模块；极坐标显示模块包括坐标换算、专用符号库等子模块；而三维视景显示模块的组成较为繁多，如电子沙盘生成、作战环境仿真、实体（外形、活动）特性仿真以及三维特殊效果仿真（爆炸、着火、烟雾、海浪、水柱）等。由于各种显示模块的数据源是相同的，因此，在系统正常运行时，各种显示方式可以实时切换，以满足不同显示的视觉需求。

2. 三种显示方式的效果比较

在作战模拟中，极坐标、二维直角坐标和三维视景方式这三种战场图形显示方式所使用的场合、信息表示方式、视觉效果是不同的，各有其特点，相互不可替代，参见表 3-2 所示。

表 3-2　三种显示关系的效果比较

图形方式	难易程度	视觉效果	适用的系统
极坐标	易	一般	模拟实装
二维直角坐标	一般	一般	作战研究、宏观监视
三维视景	难	好	反映现代立体战争特点

极坐标显示方式是对实装的仿真，它适用于观察者在移动的平台上观察周围目标，直观了解各目标与观察者之间方位、舷角和距离变化情况。

二维直角坐标战场态势显示方式是在电子海图上标注的各种战斗情节的平面战场态势图。与三维视景图像相比，具有军标符号规范、统一，便于识别，通用性好；战场视野开阔，信息量大；可标注各目标的具体型号和各种复杂的战术情节，适用性强等特点。但是，由于是将立体的"实体"以及这些"实体"空间配置的"客观世界"以平面的方式表示，有一些缺陷，例如，不能展现现代立体海战的视觉效果，无法直观反映飞机、潜艇和导弹、鱼雷和炮弹在高度上的运动轨迹，可视性较差。二维图形显示方式适用于指挥员对战场态势进行战场分析、战法研究、作战方案制订等。

三维视景显示方式是对战场现实环境的仿真，符合人对客观世界认识的视觉习惯。三维视景显示方式多用于实时动态显示，能真实地展现立体海战的作战场面，加上爆炸、火焰、海浪、水柱等特殊效果的渲染，使人具有身临其境的效果，真实感强，容易被人接受。但是，与二维直角坐标显示方式相比，也存在一些不足的地方，例如，有些战术情节难以描述；视野增大时目标很小，难以辨认等。

在研制作战模拟系统时，应根据系统的主要功能、所模拟的环境情况和训练对象来选择相适应的显示方式。例如，模拟舰艇指控舱的战场态势，应与实装一样，采用极坐标显示方式；以司令部图上推演为背景的战场态势，应采用二维直角坐标显示方式；需要反映现代立体战争特点，研究兵力机动和武器弹道轨迹，视觉效果要求较高的战场环境应采用三维视景显示方式。当然，如果有必要的话，可以采用 2 种或 2 种以上的同步显示方式，根据需要，对不同显示方式进行实时切换。这样可以相互弥补，使系统功能更加完善。

3.3　数据收集与管理技术

从某种角度讲，作战模拟过程就是各种作战模型对仿真相关数据进行处理，并将这种结果通过某些手段展现出来，最后对处理结果进行分析的过程。因此，数据是各种作战模拟的基础，作战模拟依托数据开始，依托数据进行，也要依托数据进行表达，仿真的过程就是对给定数据进行不断变换的过程。

研究作战模拟系统的数据管理问题，涉及作战模拟系统运行的数据范畴的分析、数据的规范化描述、数据的存储、运行期对数据的记录等各个方面。

3.3.1　作战模拟数据范畴的分析

关于仿真数据，目前存在着许多不同的分类方法，实际上并不存在一种分类方法能够适用于所有的应用场合。

按照数据在仿真活动中的作用划分，可以将仿真数据划分为仿真基础数据、想定数据、仿真配置数据、仿真执行期数据等类型。基础数据、想定数据、仿真配置数据等数据都为仿真系统运行提供了初始条件，而仿真执行期间的数据是仿真过程中模型的输出数据，这类数据高级的形态是各种事件报告，底层的表现形式是在通信支撑环境中传输的各种数据包，它是仿真系统态势显示的重要依据和来源。

1. 基础数据

演练基础数据是指那些不随具体仿真应用变化的、不受环境影响的最基本的数据，是仿真系统可以共享的数据。如武器装备性能数据、部队编制数据、基础地理信息等数据。这些数据主要来源于试验、训练演习、历史战例、兵要地志、文献档案等各类权威资料，经过专业人员整理成结构化的信息之后存储到某种形式的存储介质中（如数据库），供仿真系统使用。基础数据还包含有一类特殊的数据，那就是军队标号数据，因为目前仿真系统使用的军队标号一般都以某种数据文件的形式存在，其中包含了绘制军标的矢量化信息。

2. 想定数据

想定数据是指对仿真中描述各种作战单元和作战平台及相应的位置、活动区域以及要完成的使命等数据，以及为实现仿真目标而设置的一组约束条件和重要事件发生的时间序列数据。包括必要的基本想定/背景想定数据、对作战过程详细描述的作战双方随时间推进的作战过程数据，以及作战实体的编成、位置、行动、行动规则、武器装备数据、作战环境数据等。

3. 仿真配置数据

它是与演练活动组织管理相关的数据，即演练配置数据。演练配置数据包含了参加演练的人员的角色分配情况以及席位设置等信息。这些数据是可重用性最低的数据，只为特定的仿真演练所拥有。仿真系统的类型不同，需要的管理与控制数据也不相同。

在一次战役训练仿真演练活动中，需要预先确定演习编组，演习编组指的是受训参演单位或人员在演习角色上的编配组合（不包括导调机构、系统保障机构和演习勤务保障等机构的编组）。编组确定之后，才能够确定席位，席位是受训人员观察演习动态，将各种指令上传下达的接口，席位都是和一定的权限相联系的，这个权限指的是该席位能够对于战争活动施加干预的程度。例如雷达席位无权命令航空兵部队的飞机出动；空军指挥所无权指挥海军舰艇编队的行动等。

4. 仿真执行期数据

从底层的视角来看，演练执行期数据指的是演练进程当中，在仿真系统内部的模型之间进行交换的数据流，这些数据流经过模型的处理，以人可以理解的形式展现在受训人员面前。例如，图表、事件报告等。在二维视窗之下，演练执行期数据可以驱动电子地图上军队标号的移动，军队标号的演变代表了战役进程的发展，受训人员根据这些态势，参考事件报告，对所属部队进行实时的干预，也可以接受上级指挥机关指令，对自己可以控制的兵力下达命令。这些指令和命令，在仿真系统中都是以消息的形式发送的，模型对这些消息进行解释，做出相应的处理，然后再把处理结果显示在作战双方的态势窗口中。

演练执行期数据管理要达到的目标是使数据的采集和保存尽量自动化，有效和充分的利用仿真数据，支持仿真结果分析和结论生成，并辅助用户进行事后回顾。对演练执行期数据进行采集的过程必然要求数据库的支持。

由于将仿真采集数据直接以数据库方式进行保存有速度慢、实时性差、占用空间多等缺点，因此常规的数据库并不适合用作实时仿真数据采集的存储方式，但数据库有利于分析处理并且有现成的基于数据库的分析工具可用，因此比较适合作为事后处理的数据存储方式。

3.3.2 仿真数据收集基础

1. 数据收集原则

在数据收集的具体实现中，需要遵循以下几条原则：

1）可重用与可扩缩原则

数据收集作为仿真系统的一项重要功能，应能够适应仿真模型可重用及仿真系统可扩缩的发展趋势，即不仅收集方法自身要具有可重用性和可扩缩性，而且要把对原有仿真模型的可重用性和仿真系统可扩缩性的影响降到最小。

2）高性能原则

数据收集成为仿真系统的一部分，必然会对原仿真系统的性能产生影响，这些影响主要有网络性能的影响以及计算性能的影响两个方面。数据收集要尽量减少对网络带宽与计算资源的占用，以减少对原有仿真系统性能的影响。

3）完备性原则

完备性指实现仿真目的所需仿真数据的完备性，要求在仿真过程中能够根据需要记录全部感兴趣的数据，以反映仿真过程中仿真系统的真实状态，满足仿真分析、决策等的要求。

4）再获取的易用性原则

数据收集的目的就是实现对仿真数据的利用，这要求数据收集能够使仿真系统方便地得到已收集的仿真数据，以再现仿真过程，或者进行分析处理，得到需要的信息。

5）安全性原则

安全包括物理安全和数据安全，物理安全指能够在物理上保证收集的数据不丢失、不损坏。数据安全指在一些敏感领域中，需要能够对收集的仿真数据的访问权限进行有效的管理。

2. 收集数据分类

数据收集是仿真系统运行的关键步骤之一，是分析仿真结果，进行仿真重演和校核、验证和确认（Verification，Validation and Accreditation，VV&A）的基础。在不同体系结构的仿真系统中，由于数据的交互管理方式不同，使得数据收集的方式也相应不同。基于 HLA 体系结构的仿真系统可以从 RTI 中收集数据，而在 DIS 中，可以对协议数据单元（PDU）进行收集和保存。但是，不应该仅局限于收集此种数据，同时还有许多其他重要的数据来源，在这些数据中也包含了关于仿真系统运行的其他细节信息，这些信息不仅能告诉我们在仿真系统运行过程中发生了什么事件，而且还能够包含产生这些事件的原因。根据收集数据的内容，可将仿真系统的数据收集要求归纳为以下 3 类。

1）只收集关键数据

如用于训练的仿真系统，对这类仿真系统的数据收集，只要能够收集到可以重建仿真过程的数据即可。

2）收集交互数据

如进行联邦网络性能分析、系统兼容性测试或联邦成员交互验证，这类仿真需要收集到网络的数据流量及各联邦成员与网络间的数据流动。

3）收集联邦成员或模型的全部数据

如用于先期技术研究的仿真、仿真模型的 VV&A 等，这类仿真需要收集仿真过程中联邦成员或模型内部的全部数据用于分析、比较。

根据收集数据的产生方式，又可将仿真系统需要收集的数据种类分为以下4 种。

1）自动产生的数据

HLA 的 RTI、DIS 的 PDU，或者其他类似的仿真数据传输方法中的数据流中含有实现仿真系统功能所必需的大部分数据。数据收集工作常常需要花费大量的精力来关注这些类型的数据。即使这样，也无法满足所有的数据收集要求。数据记录文件通常是对仿真系统运行进行实时观察，并且还是仿真系统运行结束后对仿真过程进行回放的基础。然而，在进行分析之前，对这些数据记录文件必须进行谨慎的过滤，并且还要和其他类型的自动数据源结合起来才能供分析使用。

其他重要的自动数据源包括专门的仿真模型输出文件以及其他电子仪器所记录的数据，例如，某次演习含有许多的传感器，此时，设计人员就需要收集这些传感器的探测数据并形成特定的文件，这些数据在标准的仿真数据传输协议中通常都是没有的。当这些数据文件与从数据记录器得到的时间和位置记录信息结合在一起时，将能够提供一个全面的视图，告诉人们仿真过程中到底发生了什么。可以把这些专门的模型输出文件设计为一种自动读出的格式，这样就能够被其他工具处理和分析。

2）人工收集的数据

当谈到高级仿真环境中的数据收集的时候，许多人就会想到要收集在各种各样的模型之间传来传去的 0 和 1 数字中所包含的信息。但是，如果想进行全面的数据收集工作，那么必须也要包含那些手工收集的信息，这些信息包含那些不能从仿真网络中得到的数据。在一些情况下，需要有一些数据记录人员对仿真运行过程中受训人员的表现进行观察，并记录在表格形式的非数字载体（如纸质）上，在仿真系统运行结束以后，这些表格被输入到数据库中，供进一步分析使用。在其他情况下，数据记录人员可以把需要的信息直接输入到计算设备中，这些设备自动验证输入的数据，确认无误后再传送到中央数据库中。

人工收集的另外一种数据是来自观察人员、施训人员、受训人员以及军事领域相关的专家的评论。这些数据不是结构化的数据，而且带有主观色彩，但是却十分重要，因为在很多情况下，这些数据不仅能够解释发生了什么，而且还能够回答为什么，这些非结构化的数据从其他任何的来源都无法获得。这些信息的收集取决于仿真的目的和分析的需要。

3）操作数据

在训练用仿真系统中，受训人员操作数据是一类很重要的数据，这些数据是受训人员根据战场态势做出的反应而产生的，对这一类数据进行收集，可以说是训练仿真系统事后回顾的主要关注点。训练仿真系统发展到今天，它和指挥自动化系统结合起来进行某种背景态势下的演习，是各种层次的仿真训练发展的方向之一，这对于数据收集来说，是一种相当复杂的结构。在仿真系统中产生的数据，例如仿真空情，通过网络传递给指挥自动化系统的终端，受训人员在指挥自动化系统的操作平台上对该批情况进行处理，有可能要下达各种战斗命令，这些战斗命令可以通过通信网络传递给某个接收者，这个接收者可以是导演部，也可以是在仿真器扮演战机飞行员的学员。因此，很有必要记录各种通信网络中的数据，例如，参演人员在演习过程中的视频和语音记录。这类数据的收集、收集的范围以及与人工收集的数据的关联同样取决于演习的目的和分析的需求。

4）网络性能数据

前面是对面向仿真中所发生的事件以及这些事件发生的原因进行的讨论。还有一种类型的数据也经常需要收集，这就是仿真网络性能数据。这些数据诸如吞吐率、包尺寸以及 LAN 和 WAN 的性能度量，这种数据也十分重要。

3.3.3　HLA 中的数据收集机制

HLA 作为新一代分布交互式仿真体系结构，采用客户/服务器模式，通过引入运行支撑框架 RTI，显著提高了不同仿真应用之间的互操作性和可重用性。在 HLA 仿真体系结构中，联邦成员通过 RTI 提供的服务实现彼此之间的信息交互。RTI 在 HLA 数据收集中扮演着重要的角色，在一个联邦运行中，RTI 软件提供了协调联邦成员之间的操作和数据交换的系列服务，由公布了对象类属性或交互类参数的联邦成员不断提供更新的属性值或交互，由订购了数据的联邦成员自行接收数据，并将之本地化加以利用。RTI 只提供支持仿真交互的框架，不是协议或数据标准，不会传送未经 FOM 定义的数据。联邦通过联邦对象模型（FOM）和仿真对象模型（SOM）自由定义数据和信息交换格式，在 HLA 分布式仿真环境下实现通用数据记录程序，必须充分利用 FOM 信息。

在 HLA 体系结构下，联邦数据收集系统的设计主要有 3 种方式，即集中式、分布式和分散集中式。分散集中式的数据收集主要用于网间网，其思路就是在每个局域网设置一个集中式数据收集成员，该成员负责收集它所在局域网的数据，实现就近数据收集。分散集中式数据收集在实现上主要有两种方式：一是将联邦成员合理配置到各局域网内，使得各数据收集成员订购的数据尽量局限于本地局域网，但网间冗余数据仍不可避免；二是将网络拓扑信息（即各局域网的地址）加入发送的数据中，利用 RTI 提供的数据分发管理机制，每个数据收集成员可以只订购包含其所在局域网地址的数据，减少了网间冗余数据，但这种方式需要修改 FOM 和成员软件，并增加了处理时间。

1. 集中式数据收集

集中式数据收集是传统的数据收集方法，在 HLA 联邦中可以设计成一个数据收集成员，它在加入联邦后订购所需要的对象类和交互类。随着联邦的执行，将 RTI 传入的所有数据写入日志文件或数据库，联邦的逻辑结构如图 3-11 所示。集中式数据收集系统作为一个联邦成员，负责记录联邦运行信息和联邦成员间的交互数据，以便实现仿真数据分析处理以及事后重演。

在联邦仿真过程中，联邦对象模型（FOM）详细描述了各联邦成员之间需要交换的数据特性，以便各联邦成员在仿真运行中正确、充分地利用这些数据，实现彼此的互操作性。FOM 数据主要包括：联邦运行中作为信息交换主体的对象类及其属性、交互及其参数，以及对它们本身特性的说明。同时，FOM 采用数据交换格式 DIF 作为其自身描述方式，以 FED 文件的形式在运行时向 RTI 提供联邦信息。

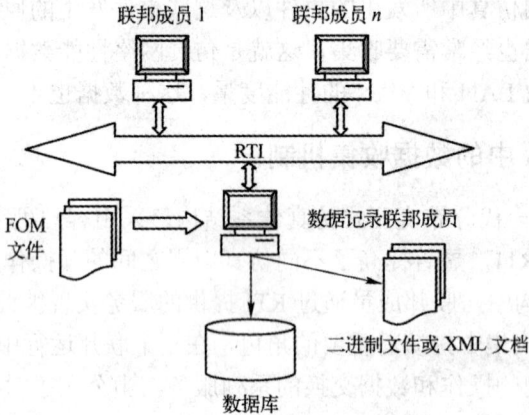

图 3-11　联邦的逻辑结构

DIF 通过由标识符和元数据格式组成的文本文件描述 FOM 数据元素。因此，FED 文件在保留原有面向对象的层次关系的同时，以标准格式充分描述联邦数据元，具备很强的简洁性和完整性。所以，FED 文件应该是一种有效的数据输入源。

集中式数据存储的优点是显而易见的，它带来了分析的灵活性，并且能够减少数据的冗余量，同时减少了对硬件、软件和网络资源的需求。集中式数据存储允许规定数目的用户同时访问数据，但有时会受到如网络带宽、可用的软件和磁盘空间等外界因素的限制。

在 RTI 中，对象类、对象实例、对象属性以及交互类和交互参数都是用句柄来标记的。在更新实例属性和发送交互时都使用了"句柄—值"对集，在收集数据时，要保存句柄和值。针对这种情况，可以将数据记录文件的格式设计为包括三部分，即文件头、句柄定义和仿真数据。

1）文件头

文件头主要用以标志文件类型，并且用来区分联邦名和联邦执行数据（FED）文件名，其具体描述如表 3-3 所示。

表 3-3 HLA 数据记录文件中的文件头格式

记录项	数据类型	描述
文件类型	String	文件类型标识，说明该文件为联邦数据记录文件
联邦名	String	标记记录器联邦成员所加入的联邦
FED 文件名	String	联邦运行时加载的联邦执行数据文件

2）FED 文件句柄定义

FED 文件中定义了联邦成员之间传递消息所需的对象类和交互类。RTI 在更新实例属性和发送交互时都要通知接收成员对象实例和交互类句柄，其属性和参数的传递也需要发送"句柄—值"的二元组。可见，句柄在联邦仿真中起到了标记消息及其参数的重要作用，因此，只有定义了这些句柄，记录的数据才有意义。RTI 给 FED 文件的对象类和交互类分配的句柄可能相同（如都是从 1 开始顺序分配），然而更新实例属性值和发送交互的数据结构基本上是相同的，所以，可以为 FED 文件的对象类和交互类统一分配句柄，在记录数据时就不必区分是对象类还是交互类（可以在 RTI 分配的句柄和自己定义的句柄之间进行映射）。下面给 FED 文件句柄的定义格式，如表 3-4 所示。

表 3-4 HLA 记录文件中的句柄定义

记录项	数据类型	描述
对象类个数 m	USHORT	记录 FED 文件中对象类个数
对象类 1	(String, USHORT)	对象类 1 的类名和句柄值
……	……	……
对象类 m	(String, USHORT)	对象类 m 的类名和句柄值
交互类个数 n	USHORT	记录 FED 文件中交互类个数
交互类 1	(String, USHORT)	交互类 1 的类名和句柄值
……	……	……
交互类 n	(String, USHORT)	交互类 n 的类名和句柄值

在表 3-4 中，对象类名和交互类名需要用"."连接其所有父类名，这样才能对有同类名的情况不至于产生二义性。

3）仿真数据部分

仿真数据部分记录了在一次联邦执行过程中，仿真人员所关心的对象实例属性更新和发送的交互。每条记录的具体格式如表 3-5 所示。

表 3-5　HLA 数据记录文件中仿真数据部分格式

记录项	数据类型	描述
记录长度	USHORT	该条记录的字节长度
时戳值	Double	对 TSO 消息是消息所带的时戳值
类句柄	USHORT	对象类或交互类
实例 ID	USHORT	若该记录为属性更新，则该项为 RTI 动态分配的对象实例 ID；若为交互信息，则省略该项
属性/参数个数	USHORT	该记录中实例属性或交互参数个数
句柄—值 1	（USHORT，不定）	记录属性/参数句柄及其取值，其值的数据类型不定
......	......	......
句柄—值 n	（USHORT，不定）	记录属性/参数句柄及其取值

RTI 负责在联邦成员之间传递消息，但它并不知道数据的类型及其含义，只认为是一些字节流。可以从 FOM 的 DIF 文件中知道数据的类型，但从数据记录的性能考虑，只记录了属性值或参数值的字节内容，并未记录数据的类型或字节长，而在分析数据时再参照 DIF 进行处理。

RTI 减少网络通信量的一种机制就是提倡成员在每次状态更新时，只发送变化了的实例属性值，这样数据收集成员在每个仿真时刻就可能只记录了对象实例的部分属性。当然，这对于演练回放毫无影响，却给数据分析带来了困难。例如，需要知道某对象实例在某时刻的所有属性值，可能会要从某个仿真时刻向前搜索记录文件，直到找到所有属性的最近更新值。在这里有两种解决方法：

一是数据收集成员可以维持所有实例的所有当前属性值，当有实例属性更新时，就可以记录其所有状态，或者定期记录其所有状态。这种方法不会增加网络流量，却影响了记录性能。

二是数据记录成员可以定期向 RTI 调用 Request Attribute Value Update（请求属性值更新）服务，得到所需要的实例的所有属性值，再记入文件。这种方法可以有效减轻数据分析的负担，却增加了网络流量和成员处理时间。

2. 分布式数据收集

集中式数据收集方法比较简单，其生成的日志文件对数据分析和演练回放都很方便，但它却占用了仿真网络的带宽资源。在大规模联邦仿真特别是在广域网仿真时，它将成为系统的瓶颈。而分布式数据收集方法可以在最小地影响网络带宽的情况下收集到所需要的所有数据。分布式数据收集就是在联邦成员向 RTI 发送数据的同时，将所需要的数据保存在本地机器内，在仿真结束后再融合成统一的仿真数据记录文件。分布式数据收集在实现上主要有两种方式：

（1）将数据收集功能直接嵌入成员软件，可以在每一成员内加入特定代码以在发送或接收数据时予以收集并记录。数据记录功能与仿真成员软件相对分离，可以减少成员对数据记录功能的影响并具有复用的价值。它的缺点主要在于程序代码需要少许修改，因此需要重新编译仿真成员程序；如果已经生成了仿真应用程序并且只有可执行代码的话，将不能用该方法完成数据收集。

（2）实现 RTI 提供的记录接口层。记录接口层存在于成员软件和 RTI 的应用程序接口之间，用以收集 RTI 和成员间传递的所有数据。这样可以使记录接口同联邦成员软件相分离，减小数据由联邦成员记录所带来的负面影响，同时由于可以设计出通用的记录接口层，使得记录接口可以在其他仿真演练中进行重用。

联邦成员在向 RTI 发送数据时，首先经过记录接口，记录接口记录完数据之后，再转发给 RTI，这样就不会有冗余的数据在网络上传输，消除了系统瓶颈。分布式数据收集的联邦逻辑结构如图 3-12 所示。

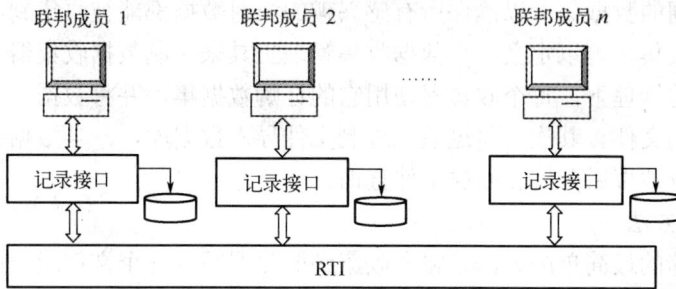

图 3-12　HLA 下分布式数据收集的逻辑结构图

记录接口存在于联邦成员和 RTI 之间，它可以记录联邦成员向 RTI 调用及 RTI 向联邦成员回调的所有函数和所有的函数参数。亦即记录接口中包含或重载了联邦成员与 RTI 之间的所有接口函数，这些接口函数先将函数参数记录下来，再调用相应的接口函数。例如，当联邦成员更新数据时，它需要向 RTI 调用 Update Attribute Values 函数。如果记录接口链接到联邦成员，则联邦成员实际上是调用了记录接口的 Update Attribute Values 函数，记录接口将函数标识符和参数数据保存到记录文件中，再调用 RTI 的 Update Attribute Values 函数。

记录接口比集中式数据收集记录的信息要多，集中式数据收集只能记录成员之间交换的数据，即在 FED 文件中定义的数据，而记录接口除此之外还可以记录 RTI 与成员之间交换的数据，因此其记录文件与集中式记录文件格式有所不同。这样不但可以对仿真演练进行事后分析，而且可以对分析和测试 RTI 的性能提供有力的帮助。

3. HLA 下收集数据的存储

1）存储系统结构

根据前文所述的集中式和分布式数据收集结构的不同，存储系统的结构也相应地划分为集中式和分布式数据存储。

集中式数据存储允许规定数目的用户同时访问数据，但有时受到如网络带宽、可用的软件和磁盘空间等外界因素的限制。集中式数据存储的优点是显而易见的，它带来了分析的灵活性，并且能够减少数据的冗余量，同时减少了对硬件、软件和网络资源的需求。

分布式存储的最简单的方法是基于可以确定的独立的功能域，这有助于确定数据的位置，但同时也给跨功能域的分析带来了问题。随着关系数据库技术的发展，分布式存储的实现将变得越来越容易。

为了方便地实现数据的存储，可以将分布式数据收集过程分解为两个基本步骤。首先，在收集器的订购应用程序中划分所有与收集有关的演习数据。每个收集器订购不同的数据集，以确保所有感兴趣的演习数据都能被收集到，同时避免数据的重复收集。可以定义一个数据收集管理工具来控制数据收集器。在数据收集管理工具的管理下，每个收集器使用它的订购数据集，并将数据写入一系列格式化的二进制文件。其次，将这些二进制文件导入数据库，一旦数据被索引和存储，它就可以被事后分析和回放组件查询。

2）存储方法

数据存储的最简单的方法是将所收集到的数据写入一个文件或一系列文件。这种方法提供了一种数据记录能力，但它不能提供对大规模仿真演习的大量数据的快速、深入地分析的能力。数据的记录需要进行文件 I/O 操作，会占用成员的 CPU 处理时间，可以用异步文件 I/O、存储映射文件等存储方法来减少记录接口对相应联邦成员的影响。

异步文件 I/O 利用操作系统的多线程结构，在将数据写入记录文件的时候，数据成员不必等待写操作的完成，可以继续执行。也就是说，当缓冲区变满并且执行异步写文件操作的时候，控制权立刻返回给成员，实际的写操作由另外的单独线程来完成。如果使用双缓冲结构，用一个缓冲区接受 RTI 发来的数据，另一个缓冲区用来写记录文件，通过线程同步，两个缓冲区可以交替使用，这样就可以减少文件 I/O 对联邦成员的影响。

存储映射文件的方式把数据文件映射到进程地址空间，不需要在文件上执行文件 I/O 操作，也不需要缓冲文件的内容，存储文件就如同存储内存一样方便，当把文件从进程地址空间解除映射后，文件直接存为二进制格式，该方案由操作系统管理所有的文件缓存，用户不必为文件分配或释放任何存储，也不需要读写文件，这样就能充分利用操作系统的优点，提高数据记录效率。

3.3.4　数据标准化技术

1.　数据标准内容

作战模拟的有效性和适用性建立在经过认证的、可靠的数据基础之上。数据标准化有助于提高建模仿真的质量，促进建模仿真部门之间、仿真系统之间的信息共享与交换，方便仿真资源的再利用，支持不同系统之间的互联与集成。数据标准是建模仿真系列标准中的一类，主要用于规范作战模拟过程中关于数据的内容、格式、过程、结构等。关于数据的标准可以列举很多，涉及数据元素标准，数据校核、验证与认证过程（VV&A）标准，数据建模标准，数据工程标准，数据查询语言标准，数据交换标准，数据库系统以及相关软件工具标准等许多方面。大致可以以将这写数据标准分为数据定义和数据管理两大类。

1）数据定义类标准

数据定义类标准包括战场环境数据标准、武器装备性能效能数据标准、作战基础设施数据标准、作战单位编制及武器编成数据标准、人机交互数据标准等。战场环境数据包括地理环境数据、海洋环境数据、空间环境数据、气象环境数据、电磁环境数据以及核生化环境数据等。环境数据标准建立对环境数据的定义和表述的规范，并建立权威数据源，为作战模拟提供统一的自然环境、相对于时空变化的量化属性数据，以及环境与作战行动相互影响的数据等。武器装备性能效能数据标准、作战基础设施数据标准、作战单位编制及武器编成数据标准等为作战模拟中的各类相关对象在标识符、命名、定义、量纲、精度、表达格式及数值的一致性等方面提供规范和保证。人机交互数据标准对各军种、各级作战单位的作战行动方案和人工干预命令等数据格式进行规范。

2）数据管理类标准

数据管理类标准包括基础物理数据格式标准、数据管理标准、数据传输标准、数据表达标准、数据标准化过程标准等一系列基础性标准。基础物理数据格式标准主要规范在文档、软件和数据库中使用的物理数据库的一致性，如日期和时间标准、空间和地理位置表述标准、物理量纲标准等。数据管理标准主要规范数据管理的过程，包括数据管理过程标准、数据库标准、数据模型标准、数据处理标准、数据维护标准、数据访问标准、数据存取安全标准等。数据传输标准主要规范数据传输与交换时应遵守的协议，主要包括系统内数据接口标准、系统间数据接口标准、网络协议标准、远程数据交换标准、远程数据同步标准等。数据表达标准主要规范在存储和表达数据时所采用的格式，包括文本信息格式标准、图形信息格式标准、数据压缩标准、多媒体数据格式标准等。数据及标准化过程标准旨在建立最基本的数据规范，如数据字典系统、数据及数据产品的安全性和完整性标准以及数据标准化过程的标准等。

2. 美军数据标准化工作简介

发达国家对作战模拟的数据标准化工作特别重视，特别是美军，在其建模仿真主计划（MSMP）中将数据标准（DS）作为技术体系框架的三项内容之一。此外为了实现在更大范围的数据标准化，美国国防部专门设置了数据管理计划，用于指导在全军范围内的数据标准化工作。美军目前在数据标准化方面所做的工作主要包括以下几个方面：

1）开发公共语义与语法标准

为了解决建模仿真过程中存在的同一术语含义不同、不同术语却含义一样的问题，便于作战模拟数据的共享和交换，美军首先开发了公共语义和语法标准。公共语义与语法（Common Semantics and Syntax，CSS）为模型和数据元素提供了逻辑结构和内容语义上的规范。CSS 通常用基于 IDEFlx 的逻辑数据模型及其相应的数据元素字典来表示。美军目前已经建立了基于公共字典的命名规范、基于实体的数据字典、基于活动的数据字典；CMMS 数据字典、HLA 对象模型数据字典（Object Model Data Dictionary，OMDD）等，目前正在结合 JWARS、JSIMS等仿真系统的开发来完善和验证各个层次的数据模型及数据字典。

为了支持仿真数据的共享和交换，美军还制定了一系列的数据交换格式标准（Data Interchange Format，DIF），已经着手制定的标准交换格式包括用于军事任务概念模型的交换文件格式 CMMS DIF、HLA 对象模型模板交换文件格式 HLA OMT DIF、兵力编制数据库交换文件格式 OB DIF，以及综合自然环境数据交换格式标准 SEDRIS 等。

2）建立权威数据源

为了提高建模仿真数据的质量，提高不同军种、不同部门之间的数据一致性共享建模仿真资源，美军启动了权威数据源工程 ADS（Authoritative Data Source）。权威数据源的建设由建模仿真办公室（DMSO）统一领导，由一个权威数据源工作组（ADSWG）专门负责，该工作组由各军种和部门建模仿真办公室的代表以及建模仿真执行机构的代表参加。主要工作包括制定权威数据源建设过程规范、确定 ADS 术语及分类目录，以及建立 ADS 库（ADS Library）。

具体的权威数据由各军种及相关部门负责收集建立本领域的权威数据，最后形成统一的权威资源库（ADS Library）。ADS Library 是一个开放的资源库，由每个经过授权的部门负责收集、开发和设计自己本领域的权威数据，形成数据库。例如，美国国家图像与地图局（NIMA）负责地形环境数据库，海军部负责海洋自然环境数据库，空军部负责空间环境数据，国防情报局负责外军武器系统技术参数数据库等。这些由各个部门开发的权威数据资源，物理上存放在各个部门的"本地"数据库服务器中，通过网络被分布在各个地方的各种用户所共享。ADS Library 最后统一放在 MSRR（Modeling and Simulation Resource Reposit）中，供仿真系统的开发者、管理者和最终用户使用。

3）建立数据质量管理规范

为了确保建模仿真数据的质量，美军建模仿真办公室出台了一系列数据质量管理规范，包括数据工程过程规范、数据工程技术框架、权威数据源质量控制标准等。

4）建立数据安全规范

数据安全规范对数据的存储、传输、访问过程中的安全问题做出了严格规定。

例如，将权威数据源数据库中的数据按照保密程度进行分级，并规定了不同用户的访问权限。对权威数据源的访问要经过严格的权限控制和安全检查。MSRR将数据资源按照保密程度分级，非加密数据资源可以通过互联网得到，加密数据资源则必须通过加密网络 SIPRNet（Secure IP Router Network）才能访问。

3.4　VV&A 及可信度评估技术

3.4.1　基本概念

作战模拟系统基于相似性理论采用建模和物理方法对作战系统（或过程）进行抽象、映射、描述和复现，是基于模型而非真实对象进行模拟试验，其结果不可能完全精确地代表真实对象，因此，作战模拟系统的开发必须解决以下三个问题：①各类军事模型是否正确地描述了实际军事系统的外部表征和内在特征?②模拟或仿真过程是否有效反映了模型的数据、状态和行为。③系统运行的结果是否实现了应用目标和用户需求？这就是通常所说的建模与仿真的可信性（credibility）、有效性（validity）和可接受性（acceptability）问题。由于现有的建模与仿真技术总是无法完全准确地描述和复现真实系统（或过程），因此，作战模拟系统的开发首先要解决可信性问题，缺乏可信性的模型和模拟仿真系统是无意义的，因此，可信度是系统模拟最重要的评估指标。

为了保证作战模拟结果是正确可信的、有效的和可接受的，必须对作战模拟系统及其模型进行校核、验证和确认，其完整表述应该是正确性校核、有效性验证和可接受性确认。美国 DOD5000.61 对 VV&A 进行了严格的定义。其中，"校核"主要解决是否正确地建立了仿真系统的问题，"验证"主要解决是否建立了正确的系统模型的问题，而"确认"主要解决是否可以使用仿真系统的问题，三者相互独立又相互联系，为仿真系统的功能评估、性能评估、有效性评估和可信度评估提供了科学依据。下面介绍几个基本概念。

1. 正确性校核

它是一个确定仿真系统准确表达开发者的概念描述和技术要求的过程，主要用于评价仿真实现过程是否正确地表达了相应的概念性模型。侧重于对仿真建模过程的检验，即检查各类仿真模型和仿真系统的代码和逻辑是否正确。除了对仿真建模过程做定性的评价外，还可能进行定量的精度分析，主要是对仿真建模过程中的误差源进行分析并建立误差模型，然后分析这些误差在相应的实现模型中引起的误差。

2. 有效性验证

它是一个确定仿真系统代表真实世界正确程度的过程，主要用于评价仿真试验过程所得到的结果（仿真系统的输出）和所提供的客观证据（可信数据源）的一致性程度，侧重于对各类系统模型和系统逻辑输出进行彻底检测。仿真试验过程包括程序测试、物理测试和仿真试验。客观证据是通过观察、测量、客观试验或其他手段所获得的事实的真实信息。

3. 可接受性确认

它是正式接受一个仿真系统为专门应用服务的过程，主要用于评价仿真系统满足某一特定预期需求的认可程度。通常由官方或权威机构根据一个可接受性标准或规范，做出是否接受该仿真系统的最终决策。

4. 可信性

它是一个定性的术语，指仿真系统使用者是否有信心通过使用仿真模型解决具体问题和实施行为决策，并且信赖该模型的输出结果。具体来讲，如果决策者和其他关键项目人员承认模型或仿真及其数据是"正确的"，则该模型或仿真及其数据就具有可信性。

5. 可信度

它是一个定量的术语，目前有多种定义，较为确切的是"仿真系统的使用者对应于仿真系统在一定环境、一定条件下仿真试验的结果，解决所定义问题正确性的信任程度"，或者说"仿真系统作为原型系统的相似替代系统在特定的建模与仿真的目的和意义下，在总体结构和行为水平上能够复现原型系统的可信性程度"。

3.4.2 VV&A 及可信度评估的目标和策略

从作战模拟系统全面质量管理的角度来看，可信度评估的范围更具覆盖性，它包括现代软件工程相关技术、VV&A、系统测试与评估三大部分，如图 3-13 所示。其中 VV&A 侧重于模型可信度评估的过程及其活动，软件工程侧重于软件系统的质量保证方法和技术，系统测试与评估侧重于系统可信度的测试与评估方法，三者之间在技术和方法上存在交叉融合的地方。以下内容重点研究 VV&A。

作战模拟系统 VV&A 是针对可信度评估而实施的一项活动，必须贯穿于整个系统开发的全生命周期，其主要目标体现在以下几个方面：

（1）有效提高模拟/仿真结果的正确性，增强应用仿真系统的信心。

（2）降低系统应用风险，做到缩短研制周期，提高开发效率。

（3）有利于对军事问题进行全方位分析。

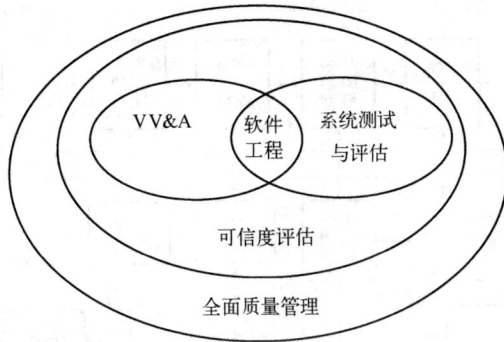

图 3-13　可信度评估与 VV&A、软件工程、系统测试与评估及全面质量管理的关系

（4）扩大模拟/仿真系统应用范围，提高系统的重用性。

（5）促进模拟/仿真系统的全面质量管理，提高管理水平和效率。

根据本章概述中所述的作战模拟软件的复杂性特征可知，对其实施可信度评估是一项极其复杂的系统工程，必须采取相应的评估策略，主要包括：

（1）VV&A 必须贯穿于建模与仿真的全过程。

（2）采用层次化方法，从源头做起，即从基本的功能子模型校验开始，逐步扩展到整个系统。

（3）既要做到模型（数据）校核与验证文本化，重视采用传统方法与技术，又要不断创新评估新理论、新方法和新技术。

（4）把可信度评估重点放在具有代表性的现代大型复杂仿真系统上，使 VV&A 工作真正融入分布交互式仿真系统的开发/应用过程中去。

（5）高度重视可信度评估出现的新问题和新要求，不断完善评估体系和健全保障机构。

总之，建模与仿真的 VV&A 是系统仿真领域中非常重要的共用技术，是评估和确保大型复杂仿真系统特别是作战模拟系统可信度必不可少的工作过程和方法。

3.4.3　VV&A 的过程模型

VV&A 工作是同仿真系统开发同步进行的，并贯穿于仿真系统全生命周期。仿真系统的 VV&A 工作模式是指仿真系统生命周期 VV&A 过程模型，具体讲，就是仿真系统生命周期中的 VV&A 活动内容或工作框架，是对 VV&A 迭代工作过程特点的描述。一般 VV&A 过程模型应包括①需求校核；②指定 VV&A 计划；③概念模型验证；④设计校核；⑤实现校核；⑥仿真结果验证；⑦系统确认，如图 3-14 所示。

系统仿真可信度评估采用层次结构模型如图 3-15 所示。

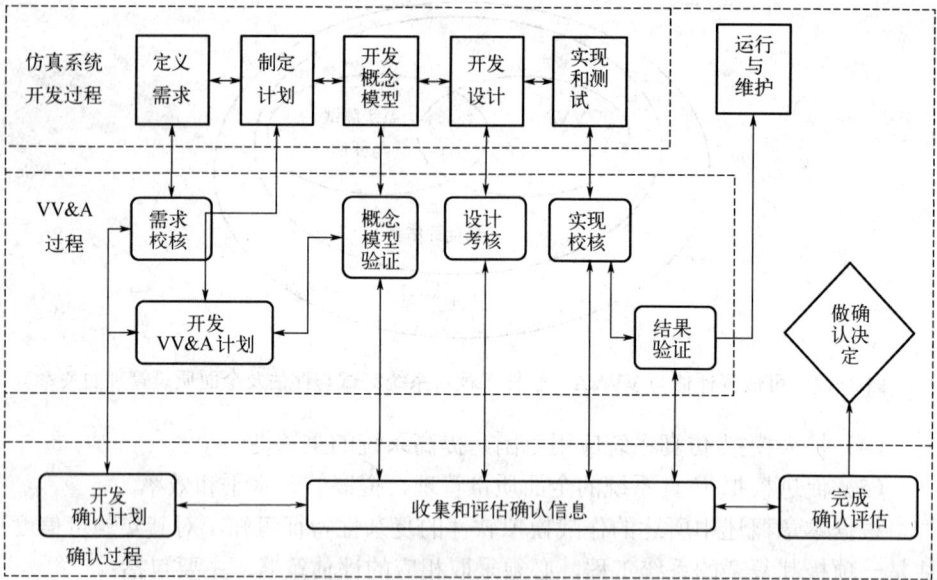

图 3-14　系统仿真全生命周期 VV&A 活动

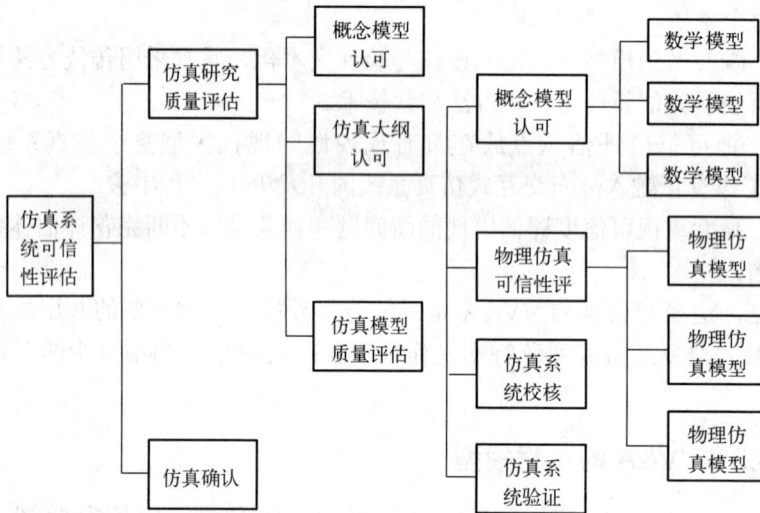

图 3-15　可信度评估的层次结构模型

3.4.4　校核和验证技术

关于一般系统仿真可信度评估的具体方法的研究并不多见，现有大多文献是对某个特别的系统进行 VV&A 研究的成果，可信度评估一般性理论研究的重点主要包括系统可信度评估的相关概念、系统仿真 VV&A 研究的总体原则和方法，以及系统的校核、验证与认证（VV&A）技术等。下面主要介绍仿真系统的校核和验证（V&V）技术。

1. 校核技术

校核（Verification）是 VV&A 的基础，实质是检验系统开发者是否正确地实现了设计目标要求的过程。对于作战模拟，最常见的是校核计算机程序模型的逻辑和代码，因此校核方法是在软件工程的基础上，将软件检验方法修改后用于作战仿真模型的校核。

1）仿真误差源校核

理论和实践证明，系统仿真误差源主要包括仿真模型误差、仿真方法误差、计算机计算误差和仿真硬件误差等。

仿真模型实际上是基于系统数学模型的二次简化模型，二次化建模过程中将不可避免地引入各种误差，同时建模中受随机噪声干扰、数据长度限制和测试与采样系统精度影响，都会带来各种计算误差。仿真方法和算法误差来自截断误差、舍入误差和信号重构误差等方面。硬件误差对于计算机仿真来说主要涉及由于计算机字长有限而引起的舍入误差。总之，仿真误差源校核将主要针对上述三次建模误差、计算误差、截断误差、舍入误差等进行。

2）仿真程序校核

原则上，软件工程领域的所有软件校核方法都可以用于仿真程序（仿真模型）的校核。表 3-6 中给出了目前仿真模型的各种校核方法。

表 3-6　仿真模型校核方法

分类	非正规方法	静态分析	动态分析	符号分析	结束分析	理论证明
方法名称	程序员自查 概念执行 代码会审 审计审核 过程审核	词法分析 语义分析 结构分析 数据流分析 一致性检查	自上而下的测试 自下而上的测试 黑箱测试 白箱测试 临界测试 调试 运行跟踪 运行监控 运行描绘 符号测试 递归测试	符号分析 路径分析 原因—效果分析 分区分析	断言分析 归纳分析 边界分析	正确性证明 Lamda 微积分 微词微积分 微词变换 推理 逻辑演绎 归纳

2. 仿真系统验证方法

验证是仿真系统 VV&A 最重要的内容，它总是同预期应用目标紧密相连，将在很大程度上反映仿真系统的功能、性能、行为是否满足所有提出的可接受性标准，是否具有足够的精度和交互能力，以满足应用目标的需求。

验证主要包括如下两方面：一是检查概念模型是否正确地描述了原型系统（实际系统）；二是检查数学模型（或实物模型）输入/输出行为是否充分接近原型系统的输入/输出行为。目前，用于仿真系统验证的方法很多，可视具体仿真对象和应用目标而选用，亦可采用它们相结合的混合方法。

目前，针对可信度评估研究的方法有两大类：主观判断比较法和客观定量分析法。

主观判断比较方法通常根据直觉对仿真模型进行外观验证。比较常用的方法有：

1）图比较法

在相同的输入条件下，将仿真结果和真实数据结果的同一参数绘制在同一张图上，进行直观比较。这种方法快速而简单，其缺点是主观性强，不同的专家对结果的一致性程度可能有不同的观点。

2）Turing 检验法

即由熟悉实际过程的军事专家对实际过程和仿真过程进行比较，如果不能区别两类输出，则认为仿真结果是有效的；否则，需要研究它们是如何区分的，这可以为修正仿真模型提供有价值的反馈信息，或者是确认使它们进行区分的因素对仿真用途而言有没有影响，从而认为模型对该用途而言是有效的。

军事专家主观判断虽然是直觉的，但却充满了专家的知识、智能和经验，因此，主观判断比较法不能被定量分析方法完全替代，二者相辅相成，可以取得更好的评估效果。但是，人的理性是有限的，专家的主观判断受到多种因素（包括人的心情、情感等）的影响，这就给主观方法的定量描述和计算机处理带来一定的难度。这也是目前相关学科研究的一个重点问题。

与主观判断比较法相比，客观定量分析法有着更加科学的方法和技术做支撑，同时又具有严谨的数理逻辑和统计分析的基础。主要考查仿真模型和实际输出（理论输出）之间在统计意义下是否一致以及一致性程度如何。如表 3-7 所列，客观定量分析方法又可分为静态和动态两类。

表 3-7　仿真系统验证的客观定量分析法分类

	参数检验法	正态分布法、非正态总体分布法、区间估计法、假设检验法、点估计法
静态性能一致性验证方法	分布拟合检验法	指数分布的拟合检验法、正态分布检验法、Pearson X^2 检验法、Kolmogorov 检验法
	非参数检验法	Smirnov 检验法、秩和检验法、游程检验法、Mood 法
	稳健统计法	均值和方差的稳健估计法、M 检验法
	Bayes 方法	数据有效性检验法、检验分布参数法（正态总体的方差检验法、正态总体的均值检验法）
动态性能一致性验证方法	时域法	一般时域法（判断比较法、Theil 不等式系数法、回归分析法、误差分析法、灰色关联分析法、相似系数法、正态总体一致性验证法、Bayes 理论法、自相关函数检验法）时序建模比较法（平稳时序建模法）、非平稳时序建模法等

动态性能一致性验证方法	频域法	经典谱估计法（直接法、间接法）、窗谱估计法（加窗谱估计法）、最大谱估计（Yule Walker 法、Burg 递推法）、瞬时谱估计、交叉谱估计、演变谱估计等

在可信度评估的具体实践中，由于所需的客观数据一般较难得到，或者样本数量较少，影响相关的统计评估结果，因此采用定性与定量相结合的方法进行仿真系统验证是一个有效的途径。

第4章　现代海战模拟中的人机界面设计

随着计算机技术在军事领域的广泛应用，海战模拟的人机界面越来越受到操作人员和研制者的关注。一个成功的海战模拟系统，不仅要具有完善的功能，还必须具有良好的人机界面。良好的人机界面可以使作训人员方便灵活地使用它，并使其发挥作战模拟系统的最大效能。一个低劣的人机界面，会使作训人员在使用过程中感到混乱、恐慌、过分疲劳，进而感到厌烦，以致放弃对系统的使用或不完全使用，即便使用，其出错率也会大大提高。因此，作战模拟系统能否提供一个友好的人机界面，直接影响作训人员对系统的应用效果，显然对作战模拟的效果也会有显著的影响。随着作战模拟系统的开发和使用，作训人员对作战模拟系统不断提出了新的要求，不仅要求它能提供接近于实战的功能，而且希望能非常方便地使用它。当今世界计算机科学发展日新月异，它提供了前所未有、丰富多彩的界面开发环境，同时人们对人机界面理论的研究也发展到了一定的水平，为作战模拟系统人机界面的友好性研制提供了可能。

4.1　人机界面的定义

人机界面（Human-Machine Interface），是人与机器进行交互的操作方式，即用户与机器互相传递信息的媒介，其中包括信息的输入和输出。好的人机界面美观易懂、操作简单且具有引导功能，使用户感觉愉快、增强兴趣，从而提高使用效率。

人机交互界面作为一个独立的、重要的研究领域，日益受到了各个领域的广泛关注，并成为 20 世纪 90 年代计算机行业的又一竞争领域。

我们将人机界面理解为广义的人机界面和狭义的人机界面，并从广义的角度上，结合设计艺术、计算机技术、人机工程、心理学等学科知识对作战模拟系统人机界面设计进行研究。

4.1.1　广义的人机界面

在研究广义的人机界面之前，先了解一下人机系统（Human-Machine System）的概念，"系统"是由相互作用、相互依赖的若干组成部分结合成的具有特定功能的有机整体。人机系统包括人、机和环境三个组成部分，它们相互联系构成一个整体。可以用模型来描述人机系统，如图 4-1 所示。

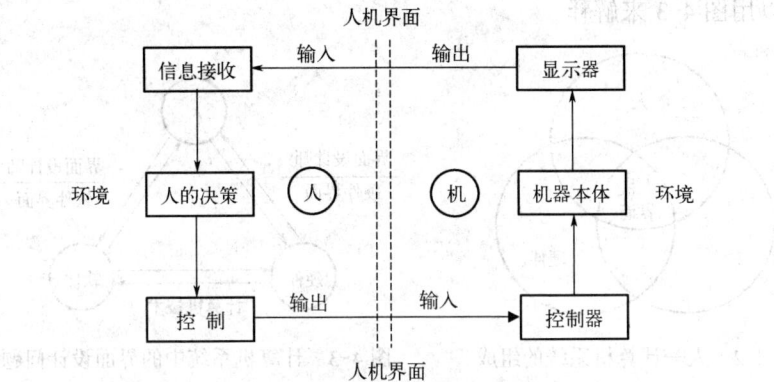

图 4-1　人机系统模型

由图 4-1 可见，操作过程的情况由显示器显示出来，作业者首先要感知显示器上指示信号的变化，然后分析，解释显示的意义并做出相应决策，再通过必要的控制方式实现对操作过程的调整。这是一个封闭的人机系统，即闭环人机系统。

在人机系统模型中，人与机器之间存在一个相互作用的"面"，称为人机界面，人与机器之间的信息交流和控制活动都发生在人机界面上。机器的各种显示都"作用"于人，实现机—人的信息传递；人通过视觉和听觉等感官接收来自机器的信息，经过人脑的加工、决策，然后作出反应，实现人—机的信息传递。可见，人机界面的设计直接关系到人机关系的合理性，而研究人机界面则主要针对两个问题：显示与控制。

4.1.2　狭义的人机界面

狭义的人机界面是指计算机系统中的人机界面（Human-Computer Interface，HCI），又称人机接口、用户界面（User Interface），它是计算机科学中最年轻的分支之一。人机界面是计算机科学与心理学、图形艺术、认知科学和人机工程学的交叉研究领域，是人与计算机之间传递和交换信息的媒介，是计算机系统向用户提供的综合操作环境。近年来，随着软件工程学的迅速发展、新一代计算机技术研究的推动，以及网络技术的突飞猛进，人机界面设计和开发已成为国际计算机界最为活跃的研究方向。

计算机系统是由计算机硬件、软件和人共同构成的人—计算机系统，人与硬件、软件结合而构成了人机界面，如图 4-2 所示。其工作过程是：人机界面为用户提供观感形象，支持用户应用知识、经验、感知和思维等获取界面信息，并使用交互设备完成人机交互，如向系统输入命令、参数等，计算机将处理所接收的信息，通过人机界面向用户回送响应信息或运行结果。

对于人机界面设计师而言，其作用是协调好计算机硬界面与软界面之间的关系，可以用图 4-3 来解释。

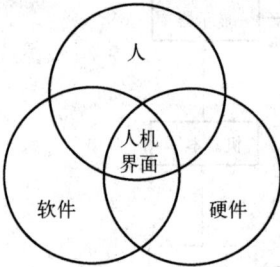

图 4-2　人—计算机系统的组成　　图 4-3　计算机系统中的界面设计问题

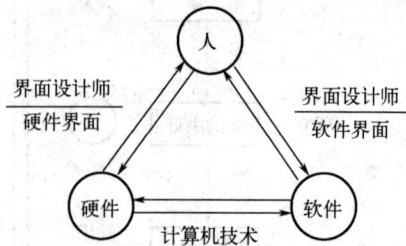

在图 4-3 中，界面设计师处理的是人与硬件界面、人与软件界面的关系，而硬件界面与软件界面之间的关系则通过计算机技术来解决。

总之，人机界面是介于用户和计算机系统之间，是人与计算机之间传递、交换信息的媒介，是用户使用计算机系统的综合操作环境。

一个系统人机界面设计包括硬件人机界面设计和软件人机界面设计，硬件人机界面设计主要指在交互过程中的硬件产品界面的设计，它与工业设计息息相关，这方面内容不是本书的讨论的重点。本书讨论的作战模拟人机界面设计主要是指软件人机界面的设计。软件界面是人机之间的信息界面，从某种意义上讲，它比硬件和工作环境更为重要。优化软件界面就是要合理设计和管理人机之间对话的结构。

4.1.3　人机界面的基本概念

1. 软件界面

软件界面是人—机之间的信息界面，从某种意义上讲，它比硬件和工作环境更为重要。优化软件界面就是合理设计和管理人机之间对话的结构。

2. 人机交互

计算机中的人机交互是指人与计算机之间使用某种对话语言，以一定的交互方式，完成确定任务的信息交换过程。

人机交互是一个结合计算机科学、心理学、人机工程学等工业和商业领域的交叉性学科，它的目标是促进设计，执行和优化信息与通信系统以满足用户的需要。

由人和计算机双方构成的人机交互的一种最简单情况是：由人（用户）输入信息给计算机发起对话，然后计算机根据存储在计算机内的协议、知识、模型等对输入信息进行识别、处理，最后把处理结果作为对输入信息的响应，反馈给用户。

3. 人机交互系统

人机交互系统是指实际完成人机交互的系统，由参与交互的双方组成。

广义地说，交互系统的组成应包括参与交互的实体和实体间的交互作用及其环境。例如，在包括计算机的人机系统中，其组成应包括人、硬件、软件，以及作为环境的有关文档手册等。另外，用户界面管理系统 UIMS，作为支持生成与管理人机界面的软件工具，也是以支撑环境作为人机交互系统的一个组成部分。

4. 人机交互方式

人机交互方式是指人机之间交换信息的组织形式或语言方式，又称对话方式、交互技术等。人们通过不同的人机交互方式，实际完成人向计算机输入信息及计算机向人输出信息。

人机交互技术的发展是与计算机硬件技术、软件技术发展紧密相关的，以上的交互方式很多沿用人与人之间的对话所使用的技术。随着计算机技术的发展，目前广泛用于人与人之间对话的语音、文字、图形、图像、人的表情、手势等方式，将成为未来人机交互的发展趋势，这将是人工智能及多媒体技术的研究内容。

5. 交互设备

交互设备是指用户和计算机完成交互的媒体。由于人机交互越来越多地考虑人的因素，使得众多新型的装置以及改良型的装置陆续被发明出来，以满足人机交互的需要。交互设备一般分为：

1）输入设备

完成人向计算机传送信息的媒体，常用的输入设备有键盘、鼠标、光笔、跟踪球、触摸式屏幕、操纵杆、图形输入板、声音输入设备、视线跟踪器和数据手套等。

2）输出设备

完成计算机向人传送信息的媒体，常用的输出设备有显示器、平板显示设备、投影仪、头盔显示器、电视眼镜、声音输出设备、打印输出设备等。

4.2 人机界面的交互类型及其设计原则

4.2.1 人机界面的交互类型

目前研究的人机界面的交互类型有以下 6 种类型：菜单选择、功能键、命令语言、直接操作、表格填充、自然语言等。

1. 菜单选择

在菜单选择这种交互类型下，系统为用户提供了当前所有可能选项的列表，用户必须从菜单中选取最适合其当前任务的项，用某种定位设备定位，做出选择。

79

1）特点

只需用户敲很少的键或用定位设备就能很容易地完成一项任务。由于在同一时刻只有几个选择项出现，因此系统提供的选择结构非常清楚，无须用户记忆命令，易学习使用，减少了键入错误的可能性。但菜单往往占用屏幕空间而且需要有快速的显示设备，否则会影响使用度。另外，菜单每次能在屏幕上显示的选择数目有限，理想的，可以有多达9个被选项，如果超过这个数，短期记忆将超载，而且会增加菜单的搜索时间。

2）适用性

这种交互类型适合新用户和临时用户，如果显示和选择机制的速度非常快，它对常规用户也很方便。在作战模拟系统的研制过程中，可用于实时性要求不太高、功能定义明确、规律性不太强的任务，如表页调用、功能设置、功能调用、系统自检等操作。在现行的作战模拟人机界面的研制中，往往都离不开这种交互方式的人机界面。

3）设计原则

（1）按逻辑相关性将选择项分组，组成菜单块或单独菜单屏。

（2）根据操作顺序、使用频度、重要程度等确定菜单的次序。

（3）用户的应答可用字符码、数字码或高亮度菜单选择条，必须便于记忆和使用，前后一致。

（4）要根据菜单的功能命名。

（5）可能的话，应提供退出路径和旁路机制。

（6）防止错误的应答而导致程序失败。

2. 功能键

功能键是与选择菜单等效的硬件。在这种交互类型下，系统用键盘上特定的键为用户提供了当前可能的选项，每一个键或几个键的组合代表着一个功能，用户必须从所有功能键中选取最适合当前任务的键，使系统完成它所期待的功能。

1）特点

用键盘上特定的键来选择，可以节省屏幕空间，并且缓解了应答编码的问题，但它受到所提供键的数量限制。功能键可用硬编码，也可用软编码。硬编码功能键的操作固定分配到一个特殊键上。用软编码功能键时，命令调用就通过应用程序分配到各个功能键上，每个键就会对应于一个或多个命令。但若多个命令对应单个键，由于要求用户随时跟踪系统所处的状态，因此容易感到混乱，并增加了用户的记忆负担。

2）适用性

这种交互类型适合特殊用户。对功能不变的专用硬件上的单独应用而言，这种方法是非常优越的。在能提供触摸屏界面的系统中，使用定义功能键，因其键名可随时清楚地写在功能键上，可获得较好的交互效果。在舰艇作战指挥系统的作战模拟系统研制过程中，可用于实时性要求较高、功能定义明确的任务。

3）设计原则

（1）要根据功能命名。功能键的键名应以简明、清晰，足以使用户明了的符号进行标记。

（2）若是硬编码功能键，其操作应固定分配到一个特殊键上。

（3）若是软编码功能键，一个键在不同情况下可对应不同的功能，最好使用触摸屏设置功能键，键名可随时显示出来；若不使用触摸屏，为了帮助用户，需要在屏幕上显示一个副菜单，在这个菜单上有选择码分配的显示，以及在屏幕上的键盘轮廓图像。为了减少用户的记忆负担，尽量使一个键对应一个功能，执行一种命令。

3. 命令语言

在这种交互类型下，用户从键盘敲入一固定格式的命令，系统接收后对命令做出相应的反应。

1）特点

命令语言可以由单一命令组成，也可有复杂的语法，命令集可以以多层次结构组成，也可以呈单层形式。典型的形式是动词后跟一个宾语，可有选项。允许命令产生回馈信息和出错提示信息。命令语言界面是潜在的最强有力的控制界面，它节省空间，可通过名字对目标和功能直接寻址，命令的组合可使系统功能更为灵活。命令语言的不足在于用户必须要学习代码和一些语法条款，使初学者使用命令语言感到困难，由于屏幕上不显示任何信息，用户还必须有系统功能的某些知识。

2）适用性

适合有系统使用经验的熟练用户。在作战模拟系统中，命令语言若与专用键结合，可以完成一些实时性较高、规律性较强的任务，如武器控制、参数输入修改等。但应绝对避免命令词过长、击键次数太多的问题。

应该指出，由于一方面现在的大多数作训人员并非计算机的专业人员，他们对计算机的使用并不熟练，应尽量减少记忆性和强化训练方面的知识；另一方面海战模拟系统是模拟海上作战，舰艇在海上行驶，稳定性较差，客观上要求作训人员在作战过程中尽量减少击键次数。因此，在现行的作战模拟训练系统的人机界面研制中，最好不要采用命令语言这种交互方式。如果模拟训练系统软件维护人员是计算机方面的专家，也不妨为他们设计可以使用命令语言交互方式的人机界面。

3）设计原则

（1）命令词应该是前后一致的。如果用 EXIT 表示退出命令，那么在系统的其他部分就不能用 QUIT。

（2）要用最小的单词组去定义功能，又要使单词清晰、易学、易记，二者之间要有折中。

（3）词汇越多，语法规则条文越多，语言就越难学，要删去重复规则和同义词，限制不必要的复杂性。

（4）允许对一个命令串进行修改而不要求用户重新输入。

（5）单词之间的双空格（或多空格）应该不影响命令的执行。

4. 直接操作

采用这种类型，系统对用户的意图能直接显示在屏幕上，用户的意图一般通过按钮、移动控制杆、摸球、鼠标器或触摸屏来发出。应该指出，这种类型的界面大多与窗口技术、图形技术紧密相连的。

1）特点

这种交互类型下的系统易学、易用，用户表达其意图时自然、方便；执行动作时用实际动作而不是复杂的语法形式；操作结果立即可见；错误信息往往很少。

2）适用性

这种交互类型适用于所有用户。在作战模拟系统人机界面研制中，主要可用于在图形显示器上指定一个目标或位置点，如目标指示、阵位设置、标定目标、标绘航线等。在多窗口图形技术支持下，使用将更加广泛。

3）设计原则

（1）屏幕上的操作对象形象应明确。

（2）用户动作的结果应是立即可见。例如，当选择一个目标时，它就呈高亮度。

（3）当一个目标被牵着在屏幕上移动时，它应随着鼠标的移动而连续移动，而不是突然跳到一个新的位置。

（4）用倒回操作顺序，可复原所有的动作。

（5）只允许合法的交互产生效果。因此如果用户指向一个对象而这一动作对现行任务并无意义时，显示屏上应无反应。

（6）交互作用应与系统如何操作的用户概念模型相匹配。

5. 表格填充

在这种交互形式下，用户把一张表格的映像调到终端屏幕上，用定位设备移光标到适当的位置，填充相应的表格内容。

1）特点

表格填充方法有吸引力，因为所提供的信息都可见，给用户一种控制着对话的感觉。显示在用户面前的是表格的有关域，因此又必须了解域标识，清楚相应的值域和数据输入方法。只要表格设计得很好，那么操作步骤就已不说自明。另外，数据输入对话中，填表数据可在线检验和编辑。

2）适用性

这种交互类型，在数据录入上适合所有用户。在作战模拟系统人机界面的研制中，可以通过表格式的对话框，输入人机交互的数据，另外可以用于情报的大量录入和修改，如数据库的建立与维护。

　　3）设计原则

　　（1）对每一个区域显示默认值并允许用户立即划向下一个区域。

　　（2）将光标定位于每一个需输入的区域的开始处。

　　（3）自动跳过不包含输入区域的部分。

　　（4）当每一个输入已完成时，应进行有效性检查。非法输入应允许用户重新输入。

　　（5）填表数据可随时进行编辑。

　　6. 自然语言

　　在这种交互类型下，系统允许用户用自然语言与系统进行通信，无须用户了解像人造语言所提出的语法限制。

　　1）特点

　　用自然语言与系统交互其表达能力最强、最自然，大大减轻了用户学习如何使用系统的负担。自然语言既可以像讲话一样输入，也可以通过键盘输入。讲话输入很快，也很理性，但语言识别问题很多，这就限制了现有的语言识别系统只能用在简单的短语或单词。打字输入对于大多数用户来说太冗长而且容易出错。随着计算机科学的发展，语音识别系统逐渐问世，这就给自然语言交互类型的使用创造了有利的条件，但一方面语音识别系统还不够完善，不能对各种声音做出完全正确的识别，另一方面语言识别系统识别语言的能力还很有限。

　　2）适用性

　　外行和初学者在有限制的问题中使用。目前实现的所有自然语言系统都是在特定领域内实现的，在作战模拟系统中暂不宜推广使用。但对实时性要求不高的作战模拟系统中的软件，如数据库管理系统，可做一定的尝试。

　　我们说，在作战模拟系统中暂不宜推广自然语言交互类型是因为：实现完全的自然语言理解系统，从现有的技术水平来说，是相当困难，甚至是不可能的。对自然语言理解的最主要的问题在于其意思是在许多不同水平上产生的。为此首先要有能指示怎样形成正确句子的语法；而为了得到正确的含义，我们还需要有关词、词的含义及它们之间关系的知识结构。这往往还不够，因为一个词的含义要取决于它所处的上下文关系。另外，若自然语言由键盘输入，会使作训人员击键次数太多；若由语音识别系统输入，难免会造成识别错误。因此，在作战模拟系统中暂不宜推广使用。

　　3）设计原则

　　从自然语言处理的基本问题来考虑，主要的设计原则就是：把交互限制在一个较小的知识领域内，减小输入的冗长性；避免语义的二义性。借助于限制范围，可把所需知识的数量和复杂程度限制在可处理的规模。

4.2.2 人机界面系统的设计原则

在作战模拟系统人机界面的开发设计过程中需遵循几项基本原则。

1. 一致性原则

一致性原则是最经常被违反的一个原则，同时也最容易修改和避免。在程序系统中，应该要求其概念模式、语义、命令语言语法及显示格式等的一致性，在类似的情况下具有一致的操作序列；在提示、菜单和帮助中产生相同的术语；自始至终使用一致的命令。人机界面的一致性主要体现在输入、输出方面的一致性，具体是指在不同的应用系统之间以及应用系统内部具有相似的界面外观、布局，相似的人机交互方式以及相似的信息显示格式等。如 Office 诸多软件，其界面的设计保持了高度的一致，用户不必进行过多的学习就可以掌握其共性。

一致性原则有助于用户学习，减少用户的学习量和记忆量，因为它可以把局部的知识和经验推广使用到其他场合。人机界面设计的一致性要求对构成易学易用，出错率低的人机交互系统也是极为重要的。

2. 提供信息反馈

人机交互系统的反馈是指用户从计算机一方得到信息，表示计算机对用户的动作所做的反应。如果系统没有反馈，用户就无法判断他的操作是否为计算机所接受，是否正确，以及操作的效果是什么。反馈信息可以以多种方式呈现，如文本、图形和声音等，这些信息反馈形式已经在人机交互系统中广为采用。

3. 界面简洁

在界面的空间使用上，应当形成一种简洁明了的布局。在用户界面中使用空白空间有助于突出元素和改善可用性，即合理使用窗体控件之间以及控件四周的空白区域。一个窗体上有太多的控件会导致界面杂乱无章，给寻找字段或者控件带来不便或者困难。因此，在设计中需要插入空白空间来突出设计元素。各控件之间一致的间隔，以及垂直与水平方向各元素的对齐，也可以使设计更为明了，行列整齐、行距一致、整齐的界面安排也会使其容易阅读。

另外，界面设计最重要的就是遵循美学上的原则——简洁与明了。在界面设计中，一个普遍易犯的错误就是力图用界面来模仿现实世界的对象，这样的设计除了对自己增加难度外，对用户并没有真正意义上的好处。最好的设计就是根据对现实对象的理解来设计出自己的、并能为用户带来方便的界面，并不一定要模仿显示对象。此外，对于问题的输入格式应当易于理解，附加的信息量少；能直接处理制定媒体上的信息和数据，且自动化程度高；操作简便；能按照用户要求的表格或图形输出，或反馈计算结果到用户制定的媒体上。

4. 合理利用颜色、显示效果

在界面上使用颜色可以增加视觉上的感染力，现在的许多显示器能够显示上百万种的不同颜色。如果在开始设计时没有仔细地考虑，颜色也会像其他基本设计原则一样出现许多问题。每个人对颜色的喜爱有很大的不同，用户的品味也会各不相同。颜色能够引发强烈的情感，如果是设计针对普遍用户的程序，一般说来，最好保持传统，采用一些柔和的、更中性化的颜色。如果可能的话，最好给用户提供颜色风格选择的自由。

另外，用户界面也广泛使用各种显示效果，合理地选择显示效果也能表达特定的设计意图，如选择静态或动态显示，可以带给用户不同的信息。动感的显示是对象功能的可见线索，虽然用户可能对某个术语还不熟悉，但动态的实例可以体会设计者的意图。

5. 使用图形和比喻

图形的使用可以增加应用程序视觉上的影响，所以细心的设计也是必不可少的。图形具有直观、形象、信息量大等优点，因此，使用图形和比喻来表示程序、实体和操作，使用户的操作及其响应直接可视和逼真，增强系统的可理解性和易学易用性。

对于图形和比喻，不同的人对其理解是不一样的。带有表示各种功能图标的工具栏，是一种很有用的界面组成，但如果不能很容易地识别图标所表示的功能，反而会事与愿违。在设计工具栏图标时，应看一下其他的应用程序，以了解已经创建的大众认可的标准。

6. 容错和帮助功能

健忘、易出错是人的固有弱点，在用户输入、调试运行程序时，难免会出错。另外，软件或硬件系统也可能出错。

系统设计应该能够检测出错误，并且提供简单的、容易理解的处理错误的手段，其内容应包含出错位置、出错原因及修改出错建议等方面的内容。系统应该具备保护功能和恢复功能，防止因用户的误操作而破坏系统的运行状态和信息存储，可以使系统恢复到出错前的状态。

此外系统应提供帮助功能，帮助用户学习使用系统。程序可能被各种类型的用户使用，必须提供各种方法来帮助用户，并且不干扰熟练型用户或专家型用户的工作。这一点，微软的 Word 中就做得很好，它具有词法、语法甚至句法错误提示及修改功能。

7. 尽量提供快捷方式

随着使用频度的增加，用户希望能够减少输入的复杂度，使用快捷键对经常使用计算机的用户来说具有吸引力。

8. 尽量减少用户的记忆要求

用户在使用和操作计算机时，总需要一定的知识和经验。这些知识和经验存放在人的大脑中，在需要时，人的信息处理系统可以从长时记忆或短时记忆中提取出有用信息。但是一个设计良好的系统应该尽量减少用户的记忆要求。

9. 设计良好的联机帮助

虽然对于熟练用户来说，联机帮助并非必不可少，但是对于大多数不熟练用户来说，联机帮助具有非常重要的作用。

在研究易学、易用的作战模拟系统人机界面的过程中，人们已开发出很多好方法，然而没有哪一种方法能广泛适用各种需要。因此在设计作战模拟系统人机界面时，要考虑各种交互要求，但不能让各种不统一的交互类型扰乱用户，或人为地把单一的交互类型强加到整个界面上。我们需要的是这样的系统，它把各种方法集成起来，利用计算机所能提供的各种界面技术，允许用户在任何时刻选择他觉得最好的交互方式，甚至提供用户混合使用的方法。这就要求设计者不仅熟悉各种交互类型、各种计算机界面技术，而且在设计中考虑开发友好性人机界面系统的设计原则。所有的设计考虑都是为了获得一个便于作训人员学习和使用的作战模拟系统。

4.3 人机界面的设计原则

作战模拟系统人机界面要在系统和作训人员之间提供一个与人充分相容的功能界面，提高人的工效，减少产生错误的可能性。根据作战模拟系统的功能要求，以及人机界面的交互类型和设计原则等方面的研究，总结如下一些作战模拟系统人机界面的设计原则。

4.3.1 指导原则

1. 适用性

作战模拟系统人机界面的设计应满足水面作训人员的使用操作要求，作训人员按非计算机专业类型用户处理。

2. 友好性

作战模拟系统人机界面设计应方便操作，符合作训人员的身体特征、生理和心理特点，符合开发友好性人机界面系统的设计原则。

3. 标准化

作战模拟系统人机界面的设计应使不同模块之间，具有标准的界面外观、布局、人机交互方式以及信息显示格式（如结果显示、提示显示、出错显示、帮助信息等信息显示格式），信息显示应在确定的屏幕位置等。

4. 模块化

作战模拟系统人机界面设计应体现模块化设计原则。这不仅仅是指应用程序和作战模拟人机界面之间应相对独立，作战模拟系统人机界面内部也应以应用对象为前提，将作战模拟系统人机界面各功能分解，使其以标准功能模块的组合形式存在。

4.3.2 数据输入原则

数据输入的总目标是简化作训人员的工作，在尽可能降低输入出错率的情况下完成数据的输入。为此，可以制定以下的设计原则来达到这一目标。

1. 输入节奏由作训人员控制

良好的数据输入界面应该让用户来控制输入过程的进展，作训人员可以集中一次性输入所有数据，可以分批输入数据，也可以修改错误的输入。在计算机接收用户输入时，系统处于等待状态，作训人员可以思考问题、校验结果等。一旦用户输入完毕，系统应该很快给出必要的反应。

2. 提供数据输入提示

提示有效的输入或输出范围提示。

3. 数据输入域要有清晰的视觉效果

若在显示器上只允许在指定区域输入数据，则该输入区域要有清晰的视觉效果。

4. 尽量减少信息输入量

〔1）提供默认值。

2）如果输入来自一个有限的备选集，则应使用指点效应和列表选择。

（3）使用公认的缩写、助记符和代码。

5. 缩写、助记符和代码要清楚明了

当缩写字、助记符和代码用于简化数据输入时，要求清楚明了，并与正规语言或海军战术有关的术语相关或一致，缩写字要求有相同的长度，在不重复的条件下尽可能短。

6. 提供输入数据的有效性检测

系统要确认数据输入的有效。保证形式正确、数值或数值范围合法，当重复输入各组数据时，在下一处理前要证实每一组输入数据的有效性。

7. 提供反馈信息

系统应向作训人员提供数据输入是否接受或拒绝的反馈信息。若是拒绝，反馈时间应到错误被改正，输入被接受为止。

8. 处理延迟

当由于系统过载或其他系统情况导致处理延迟时，系统要确认数据输入并向作训人员提供延迟指示。如果可能，系统应告诉作训人员余下的处理时间或已完成处理的百分比。

4.3.3 输出显示原则

作战模拟系统人机界面的数据输出显示包括表页显示、图形显示、文电显示以及提示、告警、错误等信息显示。其设计要求是向作训人员提供易理解、内容

丰富而简明的信息。

1. 表页显示

1）数据分组显示

（1）数据按重要性分组。若有些数据项比较重要，要求作训人员立即反应，那么这些数据项目应分组显示在顶部。

（2）数据按功能分组。当有些数据与特定的问题或功能有关时，这些数据应组合在一起，以显示它们之间的功能关系。

（3）数据按使用频率分组。若有些数据经常使用，那么这些数据应分组显示在顶部。

2）数据域的形式组织

当数据域本身有一个自然发生的次序（如按时间或顺序），那么这种次序应反映在数据域的形式组织上。

3）标题和标志

每一个表页在其顶部都必须有一标题，简短地描述显示内容。在标题与显示内容之间至少应有一空行线。

每一域或栏的前面要加标志。

任一单独的数据组或信息应含有一个描述性的标题。

4）便于阅读

呈现给作训人员的数据应采用容易使用、便于阅读的形式。

5）信息密度

在关键任务中所显示内容的信息密度要尽量少。在重要信息的上下最少要保留一个字符空间，在前后至少要保留两个字符空间。

6）缩写字和首字母缩略字

若可能，信息应尽可能完整地、精确地显示。缩写字和首字母缩略字应符合有关标准规定并避免混淆。每一个词应只有一个对应的缩写字。在缩写字中不能使用标点。所有缩写字、助记符和代号的定义应遵从用户的要求。

7）数据输入与显示一致性

数据显示中词的选择、格式和字体应与数据输入控制的要求一致。

8）表格数据的行列查询线索

在表格数据的表页显示中，至少要保持三个空列用于列的区分。在由多行组成的密集表格中，应按固定间隙在行组后插入一空行，每五行必须插一空行。

2. 图形显示

1）图形及图形坐标

态势图形输出通常采用二维或三维图形显示技术。坐标以电子海图坐标和以本舰为中心的极坐标显示为准。

2）多窗口分层显示

根据作训人员的需要，在电子海图上面应能重叠显示我方的作战计划和方案图、我舰各种武器射界、各种探测器的观测范围等。作战模拟系统的图形显示应具有多窗口分层综合显示能力。

3）醒目的光标

图形显示器上的当前光标位置应通过在该点显示醒目的光标符号来指示。

4）确认光标位置

对于图形数据输入，指点应是一个双重动作，第一动作将光标定位于所需的位置，第二动作向计算机确认光标位置。

5）以计算机自动标绘图形为主

在电子海图上，作战模拟系统应能自动为作训人员提供情报态势图、作战计划和方案图等。

6）提供计算机辅助作图手段

对计算机自动标绘的作战计划和方案图可以人工干预修改。作训人员也可自行标绘作图。标绘作图时，按照规定和标准执行，要符合现行人工标图习惯。要为作训人员提供画军标图元和折线、矩形、圆、圆弧、扇形、多边形、字符型等基本图元的手段。提供有效的选择来显示属性。

7）突出关键数据

在复杂、密集或重要的信号显示中，可采用颜色编码来区分不同类型的信息，使其特征明显。颜色编码的原则是既要符合人的生理特性，又应尽量与标绘海军战术图形的颜色要求相一致。

8）数据注释

为方便作训人员阅读图形数据，应用实际数字对图形显示画面作补充，但又不能用繁杂的数据破坏图形的清晰性。可根据作训人员的需要和人机界面的要求加以设置。

9）区域显示

对电子海图应提供图形漫游、图形的放大缩小等功能。

3. 文电显示

1）显示方法

窗口显示以及位置固定可在表页显示器上显示。

2）预定义格式

当文电格式必须按照预先定义的标准时，应自动提供所要求的格式。当文电格式是作训人员可选时，应提供一种简便的方法允许作训人员说明并保留特殊用途的格式以备将来采用。

3）编辑方式

编辑方式应采用整页可编辑方式。

4）编辑命令

应提供用来增加、插入或删除文电段落的编辑命令。

5）文电的头和尾

应提供将光标快速移至文电头或尾的方法。

4. 提示信息显示

1）标准显示

提示信息应在显示的标准区域中呈现。

2）明确的提示

有关系统控制对话的提示应是明确的，不应要求作训人员记忆其他较长的信息或查阅书面参考手册。

4.3.4 交互控制

1. 一般要求

一般的设计目标包括控制动作的一致性，最大限度地减少控制动作并尽可能减少作训人员的记忆负担，采用灵活的交互控制来适应他们的不同需求。一般的原则是由作训人员决定干什么及何时干。根据预计的任务要求和作训人员的技能选择对话方式。

1）响应时间

系统响应时间应与操作要求相一致。要求作训人员响应的时间应和系统的响应时间相适应。交互形式与用户训练及系统响应时间的情况如表 4-1 所示。

表 4-1　交互形式与用户训练及系统响应时间的情况

交 互 形 式	对用户训练程度的要求	允许的系统响应时间（s）
问答	无	中等（0.5～2）
菜单选择	无	很快（<0.2）
表格填充	中等	慢（>2）
功能键	中等	很快（<0.2）

2）简易性

控制/显示的关系应直接明了。控制动作应简单而直接，而对于那些具有潜在破坏性、要求用户花费更多的注意力的动作，应使它们不能轻易执行。

3）偶发动作的预防

应设置预防具有潜在破坏力的动作偶然触发，如偶然的删除操作。

4）作训人员的记忆

应尽量减少学习助记符、编码特别或很长的序列或者特殊的说明等的要求。

5）控制输入数据的显示

控制输入数据的显示应清楚而明显。数据显示不应使作训人员对专业术语、测量单位、任务步骤的顺序或时间间隔产生错误的理解。

6）交互形式的选择

交互形式的选择应与作训人员的特征或任务要求相适应。控制应与预期作训人员最低技能水平相兼容。应选择菜单、填充、功能键、问答等交互方式。

2. 菜单选择

1）标题

每一页选项（菜单）应有一标题来区分菜单的内容。

2）序列

菜单不应是一个太长的多页的选择项，但应按逻辑进行划分，从而能在选择中按顺序进行几项选择。一般地，菜单选项应在 7 项左右，最多不能超过 9 项。

3）格式一致性

系统中的菜单应以一致的格式呈现，并且在任何时刻都能快速得到。

4）选择项的排列顺序

菜单选择项应按逻辑顺序排列，如果不存在逻辑顺序，则根据使用的频率排列。

5）菜单回溯

在使用多级菜单时，作训人员应能通过一个单键动作就可以回到上一级的菜单，直至到达最初的、最高层次的菜单。

6）退至顶层菜单

应提供一个功能，使作训人员不必顺序经过菜单的各个层次或多级显示，就能直接回到最初的、最高层次的菜单或屏幕显示。

3. 填表

1）项目组合

屏幕显示的表格中相关的项目应安排在一起。

2）格式及内容的一致性

如果要用纸上的格式来指导数据，屏幕显示表格的格式及内容应与用户画在纸上的表格在知觉上相匹配。

3）字段的显著性

字段或字段组合之间应用空格、线段或其他符号隔开。必选的字段应与可选的字段相区别。

4）字段标志

应明确地显示字段标志，以使它们能区别于数据项。如果某项目由若干输入组成，数据项的字段标志就应包含与数据格式有关的信息。

5）用户输入数据时的遗漏

如果必选的数据项没有输入，应向作训人员指出该遗漏，并允许用户立即输入该项目。

6）非数据输入区域

屏幕显示中的非数据输入（受保护）区域应被设计成作训人员不能通过光标进入的形式。

7）灵活的数据输入

当多个数据项作为单一的记录输入时，在作训人员最后确认前，应允许重新输入、修改或取消已输入的数据。

8）提示性的标签

在标识数据字段时应使用描述性的用词，尽量避免使用随意性编码。

4. 固定功能键

1）标准化

固定功能键在整个系统中要求一致。

2）功能一致性

一旦一个键被赋予一个固定功能，则对该用户而言就不能再对该键指定另一个功能。

3）可获得性

固定功能键应具备连续可获得的控制功能，即固定功能键的锁定时间必须缩短到最低程度。然而，在一个处理过程的任何一步，对当前输入中没有使用的功能键，应在计算机控制下使之暂时失效。不能采用机械覆盖的方法达到这一目的。

4）分组

功能键应根据逻辑关系分组，并位于键盘上的不同位置。

5）功能标志

在任何时候，键的设置要用直接的标志清楚地显示出来，有必要时，按相应标准的规定采用缩略语。

4.3.5 错误管理

1. 错误信息的显示

在窗口的固定位置显示错误信息。

2. 错误修正

在作训人员向系统输入时，应提供简单方法来修正错误输入，系统应允许作训人员修正单个错误，不必重新输入已正确输入的命令或数据元素。

3. 早期检测

当错误被输入之后、进入系统之前，系统应具备对其进行检测并做出修正的能力。

4. 出错信息内容

出错信息应是建设性的并采用自然语气，避免提示某种用户判断的措辞。出错信息应反映用户的观点，而不是程序员的观点。出错信息应与作训人员的训练水平相适应，尽量针对作训人员特定的应用并向作训人员指出纠正、避免错误或从错误状态中恢复的方法。

5. 出错恢复和过程改变

应允许作训人员在控制中的任一位置上中止该过程，作为对系统提示过程出错的反应或执行过程中的一种选择。在多步过程中为修正错误进行修改，作训人员应很容易地返回到前一过程。

6. 诊断信息

出错信息应尽可能多地向作训人员提供从错误发生的条件中推断出的诊断信息。若不能得到明确的推断，则可以提供可能的帮助信息。

7. 错误项的显示

由计算机检测到的错误以及有关该错误的信息应一直显示，直到错误被改正为止。

4.3.6 安全措施

1. 数据安全性

应对数据加以保护以防止被越权使用或由于设备故障及作训人员的失误而可能造成的数据丢失。

2. 自动安全措施

应提供自动化手段，将由于非法侵入系统或合法用户的错误造成的数据丢失减少至最低限度。

3. 安全隐患的告警

应提供对越权用户试图侵入时，向用户发出信息或告警信号。

4. 口令的选择

如果要求使用口令，应允许作训人员自己选择口令，因为那样的话，口令更容易被作训人员记住。应告知作训人员有关选择口令的准则，使它不至于选择容易被其他用户破译的口令。

4.3.7 其他要求

当两个或两个以上作训人员必须同时从多个终端阅读作战模拟系统数据处理结果时，一个作训人员的操作不应干扰其他作训人员的操作，除非该任务的完成完全取决于优先占用。优先占用的作训人员应能在干扰点继续其操作而不会造成信息损失。

4.4 人机界面的设计方法

作战模拟系统对人机界面的设计提出一定的要求，由于作战过程中存在大量不确定性因素，在作战模拟过程中需要提供充分的人机交互手段，一方面要充分了解作战过程的进展情况，另一方面要随时对作战过程进行干预。

4.4.1 系统的输入/输出

作战模拟系统的输入/输出主要包括作战模拟前的静态资料数据的输入、作战模拟过程中的动态数据的输入/输出。

作战模拟前的静态资料数据的输入主要包括基础数据的输入、想定数据的输入和方案数据的输入等。

作战模拟过程中的输入输出包括两方面的内容：一是系统模拟开始后，向用户反馈作战信息。系统的作战信息包括合成作战态势和战场文电及报告。由于模拟系统可能由多级指挥所和一个导演部组成，为了较为真实地反映作战情况，系统各级指挥所和导演部所能看到的战场情况应该是不一样的。因此，针对不同的指挥所，必须提供不同的战场情况。为了减少系统使用界面，使用户能在很短时间内掌握系统的使用，系统应为用户提供统一的信息显示界面，实现分级作战态势显示和分级战场文电及报告显示，还应根据用户需要实现分层显示，以侧重于某个方面的作战态势、表页显示。二是提供实时干预命令的输入工具，使用户能根据战场的态势迅速做出反应，输入适当的命令发送到模型处理机解释执行，生成新的战场态势数据。由于各级指挥所能下达的命令有所不同，因此系统应能根据指挥所的性质确定所能下达的命令，提供分级的干预命令输入功能。

作战模拟过程中的输入/输出应能提供以下功能。

（1）战场态势显示功能。可以图形的方式显示兵力部署以及动态、形象地显示兵力的作战行动。

（2）战场文电和报告显示功能。包含表页显示、文电显示和信息显示。表页显示可以以表格的方式显示当前战场的信息数据；文电显示和信息显示可以以文本的形式显示各级下达的文和系统的各种信息。

（3）命令输入时的辅助显示。以图形方式显示命令中的航行路线和攻击目标等。

（4）实时干预命令的输入功能。干预命令所包含的内容比较多，每条命令都需要输入很多参数，这些参数大都是兵力航行时的坐标数据和攻击目标数据等，如采用键盘输入的方法，一是输入时间长，二是不可靠。因此，提供图形化和功能键等实时干预命令输入手段，可以极大地提高干预命令的输入速度，减小命令输入的难度。

（5）显示与命令输入的分级控制功能。包括控制作战态势的分级显示，和战场文电及报告的分级显示。

4.4.2　人机界面的能力

作战模拟系统人机界面所能提供的能力与具体的计算机软硬件配置有直接的关系，不同的计算机系统所能提供的人机界面的能力不同。一般来说，作战模拟系统所要求的计算机提供的人机界面能力有以下几点：

1.　信息处理能力

（1）能支持各种武器模拟系统的实时信息处理和显示。

（2）提供良好的图形界面、窗口显示能力。

（3）能支持显示各种视频信息、各种战术数据及战术态势信息、图像信息。

（4）支持矢量电子海图和位图的显示、漫游和多幅海图的拼接。

（5）能标注各种图标和信息，进行交互作图、文电编辑。

（6）能开启多个窗口，同时显示多种表页信息，并对窗口进行缩放、移动、叠加。

2.　信息存储记录的能力

支持数据、图形、图像的存储、记录、重演。

3.　操控能力

（1）可利用计算机键盘进行功能定义，以满足作战模拟系统的操控需要。

（2）需要的话，可提供可编程触摸键盘、跟踪球、操纵杆等操控设备。

4.　实时响应能力

利用实时操作系统，能及时响应外部事件，保证指挥员对实时性的要求。

4.4.3　人机界面的设计形式

一般来说，作战模拟系统人机界面的设计形式包括许多内容，这里主要讨论数据输入设计、输出显示界面的设计、在线帮助。

1.　数据输入设计

按照作战模拟系统任务及其使用要求，其人机界面的人工输入部分主要是命令输入和数据输入。

（1）命令输入。根据作战模拟系统人机界面的设计原则，命令输入应废弃键盘敲入命令词，而代之以键盘功能键或可编程的软模拟键盘来完成。当然，在语音识别技术发展到一定水平，可靠性完全有保证的情况下，可以使用声音输入装置，规定一些特别的声控命令来输入。

（2）数据输入。作战模拟系统人机界面的数据输入有三方面内容：一是在作战模拟系统运行前需要人工输入的基础数据，二是作战模拟系统在运行过程中的人工输入，三是交互作图时的人工输入。作战模拟系统运行前的基础数据输入可以以数据库填表的形式输入，交互作图时的人工输入将在下面的图形显示介绍。

在这里我们主要讨论在作战模拟系统运行过程中人工输入形式。

在作战模拟系统运行过程中人工输入数据可通过表页显示屏上的对话框形式实现。可以是一个弹出式对话框，窗口范围由具体的情况而定。对话框中，一般包括标题或内容概括、人机对话内容、控制按钮等信息。在数据单一、提示明确的情况下，也可将标题区去掉。

在数据输入过程中，尽量采用直接操纵和填表相结合交互的方式。也就是说，能够使用鼠标点取的地方，尽量不使用键盘。例如，采用给输入数据变量赋初值进行确认；输入汉字串时给出对应的汉字串菜单，由指挥员用鼠标选择；坐标点经纬度由鼠标在电子海图上点取等方法。系统对输入的数据进行检查，若输入有错误，对话框在"确认"后给出告警，重新输入。

对话框风格可采用单独使用登录域、单独使用选择域、使用登录域和选择域相结合等方式。

2. 输出显示界面的设计

按照作战模拟系统的任务及其使用要求，其输出界面的显示部分一般有表页显示、图形显示、信息显示、文电显示等方面内容。

（1）表页显示。作战模拟系统表页显示，是在表页显示器上的表页显示窗中显示。表页显示窗的范围根据显示器的大小和系统的显示需要，可显示在部分屏幕上，也可为全屏显示。窗口一般由名称、系统时间、窗口控制、标题、表页内容、滚动条等组成。窗口有上下、左右滚动条，可以实现超出表页显示区范围的表页上下、左右滚动显示，但从人的视觉出发，尽可能不设计超宽表页。超长表页的页号可控制显示在滚动条上，标准显示范围为一页。表页设计的原则按前面所述原则执行。

（2）图形显示。作战模拟系统图形显示，是在图形显示器中窗口显示。图形窗口的显示范围应为整屏。图形窗口一般由名称显示区、标题区、信息显示区（如测量图上任意两点的方位、距离、航行时间等信息）和提示信息区（如光标所在点的经纬度、天文时间等）、图形显示区（主要用于态势图显示）、控制面板（或菜单功能选择）等部分组成。控制面板（或菜单功能选择）主要用于控制、管理图形显示及人机交互图形操作。若有对话框弹出，则应固定在屏幕的一角，并以不覆盖图形显示区为宜。

在海战模拟时，战场图形动态显示通常有三种方式：极坐标方式、二维直角坐标方式和三维视景方式。其具体显示方式的特点将在第6章中阐述。

（3）信息显示。作战模拟中人机界面的信息显示包括提示信息显示、告警信息显示和错误信息显示等。

提示信息显示分别在表页显示器的信息显示窗口和图形显示器窗口的信息显示区中显示，图形显示方面的提示信息在图形显示器窗口的信息显示区中显示，其他提示信息在表页显示器的信息显示窗口中显示。

告警信息和错误信息的显示采用弹出消息框的形式显示，显示位置应在表页显示器的固定部位，告警信息和错误信息的内容要简捷、明了。告警信息最多显示不超过 2 行，错误信息最多不超过 3 行。

（4）文电显示。具有文电处理的作战模拟系统人机界面要提供插入、删除、移动、拷贝等编辑功能键，以满足指挥员能方便地对文电进行编辑。文电显示应包括文电提示、文电查询和文电制作。

3. 在线帮助

在菜单上要设置"帮助"选项，或在功能命令键区设置"帮助"功能键，用以为指挥员提供在线帮助。帮助信息是在弹出带滚动条的文本框内显示。帮助信息内容按前面所述原则设计。

作战模拟系统人机界面的设计是一个非常复杂的过程，不仅要考虑到特定作战模拟系统的要求和使用对象的计算机应用水平，还要考虑到系统提供的计算机硬件能力，以及一些人为因素。如何设计一个满足本作战模拟系统要求的人机界面，一方面要遵循作战模拟系统人机界面的设计原则，另一方面也应根据具体情况做相应的调整，以设计出一个好用、适用的人机界面。友好的作战模拟系统人机界面应体现在：①舰艇作战过程的逼真显示，包括舰艇作战过程中图形显示和数据显示；②方便的数据输入和人工干预功能；③数据输出的多样化和图形化。

4.4.4　人机界面的软件开发过程

一般来说，人机界面软件不是一个独立的软件系统，它总是与待开发的应用系统联系起来的。开发具有友好人机界面的应用系统时，除了要致力于分析、设计应用系统功能外，还要设计系统的人机界面。根据软件工程以及 Rational Unified Process（软件工程化过程），典型的人机界面开发设计步骤一般如图 4-4 所示。

与开发一般软件系统不同，图 4-4 是一个可以实现循环、阶段评价的模型，其中增加或强调了与用户特性及人机交互有关的内容，包括以下几个方面。

1. 定义阶段

1）可行性分析

可行性分析包括调查用户的界面要求和使用环境，尽可能广泛地向系统未来的各类直接或潜在用户进行调查，同时兼顾调查人机界面涉及的硬、软件环境。

2）需求分析

需求分析包括用户特性分析、任务分析等。

（1）用户特性分析。调查用户类型，定性或定量地测量用户特性，了解用户的技能和经验，预测用户对不同界面设计的反响。

（2）任务分析。从人和计算机两方面共同入手，进行系统的任务分析，并划分各自承担或共同完成的任务，然后进行功能分解，制定数据流图。

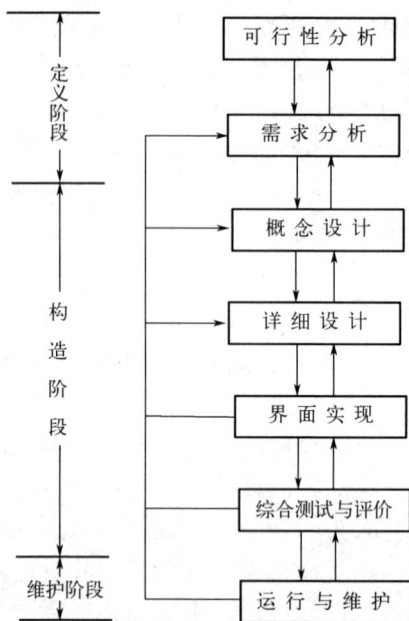

图 4-4　具有维护循环的人机界面软件生存期

2. 构造阶段

构造阶段包括界面的概念设计、详细设计、界面实现以及综合测试与评价等，其具体内容包括：

1）初步建立界面模型

通过对行为域和构造域的描述，确定描述模型的语言形式。

2）任务分析

根据任务的复杂性、难易程度等，详细分解任务动作，进行合理的人机分工，确定适合于用户的工作方式。

3）环境分析

确定系统的硬、软件支持环境及接口，向用户提供各类文档要求等。

4）成本/效益分析

根据需求分析、任务分析、环境分析等，分析实现界面形式所要花费的成本/效益，如开发成本/效益、用户要花费的成本/效益等，以便选择合适的开发设计途径。

5）确定界面

根据用户的自身特性，以及系统任务、环境、成本/效益，确定最为适合的界面类型。

6）屏幕显示和布局设计

首先制定屏幕显示信息的内容和次序，然后进行屏幕总体布局和显示结构设计，其内容包括：

（1）根据主系统分析，确定系统的输入和输出内容、要求等。

（2）根据人机交互设计，进行具体的屏幕、窗口和覆盖等结构设计。

（3）根据用户需求和用户特性，确定屏幕上显示信息的适当层次和位置。

（4）详细说明在屏幕上显示的数据项和信息的格式。

（5）考虑标题、提示、帮助、出错等信息。

（6）用户进行测试，发现错误和不合适之处，进行修改或重新设计。

7）进行艺术设计完善

包括为吸引用户的注意所进行的增强显示的设计，例如，采取运动，改变形状、大小、颜色、亮度、环境等特征，应用多媒体手段等。

8）帮助和出错信息设计

决定和安排帮助信息和出错信息的内容，组织查询方法，进行出错信息、帮助信息的显示格式设计。

9）原型设计

在经过初步系统需求分析后，开发出一个满足系统基本要求的、简单的、可运行系统给用户试用，让用户进行评价提出改进意见，进一步完善系统的需求规格和系统设计。

10）综合测试与评估

这个阶段的关键任务是通过各类型的测试与评估，使系统达到预定的要求。它可以采取多种方法，如试验法、用户反馈、专家分析、软件测试等，对软件界面的诸多因素如功能性、可靠性、效率、美观性等进行评估，以获取用户对界面的满意度，便于尽早发现错误或者不满意的地方，以改进和完善系统设计。

3. 维护阶段

为保证软件在一个相当长的时期能够正常运行，对人机界面软件进行维护是一项必不可少的工作。

1）明确维护需求

分析软件维护需求，判别维护类型。根据人机界面软件维护原因的不同，维护需求可分为改正性维护、适应性维护和完善性维护三类。

2）维护设计

针对具体的维护问题开展维护设计工作，建立需要变更的软件配置项清单，明确软件变更方案。

3）维护实施

依据维护设计文档开展具体的软件维护工作，对相关的软件文档、代码进行变更。在变更完成后，还需要对维护活动的影响域进行分析，确保不会引入新的缺陷。

第 5 章　现代海战模拟数据库系统

数据是海战模拟的基础，海战模拟所需要的数据种类繁多、形式多样。海战模拟数据可分为静态数据和动态数据，静态数据又分为武器装备性能数据、战术决策数据、作战海区数据、初始态势数据等；动态数据可分为统计参数、状态参数、控制参数、时间参数、机动参数、中间参数等。因此，统计作战模拟需要充分的数据支撑手段。

数据支撑的主要手段是构建海战模拟数据库，提供数据库管理功能，这样才能保证整个作战模拟系统数据的安全性、完整性、一致性和可靠性。数据库的管理除了要求数据库的通用管理功能外，还需要提供数据浏览查询、自动交互等功能，因此研制人员不仅要构建出仿真数据库，而且要提供与数据库交流的接口，这样构成的系统即海战模拟数据库系统。

构建海战模拟数据库是一个系统工程，它的研制和开发应该符合软件工程的理论和方法。也就是把整个研制过程分成若干个阶段，每个阶段的任务相对独立，而且比较简单，便于不同人员分工协作，从而降低整个海战模拟数据库系统工程的困难程度。在每个阶段都应采用科学的管理技术和良好的技术方法，而且在每个阶段结束之前都从技术和管理两个角度进行严格的审查，合格之后才开始下一阶段的工作，这就使数据库开发的全过程以一种有条不紊的方式进行，保证了数据库系统的质量。

5.1　数据库设计

海战模拟数据库的设计一般应按以下三个阶段进行。

（1）海战模拟数据分析阶段。对海战模拟系统进行调查，用系统的观点来考虑和分析现行系统存在的问题，收集和分析数据，编制数据流程和数据采集表。

（2）海战模拟数据库的概念模型设计。对实际的用户需求进行分析，明确而严格地理解和描述用户需求，构造不依赖于计算机系统中具体数据模型的信息模型——概念模型，其作用是提供统一的数据库基础，为海战模拟数据库的物理模型设计做准备。

（3）海战模拟数据库的物理模型设计。把海战模拟数据库的概念模型转换成选用的数据库管理系统所支持的数据模型，首先将海战模拟数据库的概念模型转换成一般的数据模型，然后再转换成特定的有效的存储结构。

数据库设计流程如图 5-1 所示。

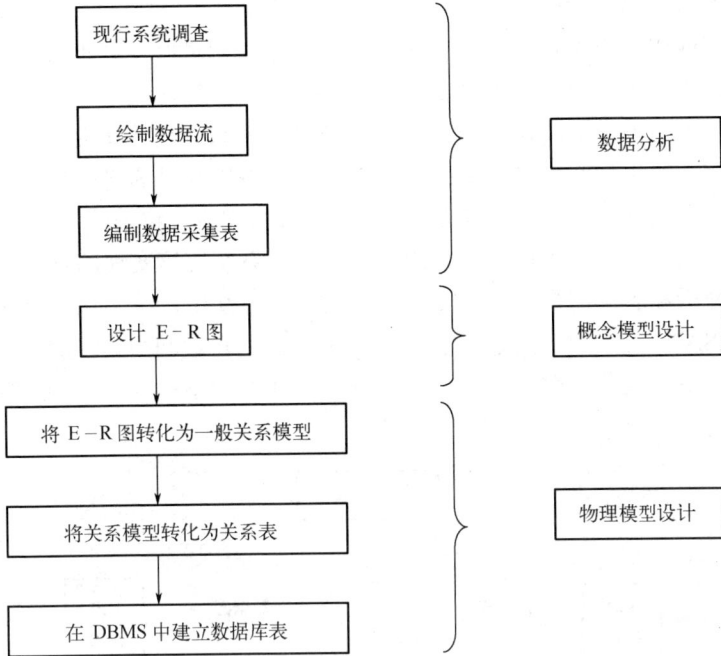

图 5-1　数据库设计流程图

5.1.1　数据分析

数据分析是海战模拟数据库设计的第一阶段，明确地把它作为数据库设计的第一步十分重要。这一阶段收集到的基础数据和一组数据流图（Data Flow Diagram，DFD）是下一步设计概念模型的基础。

概念模型是整个组织中所有用户关心的信息结构，对整个数据库设计具有深刻影响。而要设计好概念模型，就必须在数据分析阶段用系统的观点来考虑问题，收集和分析数据，然后处理数据。

从数据库设计的角度考虑，数据分析阶段的目标是：对海战模拟系统要处理的对象（组织、部门）进行详细调查，收集支持系统目标的基础数据及其处理。

调查的重点是"数据"和"处理"。通过调查要从中获得每个部门对数据库的如下要求：

（1）信息要求。即用户将从数据库中获得信息的内容、性质。由信息要求导出数据要求，即在数据库中需存储哪些数据。

（2）处理要求。包括用户要完成什么处理功能，对某种处理要求的响应时间，处理的方式是批处理还是联机处理。

（3）安全性和完整性的要求。

具体的做法是：

（1）了解组织机构情况。调查该海战模拟系统由哪些部分组成，各部分的职责是什么，为分析信息流程做准备。

（2）了解各部分的使用情况。调查各部分输入和使用什么数据，如何加工处理这些数据，输出什么信息，输出到什么部分，输出结果的格式是什么。

（3）确定系统的边界。确定哪些功能由计算机完成或将来准备让计算机完成，哪些活动由人工完成。由计算机完成的功能就是系统应该实现的功能。

如何分析和表达用户需求呢？在众多的分析方法中，结构化分析（Structured Analysis，SA）是一个简单实用的方法。SA 方法用自顶向下、逐层分解的方式分析系统。用数据流图、数据字典描述系统，任何一个系统都可以抽象为如图 5-2 所示的结构。

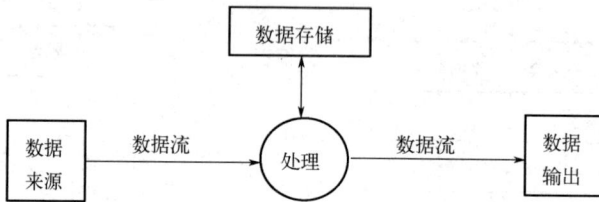

图 5-2　分析和表达用户的需求

把一个处理功能的具体内容分解为若干子功能，每个子功能继续分解，直到把系统的工作过程表达清楚为止。在处理功能逐步分解的同时，它们所用的数据也逐级分解，形成若干层次的数据流图。数据流图表达了数据和处理过程的关系，处理过程的处理逻辑常常用判定表或判定树来描述。数据字典（Data Dictionary，DD）则是对系统中数据的详尽描述，是各类数据属性的清单。对数据库设计来讲，数据字典是进行详细的数据收集和数据分析所获得的主要结果。数据字典是各类数据描述的集合，它通常包括以下 5 个部分：

（1）数据项（是数据的最小单位）。

（2）数据结构（是若干数据项有意义的集合）。

（3）数据流（可以是数据项，也可以是数据结构，表示某一处理过程的输入或输出）。

（4）数据存储（处理过程中存取的数据）。

（5）处理过程。

它们的描述内容如下：

① 数据项描述={数据项名，数据项含义说明，别名，类型，长度，取值范围，

102

与其他数据项的逻辑关系}

其中，取值范围、与其他数据项的逻辑关系（例如：该数据项等于另几个数据项的和，该数据项值等于另一数据项的值，等等）定义了数据的完整性约束条件，是设计数据检验功能的依据。

② 数据结构描述={数据结构名，含义说明，组成：{数据项名}}

③ 数据流={数据流名，说明，流出过程，流入过程，组成：{数据结构或数据项}}

其中，流入过程说明该数据流由什么过程来，流出过程说明该数据流到什么过程去。

④ 数据存储={数据存储名，说明，输入数据流，输出数据流，组成：{数据结构或数据项}，数据量，存取方式}

其中，数据量说明每次存取多少数据。存取方法指的是批处理还是联机处理，是检索还是更新，是顺序检索还是随机检索。尽可能详细收集并加以说明。

⑤ 处理过程={处理过程名，说明，输入：{数据流}，输出：{数据流}，处理：{简要说明}}

其中，简要说明中主要说明该处理过程的功能，即"做什么"（不是怎么做）；处理频度要求，如每分钟处理多少事务，多少数据量；响应时间要求等。这些处理要求是后面物理设计的输入及性能评价的标准。

数据字典是在数据分析阶段建立，在数据库设计过程中不断修改、充实、完善的。

数据字典对系统中数据的各个层次（从数据的基本单位——数据项到数据存储）和各个方面的描述精确、详尽，并且把数据和处理有机地结合起来，可以使概念模型的设计变得相对容易。

数据分析注意事项：

① 数据分析阶段一个重要而困难的任务是收集将来应用所涉及的数据。若设计人员仅仅按当前应用来设计数据库，以后再想加入新的实体，新的数据项和实体间新的联系就会十分困难。新数据的加入不仅会影响数据库的概念模型而且将影响物理模型，因此设计人员应充分考虑到可能的扩充和改变，使设计易于更改。

② 必须强调用户的参与，这是数据库应用系统设计的特点。数据库应用系统和广泛的用户有密切的联系，许多人要使用数据库。数据库的设计和建立又可能对更多人的工作环境产生重要影响。因此用户的参加是数据库设计理论不可分割的部分。在数据分析阶段，任何调查研究没有用户的积极参与是寸步难行的。设计人员应该和用户取得共同的语言，帮助不熟悉计算机的用户建立数据库环境下的共同概念，并对设计工作的最后结果承担共同的责任。

5.1.2 概念模型设计

1. 设计目标

概念模型设计的目标是对要描述的海战模拟的有关数据和信息进行分析、抽象和整理，建立一个信息的概念模型。它突出以下特点：

（1）正确与充分反映海战模拟的信息内容、组成、兵力兵器及其特征和兵力兵器之间的联系。

（2）它独立于海战模拟数据库逻辑结构和海战模拟数据库管理系统，但又易于向某一种数据模型转换。

（3）在分析海战模拟数据的特征和联系中应用数据规范化理论进行规范化分析，合理地减少数据冗余，消除插入、删除异常。

（4）考虑到可能的扩充和修改方便。

2. 海战模拟数据分析与规范化

根据海战模拟数据的属性特征，对数据进行初步的组织，确定若干数据实体及其联系，经分析难免会发现其中存在冗余，并导致插入、删除异常和数据的不一致性。这将严重降低库的质量与效益，破坏库的完整性，增加管理的难度。故利用数据规范化理论进行规范化分析，按实际需要提高模式级别，以减少冗余，消除插入、删除异常，使模型趋于合理，建立一个好的概念模型。现以驱逐舰的战技性能为例加以说明。

驱逐舰的战术技术性能包括以下属性：

驱逐舰（类别，国别，型号，舷号，武备，……）

其中"武备"属性仍包括需要说明的属性，故此模式不满足 1NF 范式。

把武备设计为以下模式：

武备（类别，国别，型号，性能指标，……）

考查可见都满足 2NF 范式，且以上模式均不存在传递依赖，故也满足 3NF 范式。进一步考察各实体中各决定因素均含码，即满足 BCNF，且不存在多值依赖，故满足 4NF 范式。

至此，在函数依赖和多值依赖范畴内已达到彻底分离，有效地消除了冗余和插入、删除异常，较好地保证了数据一致性和可维性。

3. E-R 方法建立海战模拟数据库的概念模型

E-R 方法就是实体—联系方法，是描述与定义现实世界信息和内在联系的工具，用这种工具建立的海战模拟数据库的数据模型是独立于特定的数据库管理系统的概念模型。该方法是目前最有效的说明数据在数据库中如何构造的方法。实体是映射现实世界的人、地方、物体。属性是指某一实体的具体特性，是不可再分的。例如，"驱逐舰"是一个实体，它的"舰长""舰宽""舰高"就是它的一部分属性。实体和实体之间通过"关系"联结起来。"关系"可表示为一对一、一对多或多对多三种关系。E-R 法就是使用 E-R 图建立概念模型。下面以"驱逐舰"为例说明如何建立一个局部的 E-R 图。

"驱逐舰"可以被看作一个实体，这个实体有很多属性。如驱逐舰本身的舰长、舰宽、吃水、排水量、航速、续航力、编制人数、服役年限等。同时驱逐舰上装备有导弹、鱼雷、雷达、声纳、舰炮、舰载机、电子战等武备。这些武备又是新的实体，而不是驱逐舰属性。驱逐舰实体通过"装备"这一关系和其武备实体发生联系。其 E-R 简图如图 5-3 所示。

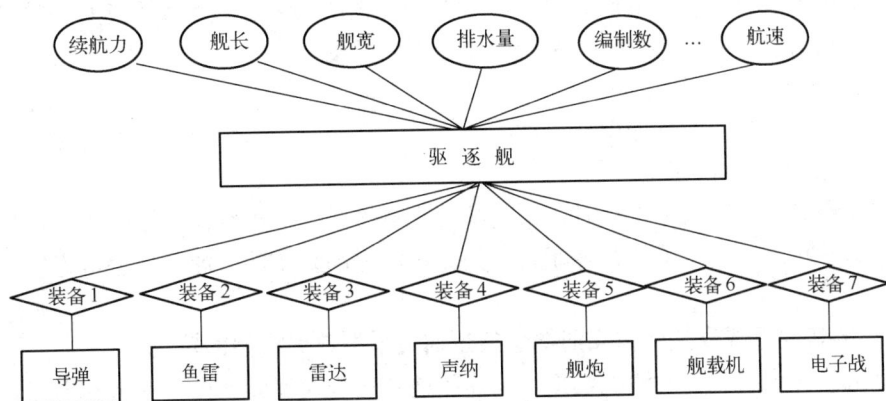

图 5-3　驱逐舰 E-R 简图

驱逐舰上的武备实体又有自己的属性，还可以继续和其他实体发生联系，最后构成完整的系统 E-R 图。在系统 E-R 图中，需要进行必要的规范化，去掉属性冗余和关系冗余，形成优化的 E-R 图。

5.1.3　物理模型设计

1. 海战模拟数据库的数据模型的选择

根据对海战模拟数据库的要求和以海战模拟数据库概念模型的特点，考虑到如下几点。

（1）数据的相互关系除装备战术技术性能部分比较复杂外，其他部分数据间的横向联系并不突出。

（2）整个库的内容和结构还不是很稳定，预计有可能要进一步扩充和更改。

（3）要把用户使用的方便性放在突出的地位来考虑。

（4）整个海战模拟数据库是海战模拟系统的基础，要考虑程序调用的难易性。

（5）关系数据模型是当今的主流数据模型，为大多数数据库管理系统所采用，现已被很多人认为是一切数据库系统的未来。

因此，根据以上考虑，构建海战模拟数据库应选择关系型数据模型比较合适。

2. 海战模拟数据库的数据模型特性要求

海战模拟数据库的数据模型采用关系型数据模型，可以以目前先进的数据库管理系统 SQL Server、Oracal 等大型数据库管理系统作为后台数据库管理系统。设计的数据模型应具有下列特性：

1）数据完整性

在处理流程中及时更新数据库中数据，并提供其他系统所需要的数据。

2）数据的准确性

准确记录反映水面舰艇、潜艇、飞机和各种武器装备与各分系统有关的各种基本数据信息，保证海战模拟系统所需数据的准确性。

3）数据的一致性

各子库中相应数据应保持一致。

4）最小的数据冗余

在海战模拟数据库设计时，采用编码字典方式，库中存储数据代码，尽量减少数据的冗余。但为了加强各库之间的联系，提高系统的效能，也要考虑适当的冗余。

3. 实现海战模拟数据库的概念模型向关系型数据模型的转换

由 E-R 图所表示的海战模拟数据库的概念结构模型转换为关系型数据库管理系统所能接受的数据模型，可以将基本 E-R 图转换成一个个关系表。为实现向关系模型的转换，着重进行下列工作：

（1）给各个关系模式确定主关键字、外关键字且为部分实体间的联系建立连接关系。

（2）为提高访问速度，而又不致增加数据冗余，适当建立一些视图（View），以进一步提高库的可用性。

（3）定义若干索引（Index）项，以提高查询速度。

（4）建立"关系—代码"及"字段—代码"对照表，以方便建库与维护。

（5）为各个数据项选择适当的数据类型，特别注意到访问库的高级语言所支持，相互间能匹配。

4. 创建海战模拟数据库

创建数据库是一个海战模拟数据库系统开发的前提，只有创建了数据库，才能编制各种接口软件，对数据库进行各种操作和管理。

利用适合的数据库管理系统，在服务器上建立了所有的数据库表，包括海战模拟数据库的静态资料库和动态作战数据库，以及用户管理等方面库表。注意，在服务器端用数据库超级用户建立数据库。

具体建表过程应随系统选择的数据库管理系统的不同而不同。应注意各表的主键和外键，索引及非空项的选择，以及安全性设置（包括角色分配、存取权限等）。

5.2 数据库的接口设计

从使用海战模拟数据库的不同角度出发，要求数据接口设计应包含三方面内容：管理和维护接口设计，用于在海战模拟前的静态资料库数据录入（包括基础数据、方案数据或想定数据等）；用户查询接口设计，用于指挥员在海战模拟过程中，随时方便地浏览查询数据库中的作战信息；程序调用接口设计，用于海战模拟系统中各分系统方便地与数据库进行信息交流。针对不同应用，可采用适合这种应用的较好的开发工具，因此应研制开发三个相应的子系统，以完成对应接口功能的实现。

5.2.1 数据库管理和维护接口设计

这是海战模拟数据库管理和维护人员使用的接口，可通过该接口方便地实现数据库记录的插入、删除、修改等操作；也可以作为管理人员后台查询使用；大量的数据录入也将由此方便地把数据载入数据库。为此，需研制海战模拟数据库管理和维护子系统。通过编写大量程序，灵活设置菜单、按钮、对话框，方便管理和维护人员的使用。其功能框图如图 5-4 所示。

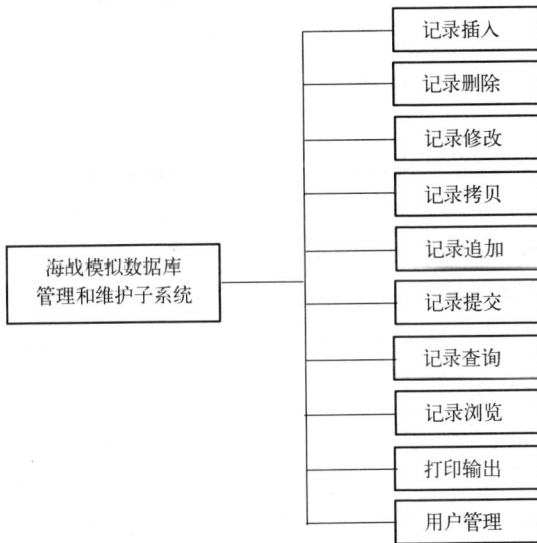

图 5-4　管理和维护子系统功能框图

记录插入：通过插入界面将记录数据插入到指定库表的指定位置上。

记录删除：通过记录删除界面将需要删除的记录进行删除，并提供误操作检验。注意进行数据一致性检验，即相关记录的删除。

记录修改：通过记录修改界面将需要修改的记录显示出来，并根据需要方便地将数据进行修改，注意进行数据的完整性和一致性检验。

记录拷贝：通过记录拷贝界面选择相似记录完全拷贝或部分拷贝到当前记录中，然后再进行记录的修改。

记录追加：通过记录追加界面将需要加入的记录数据追加到指定库表的最后一条记录上。

记录提交：通过记录提交界面将处理过的记录，经管理人员确认后送交数据库，进行永久存储。

记录查询：通过记录查询界面输入简单的查询条件，使管理人员方便地查询到所要查找的记录，也可用于记录输入时位置的确定。

记录浏览：通过记录浏览界面，方便前后浏览指定的库表记录。

打印输出：通过打印输出界面，将所要打印的记录输出到打印机上打印输出。

用户管理：通过用户管理界面，增加新用户、删除用户、更改密码、用户权限设置等。

5.2.2 用户查询接口设计

这是作训人员查询数据库信息所使用的接口。根据人的思维习惯，采用"导航查询""关键字查询""逻辑表达式查询""模糊查询"等方式，快速定位数据的范围，进行数据查询，并保证系统的安全性。通过使用 Web 技术，研制友好的人机界面，简单易学、方便使用，较好地满足用户浏览、查询数据库信息的需要。

使用 Web 技术进行海战模拟数据库的查询浏览子系统的设计是一种行之有效的方法。WWW 是 Internet 上的一个巨大文本集。客户端只要装有相应操作系统和 Web 浏览器（如 Internet Explorer）就可以浏览网上的超文本文档和其他 HTML 文档。无论是局域网还是 WWW，和数据库互联的原理是一样的。若 Web 客户端提出对数据库存取的要求，Web 服务器实际成为 Web 客户与数据库服务器的缓冲，其结构图如图 5-5 所示。

图 5-5 浏览器/服务器体系结构图

客户端提出查询要求，Web 服务器解释客户端查询请求并转换为数据库能识别的 SQL 语句，数据库服务器接受 SQL 语句，查询得到结果集将其传回 Web 服务器，Web 服务器将数据集转换为 HTML 页，传回客户端显示。

海战模拟数据库的查询浏览子系统的功能框图如图 5-6 所示。

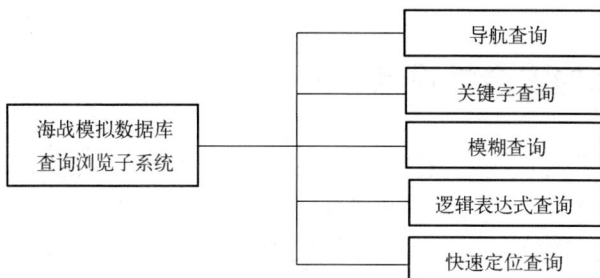

图 5-6 查询浏览子系统功能框图

（1）导航查询。通过导航查询界面进行分类检索，适用于大多数对数据库结构不熟悉的用户。

（2）关键字查询。通过关键字查询界面，直接输入所要查询记录的关键字，即可在 Web 浏览器上看到所要查询的记录数据。

（3）模糊查询。模糊查询又称不完全信息查询，当用户通过模糊查询界面输入不完全的查询条件时，也能查到与该查询条件部分匹配的记录数据。

（4）逻辑表达式查询。逻辑表达式是由一个或多个主题（条件）通过逻辑运算符（"与""或""非"）联结而成的。当检索范围确定后，用户可根据各自的需求给出主题词，系统将这些主题词用逻辑运算符联结起来，达到检索目的。

（5）快速定位查询。快速定位查询是指在整个数据库范围内，直接应用表名，快速定位到某一条或一批记录。

5.2.3 程序调用接口设计

在编写海战模拟系统的客户/服务器应用程序时，需要访问数据库中大量数据。使用数据库有两种方式：一种是 SQL 语句直接嵌入到应用程序中，与应用程序捆绑在一起，完成对数据库中数据的操作；另一种方式是用应用程序语言编写数据库接口模块，将对数据库中数据操作的 SQL 语句封装在里面，完全独立于客户/服务器应用程序，对外留有函数接口，使应用程序可以像调用程序语言中公用函数一样调用其中的函数。不难看出，第二种数据库的使用方式要大大优越于第一种方式，不仅可以使应用程序编程人员从与数据库打交道的繁重工作中解脱出来，而且从程序设计的角度上看也是一个好的思想，有利于程序的维护和扩充，同时也增强了程序的可靠性。这就是我们要研制基于应用程序语言的数据库接口软件包的原因。

在开发这种数据库接口软件包的设计中，首先应对选择的开发应用程序的语言进行详细的分析，从中找出适合于开发基于应用程序语言的数据库接口软件包的环境，由此可获得事半功倍的效果。

109

5.3 数据库的安全性设计

海战模拟数据库安全性设计就是指保护数据库免受非法的查询、修改、删除等操作所造成的数据泄露、更改或破坏。

海战模拟数据库的安全性控制措施是否有效是数据库系统的主要性能指标之一。由于安全性控制要付出代价，所以对于不同的对象，应考虑使用不同的安全策略。

系统安全性是指控制用户不得做任何未经授权的事，如果未经授权的用户试图做某件非法的事，系统将提出警告不允许进行。例如，某个用户试图浏览他无权看的表，系统将拒绝执行，同时系统会提示该用户，告诉他无权做那件事。对于不同存取级别的用户，将在对数据库进行访问时受到不同程度的限制。

实现系统安全性所采取的措施主要由操作系统层进行标识证实、用数据库管理系统（DBMS）进行存取权检验和密码存储三方面实现，如图 5-7 所示。

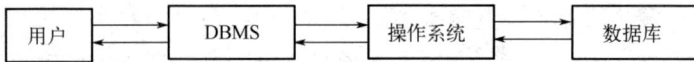

图 5-7　安全控制措施

5.3.1　操作系统层标识证实

用户访问数据库之前，必须先标识自己的名字或身份，经 DBMS 鉴别后，如果正确，则允许进入，否则提出警告并拒绝执行，常用方法如下。

1. 用户标识证实

系统设置一个用户登记表，由系统管理人员把合法用户的标识号（或用户名）和用户口令存入登记表，其中用户口令由用户自己设置，系统加以登记，但不予显示（为了保密）。

用户每次上机时首先键入自己的标识号和口令（用户输入的口令不显示在屏幕上），系统与登记表相对照，如果符合就可进入操作，否则不能进入系统进行操作。

2. 过程识别

用户上机时，首先要根据系统给出的随机数 x，通过合法用户所持有的计算公式“$y=T(x)$”计算 y 值，并把计算结果送回系统，系统对 x 做同样计算并验证用户送回的值是否是正确的 y 值。如果正确，该用户被认为是合法的用户，允许进入系统。

这个计算公式只有合法用户和系统知道，有意入侵者即使观察到许多 x，y 值也未必能摸索出变换过程。

3. 回答问题

上机时，系统向用户提出一些问题，用户回答正确后才能进入。这些问题的正确答案只有合法用户本人知道。

5.3.2 DBMS 存取控制

对于获得上机权的用户还要根据系统预先定义好的外模式或视图或用户权限进行存取控制，保证用户只能存取他有权存取的数据。这里所指的数据对象分为两类：一类是数据本身，如关系数据库中的表、字段；另一类是外模式、内模式等数据字典中的内容，如库结构的修改等。

对于数据库的用户可以划分如下不同的存取等级：

（1）用户对整个数据库有用各种操作进行存取的权力。

（2）用户对整个数据库只有用某几种操作进行存取的权力（例如只有查询操作权）。

（3）用户只对局部数据库有用各种操作进行存取的权力。

（4）用户只有对局部数据库用某几种操作进行存取的权力。

（5）用户对数据库的任何部分都没有进行存取的权力。

对于不同存取级别的用户，将在对数据库进行访问时受到不同程度的限制。存取控制通常使用的方法如下：

1. 利用外模式作为安全机制

外模式都是数据库的子集。在数据库技术中设立外模式这类概念不仅提高了数据独立性，也是一种重要的安全性措施。对于某个用户，只能接触到提供给他的外模式所定义的数据部分，不允许该用户操作的数据将被隔离在该外模式所能引用的数据之外。因此，在数据库设计的数据分析阶段，要认真分析，充分调查，对每一个具体用户对数据的使用级别，对数据的使用范围进行正确划分，以设计出合理的外模式，使其一方面要充分地满足每个用户对数据的需求，另一方面又防止用户对数据的越权侵犯，以避免数据的泄露。

2. 授权机制

对用户的存取权限进行规定，称为授权。利用授权机制，数据库管理员可以对每个用户进行存取范围和操作方式的授权，授权信息存储于数据字典中。未经授权的用户企图进入操作将被认为是非法用户，对授权范围之外的数据进行操作或用授权操作方式之外的方式操作都是非法操作。

第6章 现代海战模拟中的智能兵力生成

6.1 智能兵力生成概述

6.1.1 CGF 简介

计算机生成兵力（Computer Generated Force，CGF）是指在仿真（战场）环境中由计算机生成仿真实体，这些实体通过对作战行为的足够建模，其属性和活动规律与它所仿真的真实兵力的战术技术性能和作战特点（基本）相同，并能够智能地或在人工辅助干预下完成某些模拟的战斗活动。

CGF 对象一般由 CGF 控制接口、实体状态模型和作战决策模型三部分组成，如图 6-1 所示。

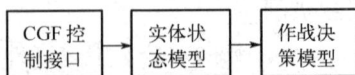

图 6-1　CGF 对象的组成

CGF 控制接口用于对 CGF 对象初始状态（位置、航向、航速、高度和武器状态等）、作战任务的设定和控制；实体状态模型包括实体平台几何形状模型、机动模型和武器系统战斗使用模型；作战决策模型能够根据作战任务、战场态势和战术知识库实时地做出战术决策，智能地完成某些作战任务，如舰艇做出战术机动决策、占领攻击阵位的实施、防御行动的执行等，作战决策模型的介入，使得CGF 对象具有自治性和智能性。

CGF 的实体对象在作战模拟中既可充当受训一方的作战对手，也可担任本方的协同兵力，其数量根据作战模拟的需要可在一定范围内任意设定。

CGF 系统在作战模拟中可以设在单独的平台上，作为网络上一个节点，也可以与其他软件捆绑在一起运行。

CGF 是仿真领域中一个新的研究方向，它能在虚拟的战场环境中与具有真实交互设备的武器仿真平台的仿真实体、虚拟的武器平台的仿真实体和其他计算机生成的兵力实体相交互，CGF 实体由计算机程序（算法）控制和指导行为。CGF 系统是作战模拟系统中的重要组成部分，开发先进的 CGF 系统可以减少辅助人员的人数，增加虚拟环境中仿真实体的数量，为参演的人在回路的仿真实体提供作战对手或友军支援，提高基于分布式战场环境军事演练的真实水平，增强虚拟战场环境的复杂度与真实性和用户的沉浸感，并促进战法、训法及装备论证等方面的研究。

6.1.2　CGF 中的人工智能技术

CGF 通过对人类的作战行为的建模，能够不需要人的交互而自动地对仿真战场环境中的事件和状态做出反应，从而提高虚拟战场环境的复杂度和真实性，降低人力成本，提高演练效果。

开发 CGF 的难点和重点之一在于 CGF 实体行为的生成，尤其是人类智能行为的实现，这实际上主要是人工智能技术在 CGF 中的应用。

由于控制论、信息论、系统论、计算机科学、神经生理学、心理学、数学和哲学等多学科的发展和互相渗透，以及在技术上电子数字计算机的出现、发展和广泛的应用，人工智能（Artificial Intelligence，AI）的研究应运而生。它借助于计算机建造智能系统，完成诸如模式识别、自然语言理解、程序自动设计、定理自动证明、机器人、专家系统等智能活动。

知识表示和知识运用是人工智能中的两大问题。下面首先简要地介绍在现有的 CGF（ITEMS、ModSAF、TacAir-Soar 等）中知识表示和知识运用所采用的基本 AI 技术。

1. 逻辑

这里主要是指经典逻辑，它是最基本的知识表示工具。其中的一阶谓词逻辑是知识库系统中广泛采用的一种表示方法，可以实现自动推理，最重要的推理方法是归结推理。

2. 规则

这种表示在基于知识的系统中采用最为广泛，其原因之一是领域专家惯于将他们的领域知识以规则的形式进行表述。基于规则的推理通常分为正向演绎推理和反向演绎推理。

3. 对象

这种表示模式具有很强的表示能力，其基本特点是继承性和封装性。采用面向对象的知识表示方法建立的知识库系统便于测试、更新和维护。因此，面向对象的知识表示具有良好的应用前景。

4. 框架

框架是包含一组相互联系数据的结构，通常是比较大的知识块。近年来，随着面向对象技术的发展，基于框架的知识表示从中吸取了许多重要的特性，进一步提高了知识表示能力，因此，基于框架的知识表示的实质就是面向对象技术在知识表示中的具体应用。

6.1.3　CGF 中的人类行为建模

CGF 是能在基于分布交互仿真技术构建的分布式虚拟战场环境中，产生具有一定自治性智能行为的实体的仿真软件。CGF 与人在回路的仿真实体相对应，但在战场表现、物理行为甚至战术对抗中的某些智能方面可与人在回路的仿真器相媲美。

可见，CGF 的一个关键特征是它的自主决策性。例如，一个由人控制的坦克仿真器不是 CGF，因为它不能在合成战场环境中自主地行动；而由计算机程序控制其行动的仿真器就是一个 CGF。在仿真演习中一个由计算机决定其行为的舰艇可以看作是 CGF，而由人类操作员控制的舰艇就不是 CGF。由此可见，CGF 中必须用计算机程序来模拟人的行为，对人类行为进行建模是 CGF 中的一个关键问题。

行为建模，按照 DoD 的定义，它是指"对在军事仿真中需要表示的人的行为或表现进行建模"。在 NATO 的 LTSS/51 中定义得更详细，包括可执行模型、个体和群体行为、指挥控制信息系统、分析和过程模型、不同的聚合级。CGF 的行为建模技术是 CGF 的核心技术，MSMP 中就将行为建模列为研究目标之一。这是 CGF 开发中最困难的部分，尤其是人类智能行为的实现，这类行为与行动的目标相关，根据目标采取行动，称为认知建模。

人类行为建模是人工智能技术在 CGF 领域的应用，它包括以下三个重要方面。

（1）知识获取：即获取在仿真环境中有效地建立人类行为模型所需的信息。

（2）知识表示：即将所获取的知识合理地组织成知识库，以便于访问、分析和作战仿真中的决策。

（3）决策机制：CGF 实体应能根据知识库做出类似人类的决策行为。

CGF 缺乏行为真实性是军事仿真领域目前亟待改进的一个问题。许多军事仿真中的合成兵力模型都是采用相对原始的人类模型来构造的，其中的行为和决策往往仅采用一种粗糙、脆弱的方式来表示。这使得所产生的虚拟对手和友军兵力表现出不切实际的行为和过分简单化的反应，不符合真实的战斗员和分队的行为。

由于在军事上越来越依赖大规模仿真，并且应用范围很广，仿真既可以作为训练演习的手段，又可以用于采办、分析和任务规划。这些应用要求对人类行为进行更完善的建模，这方面的缺陷将会造成深远的影响。因此，必须研究认知与行为建模技术，并将其结合进人类行为的可执行模型。特别是，为了模拟 CGF 中的高级智能过程（包括决策制定、意图、伪装、自适应性、创造性和问题求解），要求设计出具有鲁棒性的策略。

6.1.4　CGF 中的行为模型开发

目前，实现 CGF 的智能行为主要采用人工智能技术，一般来说，对于单个武器平台仿真实体，采用规划技术和实时专家系统控制技术。对单元级实体，实时决策多采用动态规划方法，即在 OneSAF 中所采用的 METT-T（Mandate，Enemy，Terrain，Task-time）算法。也有的 CGF 采用专家系统、模糊控制、基于事例的推理等方法来进行实时决策。

以战斗机对舰攻击作战决策模型为例，首先根据态势由模糊逻辑判断在哪类战术中搜索；再通过存储该类战术的神经网络实施战术决策；最后对当选战术进行动作规划确定控制参数。

CGF 中的最优控制规律描述飞行员驾驶技术，智能决策描述飞行员决策逻辑，根据攻击阶段判断在哪一类战术中搜索战术，每一类战术存储在一个神经网络中，通过该神经网络确定所采用的战术。

对舰攻击智能决策方案采用模式生成、模式记忆、决策输出三层神经网络结构实现。相对运动关系计算结果作为模式生成层的输入，根据某项属性在所有规则的条件中的取值情况，对这项属性的值域适当划分，每项属性都如此处理，最后得到对应某条战术规则的二进制逻辑量，作为模式记忆的输入模式。每个模式记忆单元记忆一个输入模式，当输入第 k 个模式时，只有第 k 个模式记忆单元的输出为 1，其余模式记忆单元的输出均为 0。决策输出层对所有模式记忆单元的输出进行加权求和，得到决策结论号。

由于模式生成在运算逻辑上相互独立，模式记忆单元的输出在运算逻辑上也相互独立。因此，三层神经网络仅存在三级串行处理关系，实时推理潜力得以提高，从根本上解决了智能决策的实时性。

6.2　智能 CGF 决策需求

要实现 CGF 的智能化，必须有针对性地选择科学合理的决策方法，真正实现兵力决策从主观决策向客观决策、从经验直觉型决策向科学精确型决策的转变。具体来说，所选择的决策方法应该满足如下三个方面的需求。

一是决策理论要面向不确定性情报信息的处理。由于在海战过程中获取的战场情况信息具有很大的不确定性，针对这种不确定性的战场情报信息，要能够预先制订应对不同情况的决策方案，组成决策预案集合。在此基础上，定义预案的效用计算模型，针对每一种可能的行动方案计算其效用值，然后使用一定的评价准则对方案集中的方案做出综合权衡和评判。

二是决策过程要实现自动化和计算机化。作战指挥决策是一种主观性和艺术性很强的决策思维活动，很多时候都要依赖指挥人员的主观经验判断。在现代信息技术支持下，可以借助于知识表达、自动推理理论方法的支持，对人为主观经验、战场态势信息等定性的、抽象的知识和信息进行形式化和结构化描述，使之能够在计算机中自动化地计算、推理和选择，这就是决策过程的自动化和计算机化。对于兵力决策来说，由于留给作战指挥人员思考和选择的时间非常短，尤其要注重决策过程的自动化和计算机化，把原来依靠人工方式、依赖人的主观思维活动所进行的决策活动最大限度地交由计算机来实施，结合人为主观经验丰富与计算机运算速度快两方面的优势，在保证决策质量的前提下尽可能提高作战决策的时间效率。

三是决策结果要具备鲁棒性。决策结果的鲁棒性主要是指通过决策过程最终确定的行动方案要具有良好的适应性，能够最大限度减少因信息不确定、不完备而造成的决策风险。对于兵力决策来说，由于战场形势瞬息万变，指挥员所面对的实时情报信息、战场态势、敌我双方力量对比等因素时刻处于变化之中，其所做出决策结果的鲁棒性尤为重要。在体系对抗作战中，海上舰艇编队防御面对的是多批次、立体式饱和攻击，作战行动方案的选择要尽可能照顾到各种可能出现的情况，既要重视一次决策行动中的军事效益，也要考虑到作战过程的持续性，在防御效果、作战时间、作战资源分配等方面做出综合权衡。

6.3　贝叶斯决策方法

贝叶斯决策理论是帮助决策人员在信息不确定情况下对行动方案做出判断和选择的一系列理论的统称，如经典贝叶斯决策、证据决策、因果决策等都属于贝叶斯决策理论的范畴。在设计海战模拟中智能舰艇 CGF 的过程中，舰艇防御决策中的战场情报信息不确定和不完备、决策方案集提供了指挥员多种选择、指挥员在多个方案之间要进行理性选择并采取相应的作战行动等，都具有典型的贝叶斯决策特征，因此，可以考虑引入贝叶斯决策方法，作为对舰艇防御智能化决策中全局策略选择的方法。

6.3.1　贝叶斯决策定理

贝叶斯定理基于概率逻辑理论计算条件概率和描述两个条件概率之间的关系。例如，假设 A 和 B 是两个随机事件，则 A 在 B 上的条件概率可以采用如下公式来表示：

$$P(A\,|\,B) = \frac{P(A) \times P(B\,|\,A)}{P(B)} \tag{6-1}$$

根据该公式可知，如果能够事先获知事件 A 和事件 B 的先验概率，那么在明确了事件 A 发生的条件下事件 B 发生的条件概率，可推出 A 在事件 B 上的条件概

率。对于决策人员来说，可以依据贝叶斯定理，利用搜集到的信息（$P(B|A)$）对原有判断（$P(A)$）进行修正。

利用贝叶斯定理，可以很好地刻画决策人员在进行方案评判和选择时的决策准则。例如，当决策者面临一个方案选择的具体情境时，可以首先针对每一个可选方案给出一个用数字来表示的价值概念，例如作战方案的效能等。然后根据贝叶斯定理设计算法来选择确定更佳方案。假设 u 是一个效用函数，它将每一个行动方案可能导致的结果都映射为一个具体的数值以反映该结果的好坏程度，则不同行动方案 A_1 和 A_2 之间的优劣可以采用如下公式进行对比：

$$\sum_i p_i u_1 > \sum_j p_j u_2 \tag{6-2}$$

式中：p_i 表示行动 A_1 可能导致的结果的概率，p_j 表示行动 A_2 可能导致的结果的概率，p_i、p_j 可以依据贝叶斯定理推导得出。u_i、u_j 分别表示相应结果的效用值。

$\sum_i p_i u_1$ 和 $\sum_j p_j u_2$ 分别称为行动方案 A_1 和 A_2 的期望效用（Expected Utility，EU）。贝叶斯决策准则的实质就是选择具有最大期望效用的行动方案，也就是通常所说的期望效用最大化原则。

根据以上对贝叶斯决策原理的介绍可知，要将贝叶斯决策方法应用到舰艇CGF 防御指挥决策中指导作战行动方案的选择，需要解决两个方面的问题。一是确定防御作战方案可能产生的后果的发生概率，二是对各方案导致结果效用值的确定。对于舰艇防御作战来说，行动方案效用值的确定属于对方案效能的评判问题，而行动方案可能后果的达成概率则要依赖于贝叶斯定理。具体使用到的方法之一就是贝叶斯网络（Bayesian Network，BN）方法。

6.3.2　基于模糊贝叶斯网络的情报信息融合

在贝叶斯决策过程中，贝叶斯网络主要用来解决不确定性信息条件下对行动方案各种可能结果概率的推理。

1. 经典贝叶斯网络

基于不确定性情报信息进行威胁态势估计，本质上是一个多假设动态分类的过程。基于概率论的贝叶斯网络方法能够很好地解决这类问题。贝叶斯网络是建立在贝叶斯推理之上的一种概率模型，其定义如下：

定义 6.1　一个贝叶斯网络就是一个有向无环图（Directed Acyclic Graph，DAG），该图满足如下条件：

（a）网络节点由定义为 $\{x_1, x_2, \cdots, x_n\}$ 的随机变量构成，$V = \{1, 2, \cdots, n\}$ 表示有限节点集合，而与之对应的随机变量构成随机向量 $\boldsymbol{x} = (x_1, x_2, \cdots, x_n)$。

（b）连接 V 中的两个节点为一组有向边，由节点 k 指向节点 s 的边表示随

变量 x_k 直接影响随机变量 x_s。W 表示各节点间有向边的集合。

（c）假设节点 x_i 的条件概率密度为 $P(x_i)$，$V(x_i)$ 表示其父节点集合，则有

$$P(x_i) = P(x_i | V(x_i)) \tag{6-3}$$

由概率论规则可知，m 个变量决定的联合贝叶斯概率为

$$P(x_1, x_2, \cdots, x_m) = \prod_{i=1}^{m} P(x_i | V(x_i)) \tag{6-4}$$

贝叶斯推理网络需要事件发生的概率密度 $P(x_i)$，$\overline{P(x_i)} = 1 - P(x_i)$ 表示随机事件不发生的概率密度，这是对事件发生概率密度的一种二值化描述。而在实际作战中，决策人员获取的信息往往是模糊的、不完备的，事件的发生有确定性面和不确定性面。例如，某时刻舰艇雷达探测到来袭目标逼近舰艇，该来袭目标有可能是某型号反舰导弹，根据战场态势信息判断，能够确定来袭目标为该型号导弹的概率为75%，能够确定来袭目标不是该型号导弹的概率为10%，而另有15%的概率是不可预知的，既不能确定该目标属于某型号导弹，也不能确定该目标一定不是某型号导弹，这15%反映的就是信息的模糊性。基于概率二值化描述的经典贝叶斯网络对于这种存在模糊和不完备信息的情况很难完成合理的推理，解决方法是对节点信息描述引入模糊性方法，建立模糊贝叶斯网络。

2. 考虑直觉模糊性的贝叶斯网络

Atanassov 扩充了模糊集概念，给出如下两个定义。

定义 6.2 X 是一个非空集合，称 $A = \{< x, \mu_A(x), \nu_A(x) > | x \in X\}$ 为直觉模糊集，其中 $\mu_A(x)$ 和 $\nu_A(x)$ 分别为 X 中的元素 x 属于 A 的隶属度和非隶属度，即

$$\mu_A : X \to [0,1], x \in X \to \mu_A(x) \in [0,1] \tag{6-5}$$

$$\nu_A : X \to [0,1], x \in X \to \nu_A(x) \in [0,1] \tag{6-6}$$

且满足：

$$0 \leqslant \mu_A(x) + \nu_A(x) \leqslant 1, x \in X \tag{6-7}$$

$$\pi_A(x) = 1 - \mu_A(x) - \nu_A(x), x \in X \tag{6-8}$$

显然，式（6-8）表示 x 属于 A 的犹豫度或不确定度。

定义 6.3 假设 $\alpha_1 = (\mu_{\alpha_1}, \nu_{\alpha_1})$、$\alpha_2 = (\mu_{\alpha_2}, \nu_{\alpha_2})$ 为直觉模糊数，$s(\alpha_1) = \mu_{\alpha_1} - \nu_{\alpha_1}$、$s(\alpha_2) = \mu_{\alpha_2} - \nu_{\alpha_2}$ 分别为 α_1、α_2 的得分函数，$h(\alpha_1) = \mu_{\alpha_1} + \nu_{\alpha_1}$、$h(\alpha_2) = \mu_{\alpha_2} + \nu_{\alpha_2}$ 分别为 α_1、α_2 的精确度，则：

（a）如果 $s(\alpha_1) \leqslant s(\alpha_2)$，那么 $\alpha_1 \leqslant \alpha_2$。

（b）如果 $s(\alpha_1) = s(\alpha_2)$，则

（b.1）若 $h(\alpha_1) = h(\alpha_2)$，则 $\alpha_1 = \alpha_2$；

（b.2）若 $h(\alpha_1) < h(\alpha_2)$，则 $\alpha_1 < \alpha_2$；

（b.3）若 $h(\alpha_1) > h(\alpha_2)$ ，则 $\alpha_1 > \alpha_2$ 。

要把直觉模糊函数与传统贝叶斯网络模型相结合，首先应根据舰艇防御作战决策规则，分析网络节点构成和节点间关系，确定贝叶斯网络的参数结构并建立贝叶斯网络。然后节点 x_i 引入直觉模糊函数 $\alpha(x_i) = (\mu(x_i), v(x_i))$ 描述其信息量，使得 $\mu(x_i) = P(x_i)$ 表示该证据信息确定发生的概率密度，同时在每个节点上增加信息 $v(x_i)$ 表示该节点确定不会发生的概率密度。 $0 \leqslant \mu(x_i) + v(x_i) \leqslant 1$ ，则 $1 - \mu(x_i) - v(x_i)$ 表示该证据信息的犹豫度。

舰艇防御作战中，对来袭目标威胁态势的估计与分析涉及许多不确定性因素，如来袭目标类型、攻击方式、对抗作战气象条件等。在大量不确定性因素影响之下，所选定的防御方案实施效果如何、多大程度上能够防御成功，需要采用毁伤概率的形式对其描述。因此，舰艇防御指挥决策属于典型的信息不确定条件下实时战术决策问题，需要上述模糊贝叶斯推理网络方法的支持。

6.4 舰艇 CGF 中的智能决策

实现舰艇智能 CGF 的一个关键在于如何解决舰艇作战行动方案的自动选择问题，需要依据获取到的作战态势信息，综合考虑多个敌方目标的威胁分析，对可选行动方案集中的所有方案进行效用评价和综合权衡。本节围绕上述贝叶斯决策方法在舰艇防御决策中的应用，首先构建舰艇防御决策过程框架，在此基础上给出可选行动方案的效用度量方法，最后结合一个具体实例说明贝叶斯决策方法在舰艇 CGF 决策方案优选中的应用。

6.4.1 基于模糊贝叶斯的智能决策过程

在舰艇防御智能决策中，防御系统需要根据获取的来袭目标信息、战场环境信息、舰艇自身的武器装备状态等，进行综合分析、推理和判断，权衡选择不同策略进行抗击的毁伤概率、作战能力、费效比等效用指标，在此基础上选择能够实现效用价值最大化的舰艇防御作战方案。其决策过程如图 6-2 所示。

该决策过程框架共分为两个大的阶段，每一阶段又包含若干具体步骤。

1. 第一阶段：战场情报信息收集

信息是决策的基础。舰艇防御方案的优选，必须建立在获取足够的战场情报信息基础之上，具体如下：

1）来袭目标信息的获取和处理

（1）获取来袭目标信息。舰艇防御作战指挥机构接收舰艇自身的侦察探测设备以及编队情报侦察探测系统发送过来的威胁目标信息，对原始信息进行初步加工和处理。

（2）确定先验概率和条件概率。针对来袭目标信息的不确定性，进行战场态势信息的预处理，依据决策规则库中的常识性规则及预存指挥员主观经验判断数据，给出关于来袭目标类型、数量、距离等信息的先验概率，以及针对不同目标采取不同抗击方式的条件概率信息，作为构建贝叶斯推理网络的前提。

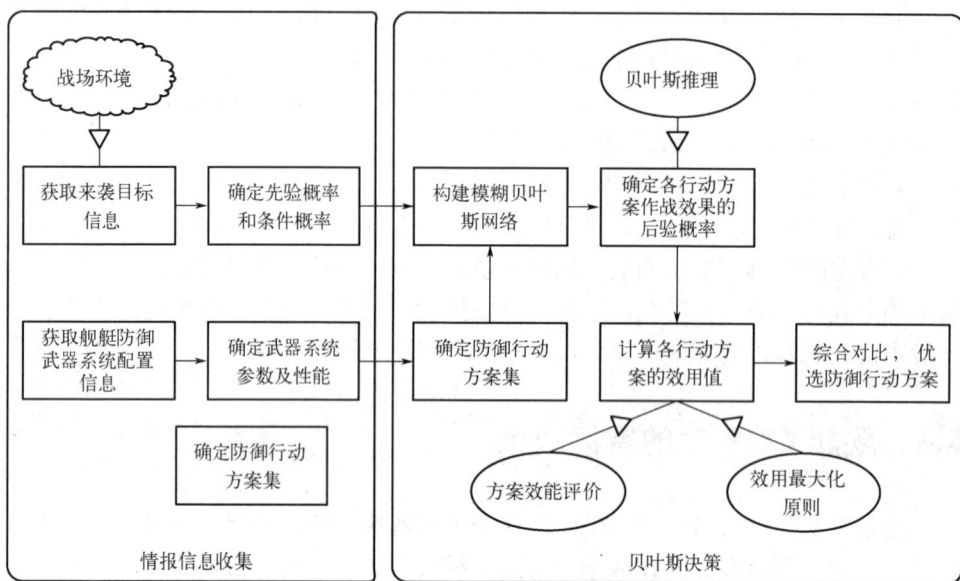

图 6-2 舰艇防御方案优选的贝叶斯决策过程

2）舰艇防御武器系统状态信息和作战能力信息的获取

（1）武器系统状态信息的获取。舰艇防御武器系统状态的实时信息由作战系统实时更新，包括能够参与防御作战的武器系统类型、数量等基本信息。

（2）武器系统性能参数和目标作战能力的确定。基于现有的防御武器系统，防御系统要结合来袭目标信息分析各武器系统性能参数，针对特定来袭目标的作战能力等要素，为确定防御行动方案集提供数据支持。

2. 第二阶段：贝叶斯决策

基于贝叶斯网络推理的决策过程是舰艇防御智能决策的核心内容。该阶段包括 5 个关键步骤。

1）确定防御行动方案集

根据来袭目标类型、舰艇防御武器系统状态信息等因素，给出所有可能的防御抗击方式，形成舰艇防御行动方案集，对各方案进行形式化的定量描述。基于以往的作战经验和战术规则，可以预先制订一系列防御行动方案。因此，该项工作可以基于作战演练中所形成的作战行动预案集进行，根据实时战场态势，依据一定的战术规则从现有作战行动预案集合中选择可行的防御行动方案，形成针对特定作战场景的防御行动方案集。

120

2）构建模糊贝叶斯网络

在获知来袭目标类型、数量、距离等先验概率，以及采用不同抗击方式的条件概率基础上，需要把威胁目标类型、数量、距离、抗击方式、战场环境约束等信息抽象为贝叶斯网络节点进行定量化和结构化描述，然后基于节点之间的相互影响关系构建贝叶斯网络节点之间的连边，最后给出完整的贝叶斯推理网络图。该步骤工作需要结合决策规则库中预存指挥员的主观经验判断和作战规则，生成贝叶斯网络的结构。

3）确定各行动方案的后验概率

基于前面所建立的贝叶斯推理网络，对贝叶斯网络的叶节点概率进行推理和估计，得出各行动方案可能达成效果的后验概率。该步骤工作主要是基于贝叶斯网络进行概率推理计算的过程，由防御系统进行自动推理。

4）计算各行动方案的效用值

对于舰艇防御决策来说，其行动方案的效用主要体现为对各作战行动方案的效能、费用等因素的综合度量。因此，该步骤工作实质上就是对防御行动方案集合中的各个行动方案进行定量化的效能评价和费用分析，将其综合为方案的效用值。

5）舰艇防御行动方案的优选

在计算出各行动方案效用值的基础上，可以采用一定的价值判断准则对各个可选行动方案进行综合权衡和对比分析，最终选定用于实际作战的行动方案。该步骤关键在于确定一套对行动方案的价值判断准则，如采用效用最大化原则，还是采用效能最大化或者费用最小化等，不同的判断准则显然会影响最终行动方案的选择。

6.4.2　舰艇防御决策方案集

舰艇防御武器包括硬杀伤防御系统和软杀伤防御系统两大类。硬杀伤防御武器主要包括舰空导弹系统、舰炮武器系统等，能够对来袭目标实施摧毁，使其永久性失效；软杀伤防御武器系统能够对来袭目标的侦察或制导系统实施干扰或欺骗，使其偏离目标。舰艇防御智能决策结果就是对上述各类防御武器系统的组合应用来抗击来袭目标。下面以舰艇对空防御为具体应用背景，说明舰艇防御决策方案集的构建。

1. 舰艇对空防御方案的构成

为便于示例说明问题，本书主要考虑近程舰空导弹系统、中程舰空导弹系统、舰炮武器系统、电子对抗系统四类防御武器系统。其中，舰空导弹系统由于机动性好、反应快、火力强、命中率高等特性，是舰艇用来防御反舰导弹的首选武器；舰炮武器系统是水面舰艇最为常用、最为传统的防御武器，舰艇装备的舰炮系统弹速高、射速快，能够形成密集饱和火力，在拦截反舰导弹攻击方面也能够取得较为理想的效果。电子对抗系统是一种典型的软杀伤系统，能够通过干扰或欺骗敌方来袭目标的制导系统而降低其作战效能。

舰艇对空防御方案主要体现为对上述几种防御武器系统的选取和组合应用。假设近程舰空导弹、中程舰空导弹、舰炮武器、电子对抗分别记为 X_1, X_2, X_3, X_4。针对上述 4 种防御武器，其可选的防御方案类型主要有：X_1、X_4 组合抗击，记作 $X_{1,4}$；X_2、X_4 组合抗击，记作 $X_{2,4}$；X_1、X_2、X_4 组合抗击，记作 $X_{1,2,4}$；X_3、X_4 组合抗击，记作 $X_{3,4}$。

2. 舰艇对空防御方案的效费比模型

为了比较不同防御策略之间的优劣，需要对各方案的作战能力、费用等进行衡量。由于上面给出的 4 种防御方案中都包含了电子对抗系统，因此，在进行方案横向比较时可以不考虑电子对抗系统的费用和效能，主要计算各武器系统的效费比。

参照文献，可以采用各舰载武器系统的作战能力指数来衡量其作战能力，即：

$$F_j = A \times W_j \times D_j \tag{6-9}$$

式中：A 为来袭目标的权矩阵，可以根据来袭目标对舰艇的命中概率、破坏性及其自身价值等进行综合度量；W_j 为第 j 种武器系统的火力指数矩阵，描述的是武器系统对威胁目标的抗击能力；D_j 为该武器系统的通道因子矩阵，描述的是武器系统能够同时对抗不同方向攻击目标流的多少，反映武器系统通道的冗余备用能力，在实际运用中可以根据武器系统在舰艇上的配置数量来确定。

要计算各武器系统的作战能力指数，重点是确定其火力指数 W_j。假设舰艇防御中需要抗击的来袭目标是按照一定时间间隔进行攻击的无限目标流，那么火力矩阵如下计算：

$$W_{ij} = \sum_{e=1}^{l} P_{ije} \cdot \sqrt[4]{\frac{N_j}{\sum_{e=1}^{l} M_{ije}}} \cdot \sqrt[4]{\frac{\beta_{ij}}{360}} \tag{6-10}$$

式中：P_{ije} 为第 j 种武器系统对第 i 种目标流中的第 e 个目标射击的毁伤概率，需要结合战场态势、作战防御方案等因素对其进行综合推理和估计；N_j 为第 j 种武器系统的舰艇弹药存储量或作战时间内的有效作战次数；M_{ije} 为第 j 种武器系统对第 i 种目标流中的第 e 个目标射击的弹药消耗量或实际作战次数；β_{ij} 为第 j 种武器系统对第 i 种目标的射界，即作用角度。显然，N_j、M_{ije}、β_{ij} 的值取决于武器系统的固有性能参数。l 为目标流中的目标总个数，当只有 1 个目标时，有：

$$W_j = P_j \cdot \sqrt[4]{\frac{N_j}{M_j}} \cdot \sqrt[4]{\frac{\beta_j}{360}} \qquad (6\text{-}11)$$

为便于比较不同武器系统的费用消耗，采用作战过程中单位时间内消耗的费用对其进行统一。假设作战持续时间为 T_d，对于第 j 种武器系统来说，其作战过程中单位时间内的费用消耗为：

$$C_j = \frac{C_{sj}}{T_j} + \frac{C_{dj} \sum_{e=1}^{l} M_{ije}}{T_d} \qquad (6\text{-}12)$$

式中：C_{sj} 为第 j 种武器系统的全寿命周期建设费用（借用全寿命周期概念，在此表示为防御作战系统的作战可持续性，即在作战资源有限情况下，且可能对对手多波次攻击下可支持连续作战次数）；T_j 为第 j 种武器系统的有效使用期限；C_{dj} 为第 j 种武器系统的单发弹药或单次作战费用消耗。为便于横向比较，将 $C_j, j = 1,2,3$ 进行归一化处理，有：

$$C'_j = \left. C_j \middle/ \sum_{j=1}^{3} C_j \right. \qquad (j = 1,2,3) \qquad (6\text{-}13)$$

参照以上对武器系统费用、作战能力的计算，对于方案 $X_{1,4}$、$X_{2,4}$ 和 $X_{3,4}$，其效费比为：

$$\eta_j = \left. F_j \middle/ C'_j \right. \qquad (j = 1,2,3) \qquad (6\text{-}14)$$

对于方案 $X_{1,2,4}$，由于同时采用舰空导弹和舰炮两种武器系统对同一目标实施火力打击，大大提高了对目标的毁伤概率，其火力指数为

$$W_{12} = (1 - (1 - P_1)(1 - P_2)) \cdot \sqrt[4]{\frac{N_1 + N_2}{M_1 + M_2}} \cdot \sqrt[4]{\frac{\beta_1 + \beta_2}{360}} \qquad (6\text{-}15)$$

相应地，其作战能力指数为

$$F_{12} = A \times W_{12} \times (D_1 + D_2) \qquad (6\text{-}16)$$

故其效费比为

$$\eta_{1,2} = \frac{F_{12}}{C'_1 + C'_2} \qquad (6\text{-}17)$$

通过比较各方案效费比 η 的大小，可以横向比较各种防御方案的优劣，从而

为舰艇防御决策提供支持。

6.4.3 舰艇对空防御方案优选

为了说明上述方法的应用，考虑一个简单的舰艇防御作战场景，红方舰艇侦察获取来袭目标信息，针对蓝方来袭目标为反舰导弹、固定翼飞机低空轰炸，以及来袭目标与舰艇距离两个因素，红方舰艇可采取防御策略分别为 $X_{1,4}$、$X_{2,4}$、$X_{1,2,4}$、$X_{3,4}$。在实际对抗作战中，红方防御效果不仅取决于所选定的防御策略，同时还要考虑海况、天气等战场自然环境的影响。

1. 基于模糊贝叶斯网络的情报信息融合

该作战场景中的想定描述为：

（1）蓝方来袭目标类型，分为反舰导弹、固定翼飞机。

（2）蓝方来袭目标距离，分为适中、近。

（3）红方防御武器系统，包括：近程舰空弹+电子对抗，记为 $X_{1,4}$；舰炮武器+电子对抗，记为 $X_{2,4}$；中程舰空弹+电子对抗，记为 $X_{3,4}$。

（4）战场环境，分为良好、恶劣。

（5）红方防御效果，分为成功、失败。

根据以上想定建立该示例的贝叶斯推理网络，如图 6-3 所示，其条件概率表见表 6-1。

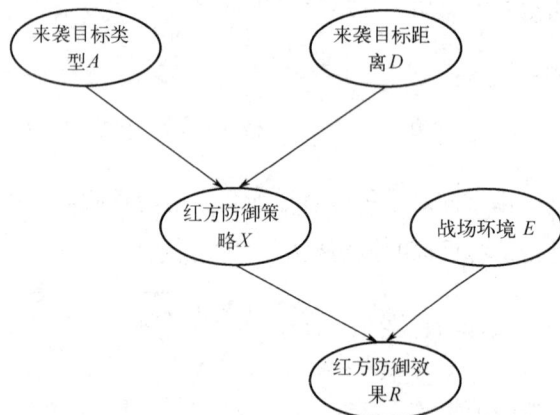

图 6-3 水面舰艇防御策略贝叶斯推理网络图

假设某时刻红方舰艇情报支援系统探测到蓝方来袭目标抵近。通过对战场情报信息进行综合分析，给出来袭目标类型、距离等信息，如表 6-1 所示。显然，对来袭目标类型的判断采用直觉模糊数描述形式，因此根据贝叶斯网络推理出来的结果也是直觉模糊数。

表 6-1 贝叶斯网络条件概率表

来袭目标类型 A						来袭目标距离 D	
反舰导弹 A_1			低空固定翼飞机 A_2			适中 D_1	近 D_2
0.7			0.2			0.4	0.6
目标类型	目标距离	$X_{1,4}$		$X_{2,4}$		$X_{3,4}$	
		是	否	是	否	是	否
A_1	D_1	0.7	0.3	0.4	0.6	0.2	0.8
A_1	D_2	0.5	0.5	0.6	0.4	0.8	0.2
A_2	D_1	0.6	0.4	0.3	0.7	0.1	0.9
A_2	D_2	0.4	0.6	0.7	0.3	0.4	0.6

战场环境 E	
良好 E_1	恶劣 E_2
0.3	0.7

防御策略	战场环境	防御效果	
		成功	失败
$X_{1,4}$	E_1	0.8	0.2
$X_{1,4}$	E_2	0.7	0.3
$X_{2,4}$	E_1	0.7	0.3
$X_{2,4}$	E_2	0.65	0.35

参照贝叶斯网络条件概率表,可以求得红方采用 $X_{1,4}$、$X_{2,4}$、$X_{3,4}$ 策略的直觉模糊信息分别为(0.502,0.382)、(0.472,0.428)和(0.448,0.452)。进一步,参照战场环境信息,分别得出如上三种策略的防御效果信息,即三种策略防御成功和失败的概率分别为(0.367,0.136)、(0.314,0.158)、(0.17,0.224)。对于策略 $X_{1,2,4}$,由于其同时使用舰空导弹和舰炮武器系统进行防御作战,则其防御成功和失败的概率为(0.566,0.021)。

2. 基于效费比的防御方案优选

本示例中,由于来袭目标只有 1 个,故目标权矩阵 $A=1$。通过综合分析红方舰艇可能部署的舰空导弹系统、舰炮武器系统、电子战系统性能,可以得到各武器系统的火力通道数、实际作战次数和射界,假设分别为:$D_1=2$,$D_2=D_3=3$;有效作战次数:$N_1=2$,$N_2=4$,$N_3=10$;实际作战次数:$M_1=1$,$M_2=M_3=2$,$\beta_1=360°$,$\beta_1=\beta_2=180°$。根据情报信息融合结果,可以得到各防御方案对目标的毁伤概率:$P_1=0.367$,$P_2=0.314$,$P_3=0.17$,$P_{12}=0.566$。参照上述公式,可以分别计算出 4 种防御策略的作战能力指数分别为：$F_1 = 0.436$，$F_2 = 0.314$，$F_{12} = 0.673$，$F_3 = 0.213$。

通过分析和估算红方舰艇装备舰空导弹系统、舰炮武器系统和电子战系统的全寿命周期费用及其服役期限，结合具体作战时间，根据式（6-12）、式（6-13）和式（6-17）分别对其费用进行估算，假设其费用指数分别为：$C_1 = 0.31$，$C_2 = 0.23$，$C_{12} = 0.54$，$C_3 = 0.46$。根据式（6-14）可知，4 种防御策略的效费比分别为：

$$\eta_1 = 1.41 , \quad \eta_2 = 1.37 , \quad \eta_{12} = 1.25 , \quad \eta_3 = 0.463$$

3. 决策结果分析

根据以上计算结果可知，如果采用效能最大化决策准则，单纯从红方舰艇防御成功的概率角度进行考虑，则防御策略 $X_{1,2,4}$ 对来袭目标防御成功的概率最大，应该选择"舰空导弹系统+舰炮武器系统+电子对抗系统"的防御方案。但是，如果采用效用最大化决策准则，考虑到各防御方案的效费比，则应该选择 $X_{1,4}$ 防御防御，即采用"舰空导弹系统+电子对抗系统"的防御方案。

以上不同决策准则下的方案优选结果有所不同。如果按照分层防御的思路，舰艇防御属于对其自身保护的最后一道防线，当受到袭击时，应该尽可能综合运用所有可用的武器系统进行防御抗击，以提高防御成功的效率。但是如果结合效费比来考虑，特别是在体系对抗背景下舰艇有可能遭受敌方多批次饱和攻击时，则应该选择效费比高的防御决策方案，以保证舰艇的可持续作战防御能力，提高其参与对抗作战的综合效能。

第 7 章　现代海战模拟效能评估

现代海战模拟效能评估是一种定量分析技术，如何选择适当的效能指标，建立效能指标与系统特性、环境条件等各种影响因素的计算模型，计算出效能指标的值，这一过程十分复杂，而且整个效能评估的结果还需要考虑各种非线性影响因素和一些无法通过定量的技术指标。

本章分析海战模拟系统的效能度量问题，研究海战模拟系统的效能评估原则，介绍相关的效能评价方法，并用实例说明海战模拟效能评估的功能。

7.1　效能评估概述

7.1.1　效能评估概念

一般认为效能是指在规定的条件下使用系统时，系统在规定的时间内完成规定任务的程度的指标。

对作战模拟系统而言，效能的概念描述的是：在规定条件下，在有限的作战时间内，作战模拟行动的效能或典型作战行动下的效能。作战模拟行动的效能也被称为作战模拟效能，涉及面和要考虑的因素要比一般系统效能更广。作战模拟系统效能是系统完成特定作战任务的能力，反映了作战模拟系统的总体特性和水平，说明了它在军事上的有用程度。作战模拟系统的使用都是有一定条件的，例如环境条件、目标条件、人为条件等，在不同的条件下使用系统时，系统能力的发挥是有很大区别的。另外，由于现代海战敌我态势瞬息万变，作战模拟系统可能发挥作用的时间极为有限，所以往往要求作战模拟系统能在规定的时间内完成作战任务。

根据不同的目的，作战模拟系统的效能可以从以下 3 个方面来考虑：

（1）单项效能。是指运用作战模拟系统时，就单一使用目标而言，所能达到的程度，如系统的射击效能、探测效能、指挥控制通信效能等。单项效能对应的作战行动是目标单一的作战行动，如侦察、干扰、布雷、射击等火力运用与火力保障中的各个基本环节。

（2）系统效能。系统效能或综合效能是指系统在一定条件下，满足一组特定任务要求的可能程度，是对系统效能的综合评价。

（3）综合作战效能。是指在规定条件下，运用系统的作战兵力执行作战任务所能达到预期目标的程度。这里，执行作战任务覆盖系统在实际作战中可能承担的各种主要作战任务，且涉及整个作战过程，因此，综合作战效能是任何作战系统的最终效能和根本质量特征。

7.1.2 效能评估的特点

作战模拟效能评估的特点是由其客观规律决定的。准确把握其特点，是实施效能评估的基础。受作战模拟系统自身固有的特点、作战模拟系统使用的环境以及效能评估方法等因素的影响，作战模拟系统效能分析表现出以下 4 个方面的特点。

1. 相对性

相对性是效能分析的一个最显著的特点，它表现在以下 3 个方面：首先，效能分析往往通过对比的方法来评估作战双方的战斗力或作战效能；其次，影响系统作战效能的因素很多，各因素的量纲不同，只有将有关的参数都无量纲化，才能将不同量纲的系数聚合成代表效能的一个数值，而要无量纲化就要用相对值。最后，经系统效能分析所得出的作战效能评估值只具有相对准确性，不能将其绝对化。

2. 动态性

作战效能与作战使用过程密切相关，是作战能力的动态体现，效能分析必须采用能全面反映上述因素影响的方法和手段，通过对作战使用和对抗的全过程进行动态评估，得出作战系统在不同作战情况下相应的作战效能指标值。

3. 层次性

效能评估的层次性，主要是由系统的组成结构决定的，系统的规模有大有小、层次有高有低，高层次结构包含低层次结构，如舰艇作战系统包含指挥控制系统，指挥控制系统又包含识别、融合等功能。上一层次的效能依赖于下一层次的效能，最下层的效能则直接依赖于武器系统的性能参数。某一层次效能的变化将影响其上各层次的效能，不过这种影响是逐层减弱的。

4. 多样性

效能评估的多样性特点，主要是由以下几个方面的因素决定的：首先，系统技术含量高、结构复杂、种类繁多、作战对象广，需评估的对象具有多样性，这就决定了效能评估多样性。其次，随着现代军事科技的迅猛发展，系统的作战环境已经发生了巨大的变化，不仅包括传统的海洋、海上空中、濒海陆地，而且拓展至大陆纵深、太空、电磁空间等。作战环境是影响作战效能评估的重要因素，作战环境的多样性决定了效能评估的多样性。最后，目前可用于作战效能评估的方法有很多，评估方法的多样性也使得系统效能评估呈现出多样性的特点。

7.1.3 效能评估原则

作战系统效能评估没有一套固定不变的程序或方法，尤其在建立效能模型方面，现代数学、军事运筹学、建模与仿真等基本理论和方法在这里几乎都可以找到用武之地。对应用于各个具体的武器系统效能分析问题，可以采用不同的分析方法，并且各种分析方法可以综合运用。一般来说，效能评估应遵循以下 4 条原则。

1. 着眼系统的作战使用

效能评估的出发点和最终归宿，是为武器装备发展和作战使用提供决策依据。它采用各种方法评估武器系统在不同作战情况下所表现出来不同的作战效能，研究和回答各种武器系统的最佳配置、最佳组合和最佳运用等问题。因此，效能评估的目的决定了它必须围绕作战模拟系统的使用来开展研究工作。

2. 力求客观、准确

作战模拟系统效能评估的准确性原则主要包括以下两方面的内容。一是效能评估必须准确。模型是对现实问题的简化描述，但效能评估模型必须尽可能地考虑各种影响因素，这也是效能评估模型与用于训练的模型之间的显著差别。二是用于系统效能评估的数据必须精确。效能评估本身起着一种衡量标准和准绳的作用，如果所用数据不精确，结果必然是差之毫厘，失之千里。用于效能评估的数据主要来自作战系统的战术技术指标，也有来自经验或理论分析，有关使用条件、目标条件数据主要来自情报、观测和态势分析等。

3. 正确选择效能评估指标

作战模拟系统效能评估的一个重要内容就是选择和确定效能指标。效能指标选择是否合理，直接影响效能评估的准确性。选择适当的效能指标是系统效能评估的关键环节，但选定好的效能指标却不是一件容易的事。一般来说，效能指标的选择往往需要军事运筹人员和决策人员共同商定，并且应该考虑：对系统评价的客观性；对作战系统的性能参数或作战行动方案的敏感性；指标具有明确的军事或物理意义。

4. 坚持定性与定量分析相结合

定性与定量相结合是军事运筹研究的一个原则性要求。军事运筹学与其他军事学科不同的地方，就在于它从决策优化的角度研究军事活动，为军事决策提供可操作的优化理论和方法：效能评估作为军事运筹学的一个重要研究内容，强调以数学和现代计算机技术为工具，主要应用定量分析的方法，通过建立各种类型的作战效能模型来计算各个具体的作战效能指标。然而，作战模拟系统效能评估是复杂和困难的，并非对所有的因素都可以加以严格的定量分析，经验的和定性分析的方法在效能评估的过程中仍然发挥着不可或缺的作用。因此，定性与定量分析相结合必须作为系统效能评估的一项基本原则，这既是解决效能评估中实际问题的有效经验，也是军事运筹研究的基本要求。上面所涉及的效能的目的、特点、原则是从广义的作战系统角度来介绍的。

7.2 效能评估指标体系

7.2.1 效能指标与效能评估

为了评价、比较不同武器系统或行动方案的优劣，必须采用某种定量尺度去度量武器系统或作战行动的效能，这种定量尺度称为效能指标（准则）或效能量度。效能可以通过选择单项指标来度量，例如，用单发毁伤概率去度量导弹的射击效能，则单发毁伤概率就是单项效能指标。由于作战情况的复杂性和作战任务要求的多重性，效能评价也可以通过选择一组效能指标来进行综合刻画。这些效能指标分别表示武器系统功能的各个重要属性（如毁伤能力、机动性、生存能力等）或作战行动的多重目的（如对敌毁伤数、推进距离等）。

评价系统的效能离不开系统的性能指标。系统的性能指标是衡量系统性能的尺度和标准，是确定系统效能指标的前提和基础。武器系统的性能指标也有单一和综合的两种。单一的性能指标有口径、射程、射速等，综合的性能指标有命中概率、毁伤概率等。命中概率综合了射击精度、目标的大小和形状、武器的使用条件和环境条件等。综合的性能指标可以看成效能指标，例如，在射击效力计算中，当单发命中概率作为系统的战术技术指标给定时，它是性能指标。但是，武器系统在一定的条件下（射击条件、目标条件等）完成某项任务（对海上小目标或空中目标射击），具体分析得到的结果就是效能指标。系统效能分析是一种定量分析技术，通过选择适当的效能指标，建立效能指标与系统特性、环境条件、使用条件等各种影响因素的计算模型，解算出效能指标的值，最终由诸效能指标的值求出效能综合评估值，以帮助人们做出判断、得出结论、制订行动方案等。在分析复杂系统，特别是作战指挥决策系统时，有些非线性影响因素、人的作用无法通过定量技术来言述，还需要定量与定性技术相结合。在武器系统效能分析中，选用适当的效能指标和建立正确的效能模型是系统分析人员最重要的两项任务。在实际进行效能分析时，可以根据不同的分析任务进行效能指标的选择。可以选择单个指标，也可以选择多个指标。对多指标的处理，可以将一个指标作为主要指标，其他指标为次要指标。还可以对多指标进行综合处理，形成综合指标。

7.2.2 效能评估指标体系的分类

不同的目标结构会带来不同的评估指标体系结构形式，常见的评估指标体系的结构形式有递阶层次型评估指标体系和网络型评估指标体系。

1. 递阶层次型评估指标体系

根据评估指标体系的目的需要，通过分析系统的功能层次、结构层次和逻辑层次建立相应的评估指标体系。在现实评估问题中，评估体系常具有层次结构，简单易用，一般包含3个层次：目标层、准则层和方案层，形成多层次的评估指标体系。

评估体系最上层的总目标一般只有一个（如作战方案优劣等），一般比较含糊、笼统、抽象，不便于量化、测算、比较、判断，为此，要将总目标分解为各级准则、子准则，直到相当具体、直观，并可以直接或间接地应用备选方案本身的指标（属性的性能、参数）来表征的层次为止。在层次结构中，下层准则比上层准则更加明确具体并便于比较、判断和测算，它们可作为达到上层准则的某种手段。下层子准则集合一定要保证上层准则的实现，子准则之间可能一致，亦可能相互矛盾，但要与总目标相协调，并尽量减少冗余。

定义递阶层次结构：对于 $x \in S$，所有受 x 支配的元素集合用 x^- 表示，所有支配它的集合用 x^+ 表示，即

$$x^- = \{y \mid x 支配 y, \forall y \in S\}$$
$$x^+ = \{y \mid y 支配 x, \forall y \in S\}$$

令 H 是带有唯一最大元素 b 有限的有序集合，H 称为递阶层次，如果它满足：

（1）存在 H 的一个分划 $\{L_k\}$，$k=1, 2, \cdots, h$，其中 $L_1 = \{b\}$。

（2）对于 $x \in L_k$，x^- 非空且 $x^- \in L_{k+1}$，$k = 1, 2, \cdots, h-1$。

（3）对于 $x \in L_k$，x^+ 非空且 $x^+ \in L_{k-1}$，$k = 2, 3, \cdots, h$。

一个递阶层次具有下述性质：

（1）H 中的任意一个元素一定属于一个层次，且仅仅一个层次，不同层次的交集是空集。

（2）同一层次中的任意两个元素不存在支配关系。

（3）若 $k \leq h-1$，则 L_k 中任意元素必然支配 L_{k+1} 中的至少一个元素；若 $k \geq 2$，则 L_k 中的任意元素必然受 $L_{k-1} L$ 中至少一个元素的支配。

（4）分别属于不相邻的两个层次的任意元素不存在支配关系。

由定义可知，一个递阶层次的结构框图大体如图 7-1 所示。

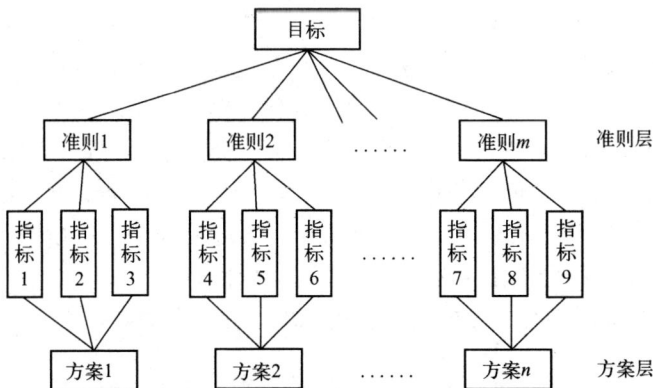

图 7-1 评估指标体系的递阶层次的结构框图

2. 网络型评估指标体系

在结构比较复杂的系统中，若出现评估指标难以分离或系统评估模型本身尚

未确定的情况，应使用或部分使用网络状的评估指标体系。系统的某一层次可处于支配地位又可处于被直接或间接地接受其他层次支配的地位，既存在层次结构，又存在支配结构。网络型结构内部描述由两大部分组成：一部分是控制层，包括问题目标及决策准则；另一部分是网络层，由所有受控制层支配的元素组成，元素之间有相互作用。

1）控制层

它实际类似一个递阶层次结构，层内的所有准则彼此独立，下一个准则只受上一个准则支配。控制层在网络层次结构中是顶层，是最高层次，也是最高准则。

2）网络层

它由若干元素集构成，彼此互不隶属，互不独立。网络层体现了评估元素的本质特征，每个元素或元素集彼此都不独立，某一元素集可能影响整个网络系统中的任一元素集，反之亦可能受其影响。

7.2.3 效能评估指标体系建立的原则

在建立指标体系时应该遵循一些原则：

（1）系统性原则。评估指标体系应能全面反映被评估对象的综合情况，从中抓住主要因素，既能反映直接效果，又要反映间接效果，以保证评估的全面性和可信度。

（2）简明性原则。在基本满足评估要求和给出决策所需信息的前提下，应尽量减少指标个数，突出主要指标，以免造成评估指标体系过于庞大，给以后的评估工作造成困难，并且应避免各指标间的相互关联，使指标体系的选择做到既必要又充分。

（3）客观性原则。评估指标的确定应避免加入个人的主观意愿，应使指标含义尽量明确，并注意参与指标确定的人员的权威性、广泛性和代表性，有时还需要广泛征集社会环境的意见。

（4）实效性原则。随着科学技术、生产力的发展，人们生活水平不断提高，社会各方面发生了巨大的变化，人们的价值观念也在不断改变，因此，评估指标需要随着社会价值观念的变化而不断调整，否则会因不合时宜导致决策失误。

（5）可测性原则。可测性是指标的定量表示，即指标能够通过数学公式、测试仪器或试验统计等方法获得。指标本身便于实际的使用，度量的含义明确，具备现实的收集渠道，便于定量分析，具备可操作性。

（6）完备性。影响系统效能的所有指标均应在指标集中，指标集具有广泛性、综合性和通用性。

（7）独立性。指指标间应是不相关的，指标之间应减少交叉，防止互相包含，要具有相对独立性。

（8）一致性。各个指标应与分析的目标相一致，所分析的指标间不相互矛盾，从而充分体现评估活动的意图。所选指标既能反映直接效果，又要反映间接效果，不能将与评估对象、评估内容无关的指标选择进来。

（9）可比性。评估指标体系可比性越强、评估结果的可信度就越大。评估指标和评估标准的制作要客观实际，便于比较。指标标准化处理中要保持同趋势化，以保证指标之间的可比性。

7.2.4　效能评估指标体系建立的一般过程

为了将多层次、多因素、复杂的评估问题用科学的计量方法进行量化处理，首先必须针对评估对象构造一个科学的评估指标体系。这个指标体系必须将被评对象大量相互关联、相互制约的复杂因素之间的关系层次化、条理化，并能够区分它们各自可评估目标影响的重要程度，以及对那些只能定性评估的因素进行恰当、方便的量化处理。

评估指标体系的建立是一项很困难的工作。一般来说，指标范围越宽，指标数量越多，则方案之间的差异越明显，有利于判断和评估。同时，确定指标的内容和指标的重要程度也越困难，处理和建模过程也越复杂，因而歪曲方案本质特性的可能性也越大。评估指标体系要全面地反映出所要评估系统的各项目标要求，尽可能做到科学、合理，且符合实际情况，并基本上能为有关人员和部门所接受。为此，制定评估指标体系需在全面分析系统的基础上，首先拟定指标草案，经过广泛征求专家和有关部门的意见，反复交换信息，统计处理和综合归纳等，最后确定评估指标体系。

评估指标体系的建立是一个反复深入的过程，其建立程序如图 7-2 所示。

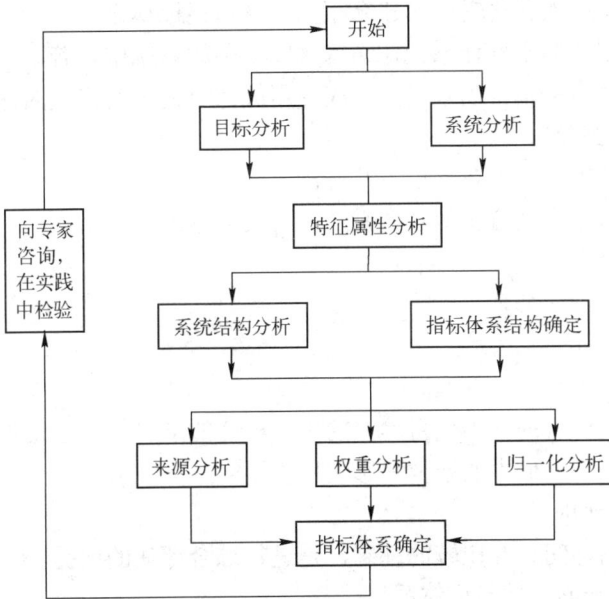

图 7-2　评估指标体系的建立过程

1. 目标分析

目标分析是建立评估指标的前提，确定系统的目标层次结构是建立评估指标体系层次结构的基础。

目标，就是评估系统所要达到的目的，是要求评估系统达到的期望状态。

2. 系统分析

系统分析就是采用系统的观点和方法，对评估对象进行分析，明确影响评估的因素，澄清各因素之间的关系。

3. 特征属性分析

特征属性分析就是对各组成要素的特点进行分析，建立与之相适应的指标，明确各指标的本质属性，为建立数学模型、获取评估数据奠定基础。

指标属性是指每个指标是定性的还是定量的，是静态的还是动态的，具体定义如下：

（1）定性指标是指不可用数量描述的指标。

（2）定量指标是指可以通过分析、计算得到具体数量描述的指标。

（3）静态指标是指不随时间、环境条件等因素变化而变化的指标。

（4）动态指标是指随时间、场合等条件变化而变化的指标。

4. 结构分析

不同的目标结构，会带来不同的评估指标体系结构形式，常见的评估指标体系的结构形式有以下两种：

（1）层次型评估指标体系。根据评估指标体系的目的需要，通过分析系统的功能层次、结构层次和逻辑层次建立相应的评估指标体系。

（2）网络型评估指标体系。在结构比较复杂的系统中，若出现评估指标难以分离或系统评估模型本身尚未确定，应使用或部分使用网络状的评估指标体系。

5. 信息来源分析

指标信息的来源通常包括以下几种：

（1）有关数据库（含类似装备系统的有关数据库）。

（2）统计分析。

（3）专家咨询。

（4）主观估计。

6. 权重分析

权重是要素对目的（上层目标）的贡献程度的度量。通过权重分析，可以得到各个指标在棕合评估中的地位和影响程度。

7. 归一化分析

归一化是指标间相互比较的基础，是进行综合评估的前提。

8. 形成初步的评估指标体系

上述各项工作完成后，便可以形成一个初步的、可供实际操作的评估指标体系。

9. 专家咨询、在实践中检验

形成初步的评估指标体系后，需要广泛征求专家、业务机关和有关人员的意见和建议，在实践中检验，以得到满意的综合评估指标体系。

值得注意的是，有些指标是相容的，有些指标是互斥的，所构建的指标体系本身应具有相容性。这就需要在筛选工作中对指标因素的关系进行研究。

7.3 效能评估方法

7.3.1 作战效能指数法

系统作战效能指数是描述作战系统在作战能力时空域全域或部分域上的所有作战能力的综合表征值。作战能力指数也称战斗力指数，是度量部队或装备作战能力相对关系的比数，是部队作战能力度量的一个相对参考指标，反映的作战能力是一种"平均"的潜在作战能力。

通常所说的作战能力指数，仅指武器系统本身在设计制造过程中所确定的内在作战能力，在求取作战能力指数时，将人的因素对作战能力影响看作常量，或者说正常发挥，战场环境条件设定为标准情况。

1. 指数法的基本原理

系统作战能力指数是度量系统作战能力的一种相对指标，也是其作战效能的一种量度，主要用于以下几个领域：评价国家与国家作战能力；研究兵力结构以求取较优的兵力结构方案；宏观高层大系统论证；定量对比兵力作战能力；武器作战效果/费用分析。

幂指数函数法的基础理论研究的内容主要有两个方面：

（1）作战能力指数是其基本战术技术性能幂指数函数乘积。

（2）"耦合联结"机理包括"串联、并联、合作、协同、保障"等多种形式。

系统完成任务程度的数量度量，称为武器系统效果度量（Measurement Of Effectiveness，MOE），是作战指挥、战术技术性能和战役战术环境的函数。形式上可表示为

$$MOE = F(T, E, X) \tag{7-1}$$

式中：T 为作战指挥；E 为战役战术环境；X 为武器战术技术性能。

在典型的战役战术环境下的作战效果度量，称为作战能力函数（Combat Capability Value，CCV）即

$$CCV = G(T, E, X) \tag{7-2}$$

式中：X 为给定的一类作战系统的最基本的、不可能再简化的战术技术性能，是一个 n 维向量。

系统作战能力指数是一类特殊的作战能力函数，记为

$$I = F(\boldsymbol{X}) \tag{7-3}$$

对给定的某类武器系统中的每一作战系统，如果给出一个向量 $\boldsymbol{X}$，就可以计算其作战能力指数。指数是指统计学中"反映各个时期某一社会现象变动情况的指标，指某一社会现象的报告期数值对基期值之比"，"是对事物一系列观察得到的事物度量的比值或数值"，用指数来度量作战系统的作战能力。作战能力指数研究和应用已有几十年的历史，其方法大体上分为以下几类：基于历史战例数据统计；基于定性经验知识判断；基于启发式的经验公式；基于定性定量解析计算方法。

可以证明：系统作战能力指数，一定具有下列形式：

$$I = kx^{\alpha}y^{\beta}\cdots z^{\nu} \tag{7-4}$$

式中：k 为常数；$\alpha>0$，$\beta>0$，$\cdots$，$\nu>0$，且 $\alpha+\beta+\cdots+\nu=1$；$x, y, z$ 为系统的基本战技指标。

2. 指数法的一般过程

作战能力指数方法的总体思路为：先确定作战能力指标体系，用幂指数函数乘积方法计算体系最底层的作战能力指数。考虑作战指挥和战役战术环境（耦合）效应以及体系的构成，分层次"构造"作战能力指数，用定性定量综合集成方法得到装备作战能力指数。

武器系统作战能力中的基本性能指标参数是计算系统作战能力指数的基础。对给定某个武器系统，计算其作战能力指数的方法和过程如图 7-3 所示。

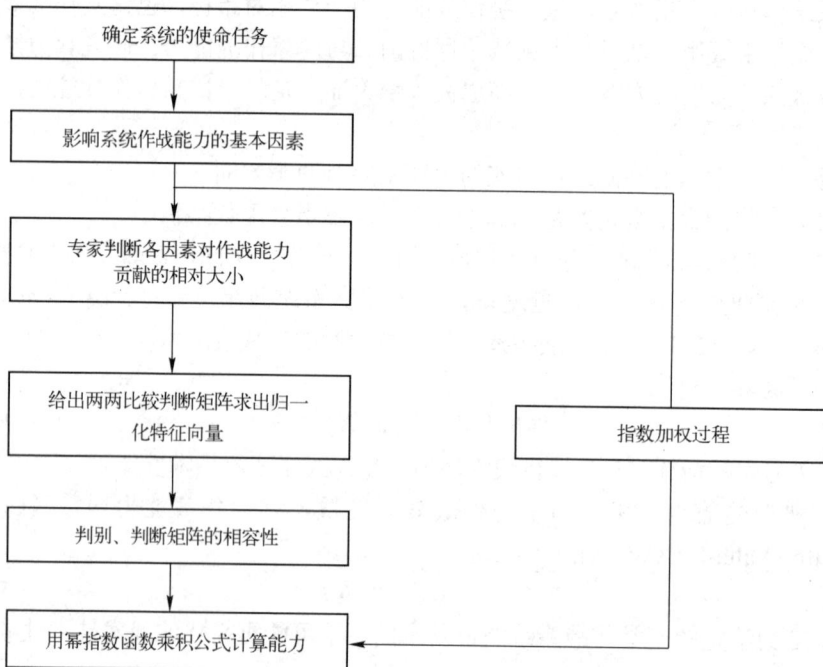

图 7-3　作战能力指数计算过程

给出判断矩阵计算指数权的方法很多，最简单易行的计算方法是 SAATY 的近似算法。通过 SAATY 法可以给出针对上一层次某因素而言，本层次与之有关的各因素之间相对重要性的近似数值标度，如表 7-1 所列。

表 7-1　SAATY 法的标度含义

标　度	定　义	含　义
1	同样重要	两元素对某种属性同样重要
3	稍微重要	对某属性，一元素比另一元素稍微重要
5	明显重要	对某属性，一元素比另一元素明显重要
7	强烈重要	对某属性，一元素比另一元素强烈重要
9	极端重要	对某属性，一元素比另一元素极端重要
2,4,6,8	相邻标度中值	相邻两标度之间折中时的标度
上列标度倒数	反比较	元素 i 对元素 j 的标度为 b_{ij}，反之 $1/b_{ij}$

幂指数方法计算作战能力指数是很有效的。但是，武器装备指标体系构成是很复杂的，例如，包含有多个作战系统，它包含有反导武器系统、电子战系、C³I 系统等。系统或体系的"耦合联结"方式是复杂多样的，这就要求用系统论证方法对体系的构成进行分析，分系统、设备或元部件作零件，用"耦合联结"方法将零件连接为部件，再"耦合联结"部件为子系统，以此类推，最终将子系统"耦合联结"为体系。

7.3.2　基于 WSEIAC 的效能评价方法

作战系统是一个复杂的综合性极强的系统，系统往往涉及系统自身所处环境的众多随机和非随机因素，从而为评价其综合效能带来了困难。由于系统的效能不仅反映它完成使命的程度和作战效率，而且和系统结构特性及内部机制密切相关，因此在评价作战系统效能时，要综合考虑这些因素。下面介绍一种利用作战系统效能模型评价系统的方法——WSEIAC 方法。

WSEIAC 方法是 20 世纪 60 年代中期，美国工业界武器作战系统效能咨询委员会 j 为美国空军而建立的，旨在根据"有效性"（A）、"可信赖性"（D）和"系统能力"（C）三大要素评价武器系统。该方法把这三大要素组合成一个可反映武器系统总体性能的单一效能量度（E），在国内，有人又称为 ADC 模型。这种模型的特点是考虑了系统装备结构、技术特性和战术功能之间的相关性，强调了系统的整体性，能够较方便地对系统的效能进行定量评价。

作战系统效能模型是由系统的有效性、可靠性和性能三要素进行组合而成的。有效性是指开始执行任务时，系统所处的状态。可靠性是指在执行任务过程中，系统所处的状态。性能则是在一定系统状态下，系统完成任务的能力。

设系统总的效能度量为 E，则

$$E^{\mathrm{T}} = A^{\mathrm{T}}DC \qquad (7\text{-}5)$$

式中：A^{T} 为有效向量 A 的转置；D 为可靠性矩阵；C 为性能矩阵。

以下描述建立系统综合效能评价模型的原则和步骤。

1. 系统状态描述

系统的效能与系统所处的状态有直接的关系，所以对系统进行效能评价时，首先要定义系统状态。系统状态是由系统在执行之前或执行之中发生的事件所形成的。

2. 确定有效向量 A

确定在开始执行任务时系统呈现的每一组重要状态。

A 表示系统在开始执行任务时的可能状态，它由系统按预定要求正常工作的概率组成。A^{T} 是有效向量 A 的转置，设 $A^{\mathrm{T}} = [\alpha_1, \alpha_2, \cdots, \alpha_n]$，其中 α_i 是系统在开始执行任务时，处于第 i 个状态的概率。假设一个系统只有正常工作状态和故障状态两个可能状态，则有效向量 A 为

$$A^{\mathrm{T}} = [\alpha_1, \alpha_2] \qquad (7\text{-}6)$$

式中：α_1 为系统处于正常工作状态的概率；α_2 为系统处于故障状态的概率。

在建立系统的有效性模型时，要充分考虑系统存在的多种可能状态。

3. 确定可靠性矩阵 D

可靠性矩阵 D 以有效向量 A 为基础，它描述系统在执行任务过程中的所处状态。可靠性矩阵反映系统在执行任务过程中的特征。

若系统有 N 个有效状态，则可靠性矩阵为 $N \times N$ 阶方阵，其中已知系统在第 i 个状态下开始执行任务，在执行过程中系统处于第 j 个状态的概率。

系统在执行任务过程中出现的故障分为不可修复和可修复两种。若系统开始执行任务时，系统的设备或部件全部处于正常状态，在完成任务时，系统可能处于正常状态，也可能处于非正常状态。如果在开始执行任务时，系统就处于故障状态，那么对于不可修复的系统来说，系统不能正常地执行任务，并且在执行任务后，也不可能返回到正常状态。

4. 确定性能矩阵 C

性能矩阵 C 是在已知执行任务期间系统状态的条件下，用来度量系统完成任务能力的一系列概率，它是系统性能最集中的体现。性能矩阵要根据具体应用的任务和目的来确定，对于不同的应用，性能矩阵不同。

系统中执行一项任务通常需要完成 m 种功能，而且系统是由 n 个子系统组成的，其中 C_{ij} 为子系统 i 执行第 j 个功能的概率。

5. 计算系统的综合效能 E

$$E^{\mathrm{T}} = A^{\mathrm{T}}DC \qquad (7\text{-}7)$$

7.3.3　基于 TOPSIS 的综合效能评价方法

理想解法——TOPSIS（逼近理想解的排序方法），它是通过构造综合评价问题中的理想解和负理想解，并以靠近理想解和远离负理想解两个基准作为评价各待评方案的判据。通过理想解和负理想来设想各指标属性都达到最优，在作战系统效能的综合评价中，作战系统效能由侦察探测能力、指挥控制能力、通信保障能力、生存能力、信息保障能力等能力来综合度量。每一项能力指标可由其下层指标综合得到，但分析各项能力指标对作战系统效能的贡献以及判断并量化指标间的相互重要性关系比较困难，一般只能获知各指标的序关系，传统的层次分析方法、线性加权法等不再满足评价的需要。

设 $f_1, f_2, \cdots, f_m$ 是指标集，$S_1, S_2, \cdots, S_n$ 是方案集，$x_{ij}(i=1, 2, \cdots, n; j=1,2,\cdots,m)$ 为方案 S_i 在指标 f_j 上的取值，记

$$x_i = \begin{Bmatrix} x_{i1} \\ x_{i2} \\ \vdots \\ x_{im} \end{Bmatrix}(i=1, 2, \cdots, n), X = \begin{Bmatrix} x_1^{\mathrm{T}} \\ x_2^{\mathrm{T}} \\ \vdots \\ x_3^{\mathrm{T}} \end{Bmatrix}, \omega = \begin{Bmatrix} \omega_1 \\ \omega_2 \\ \vdots \\ \omega_m \end{Bmatrix} \qquad (7\text{-}8)$$

各个指标的重要性是以序偏好信息给出的，不失一般性，设

$$\omega_1 \geqslant \omega_2 \geqslant \cdots \geqslant \omega_j \qquad (7\text{-}9)$$

式中，ω_j 是 $f_j(j=1, 2, \cdots, m)$ 对应的权重。以 $x_i^{\mathrm{T}}\omega$ 表示方案 S_i 的效能综合评价值 R_i，ω 的取值直接影响 R_i 的大小。如何根据指标的序偏好信息确定 ω 是解决评价问题的关键。

设评价者关于指标 f_j 和 f_{j+1} 的差别等级因子为 H_j，指标重要性区分因子为 v，由式（7-8），并假设 f_{m+1} 为虚拟指标，$\omega_{m+1}=0$，可以认为下式是合理的。

$$\omega_j - \omega_{j+1} \geqslant vH_j(j=1, 2, \cdots, m) \qquad (7\text{-}10)$$

H_j 提供了一种关于指标 f_j 与相邻指标间重要性最小差别的相对度量，它的函数形式可以为：

（1）$H_j=$ 常数；

（2）$H_j = A - B_j$，A，B 为常数；

（3）$H_j = 1/j$；

（4）$H_j = \sqrt{j}$。

v 表征了评价者关于指标重要性程度的分辨能力，即相邻指标间单位等级差对应的权值之差的最小值。

ω的取值除应满足式（7-9）外，为了使模型对所有方案都是公平的，假定$R_i \leqslant 1(i=1, 2, \cdots, n)$的。一般$H_j$可以事先确定而$v$却不易确定，但是$v$可以作为变量放到优化模型中去确定。对任意方案$S_k(1 \leqslant k \leqslant n)$，用下述 DEA 模型来求$R_k$。

$$R_k^*(z) = \max R_k(z) = x_k^{\mathrm{T}} \omega$$

$$\text{(M1)} \quad \text{s.t.} \begin{cases} x_k^{\mathrm{T}} \omega \leqslant 1 \ (i=1, 2, \cdots, n) \\ \omega_i - \omega_{i+1} \geqslant vH_j \ (j=1, 2, \cdots, m) \\ v \geqslant z \\ \omega \geqslant 0 \end{cases} \qquad (7\text{-}11)$$

模型(M1)中的变量是ω和v。

显然$R_k^*(z)$是z的单调非增函数。因为(M1)是一个极大化线性规划模型，随着z的增大，(M1)的约束条件将增强。

如果$R_k^*(z^*)=1$，则对所有$0 \leqslant z \leqslant z^*$，$R_k^*(z)=1$。

令$z_{max} = \max\limits_k (z_k^*)$，如果方案$S_{k0}$满足$Z_{k0}=z_{max}$，则对任一方案$S_i$和任意$z \leqslant z_{max}$，必有$R_{k0}^*(z) \geqslant R_i^*(z)$，即不管$z$如何选取，方案$S_{k0}$起码是比任何其他方案更希望的。随着$z$的增加，能排到首位的方案数会减少，或者说，在最大分辨率意义下，z_{max}对应的S_{k0}不劣于其他任何方案。

为确定z_{max}，解下述模型

$$z_{max} = \max z$$

$$\text{(M2)} \quad \text{s.t.} \begin{cases} x_i^{\mathrm{T}} \omega \leqslant 1 \ (i=1, 2, \cdots, n) \\ \omega_j - \omega_{j+1} \geqslant vH_j \ (j=1, 2, \cdots, m) \\ v \geqslant z \\ \omega \geqslant 0 \end{cases} \qquad (7\text{-}12)$$

易证在(M2)达到最优时，至少存在一个方案S_{k0}使得$R_{k0}^*(z_{max})=1$。必须指出，(M2)在最优条件下可能有多个方案的效能综合评价值R取值为 1，如何对这些方案进行进一步评价分析还需要另外的方法来支持。

7.3.4 基于层次分析法的效能评价方法

1. 层次分析法概念

层次分析法（AHP 法），即根据问题的性质和达到的目标，分解出问题的不同组成因素，并按因素间的相互关系及隶属关系，将其分层聚类组合，形成一个递阶的、有序的层次结构模型，然后，对模型中每一层次因素的相对重要性，依据人们对客观现实的判断给予定量表示，再利用数学方法确定每一层次全部因素相对重要性次序的权值。最后，通过综合计算各层因素相对重要性的权值，获得最底层因素对于最高层的重要性权值，或进行优劣性排序，以此作为评价和选择方案的依据。因为系统是一个复杂的人机系统，由于系统结构和组成较复杂，再加上人的行为的复杂性，使得系统中大量的因素无法准确地定量表示出来，AHP方法正好能解决这些问题。

运用 AHP 方法对系统进行静态评估的步骤是：

（1）分析影响作战系统效能的各元素之间的关系，建立它们的层次结构。将系统中的元素按属性分成若干组，形成不同的层次。中间层次上的元素对下一层次的某些元素起支配作用，同时它受上层元素的支配。这样，将一个复杂的系统表示为一个层次结构。一般上层元素支配的下层元素不超过 9 个。

（2）对属于同一层次上的不同元素关于上层中的某一准则的重要程度进行两两比较，确定判断矩阵 $\{a_{ij}\}$。建立层次结构后，上下层次元素之间的隶属关系就确定了。由于直接得到各元素的权重有困难，所以在上层的准则下，对本层元素进行两两比较，根据相互的重要性，按 1～9 对各自的重要程度赋值，这样得到判断矩阵。1～9 值表示元素之间的重要程度。

（3）由判断矩阵计算被比较元素对于该准则的相对权重，并计算各层元素对系统目标的相对权重 W_i。利用得到的判断矩阵，根据权重计算方法，计算在上一层的准则下本层各元素的相对权重，同时要对判断矩阵进行一致性检验，计算一致性比例 C.R.，若 C.R.<0.1，则认为判断矩阵的一致性是可以接受的，否则，应对判断矩阵进行适当修改。其中 C.I.是一致性指标，其中，n 为矩阵的阶数。R.I.是平均随机一致性指标，它可以通过查表得到。

在得到各元素相对其上层的权重的基础上，最终得到各元素对于总目标的相对权重。

这一过程是从上至下依次计算的，并且逐层都要进行一致性检验。

2. AHP 法计算权值

由于利用层次分析法进行系统的效能的评价时，在建立判断矩阵时，会碰到信息不完全或信息不准确的情况。因为建立判断矩阵通常是采用专家打分或统计的方法，由于层次太多或因素太复杂，要求每位专家对层次结构中两两因素都做出正确的评价，有一定的困难，这样得到的判断矩阵的某些因素会出现空缺或不准确，因此有以下几种计算权值的方法。

1）在不完全信息下求相对权重

在不完全信息下求相对权重的方法有特征根方法、对数最小二乘法及最小偏差法等。特征根法是解常系数齐次线性微分方程的一种通用方法，一般可以通过特征根法来递推 AHP 各层次的数列通项来确定其相对权重。辅助矩阵和等价矩阵为一致性指标。

2）不完备性判断矩阵求相对权重

按照 AHP 方法，层次结构中的各层上的元素不能重复出现，而且要求上层元素所控制的所有元素都应该在下层出现。不能满足这两个条件的结构就是不完备的。完备不完备是相对的，特别是对于 C^3I 这样复杂的系统来说，不仅得到完备的模型困难，而且利用 AHP 原理来处理具有完备性的模型也非常困难。因此，在保证原有特性不变的前提下，应对指标进行简化。

设第 j 层上有元素，元素 s_i 在层次结构中支配的下层元素有 n_i 个，而元素 s_i 实际支配的元素为 r_i 个，且 $n_i < r_i$。这样，根据判断矩阵得到的相对权重比实际的权重大。可以通过下面的方法对权重进行调整来解决这个问题。

设根据建立的层次结构，求得元素 s_i 的支配的第 1 个元素的权重为 w_{ji}，由于存在不完备性，需要对 w_{ji} 进行修正。

7.4 效能评估系统

下面以某型海战模拟系统效能评估软件为例，说明海战模拟效能评估的功能，主要包括评估数据管理、训练模型管理、评估显示管理和训练基础数据及系统管理 4 个方面。

7.4.1 评估数据管理

系统的评估数据管理包含训练数据查看与录入功能，可根据用户权限，向用户显示不同的软件操作界面。例如，当登录用户为普通参训人员、整舰领导或导控人员时，软件只向用户提供评估数据查看功能。当用户为分系统管理员或系统管理员时，软件将向用户提供完整的评估数据查看和录入功能。软件所显示的评估数据将以分系统的训练模型为数据模板，记录并显示训练过程中针对分系统管理员选取的训练模型所采集到的所有分系统实际训练参数项数据。评估数据的来源以分系统模拟器自动采集为主，其他无法采集或是需要人工视情况酌情打分的参数项分值，可由分系统管理员使用评估数据录入功能，进行录入。评估数据查看与录入界面如图 7-4 所示。

为了保证录入数据的真实性，软件加入了用户权限与认证功能，必须是分系统管理员才能使用该软件数据录入模块，录入的每条数据都将绑定录入用户信息和全局系统时间。

此外，评估数据管理功能中还实现了训练数据缺失预警功能，在查看指定训练的采集数据时，系统会对该次训练中人工评分漏项参数项以红色进行标记，提醒训练管理人员及时录入数据。

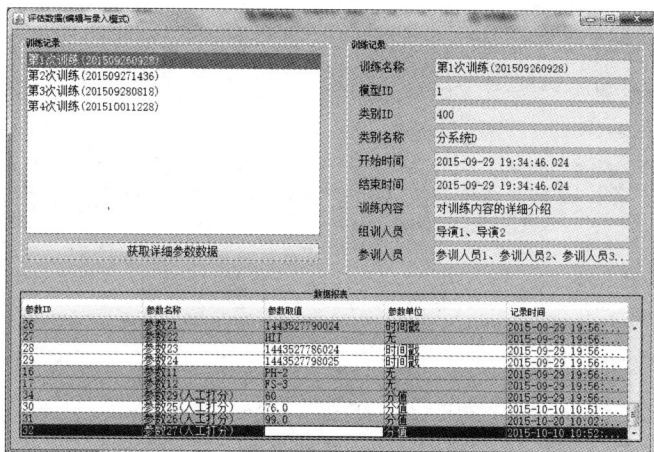

图 7-4　评估数据查看与录入界面

7.4.2　训练模型管理

训练模型管理主要为用户提供对训练评估模型进行定制的功能。模型管理功能与界面按照不同的用户权限可以为用户提供不同的功能定位。对于分系统管理员来说，训练管理模块只为其提供并显示其分系统管理员用户所属子系统的评估模型定制窗口；而对于系统管理员来说，该管理功能还为系统管理员用户提供分系统导航模块窗格，使系统管理员可选取查看并编辑任意指定分系统的训练评估模型。同时，训练模型管理功能还为用户提供指标权重定制修改功能，以及指标权重合理性自检机制。训练模型管理功能界面如图 7-5 所示。

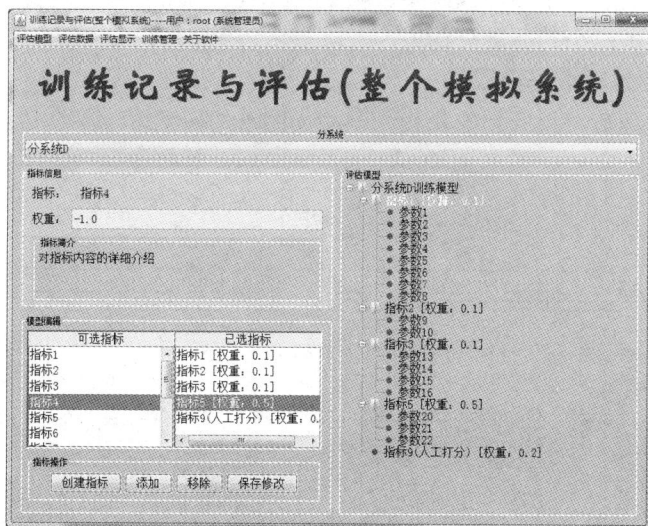

图 7-5　训练模型管理功能界面

143

训练模型管理功能还为用户提供了人工分值指标"快填"功能,允许用户根据训练评估需求高效快捷地增加人工分值训练指标,如图 7-6 所示。

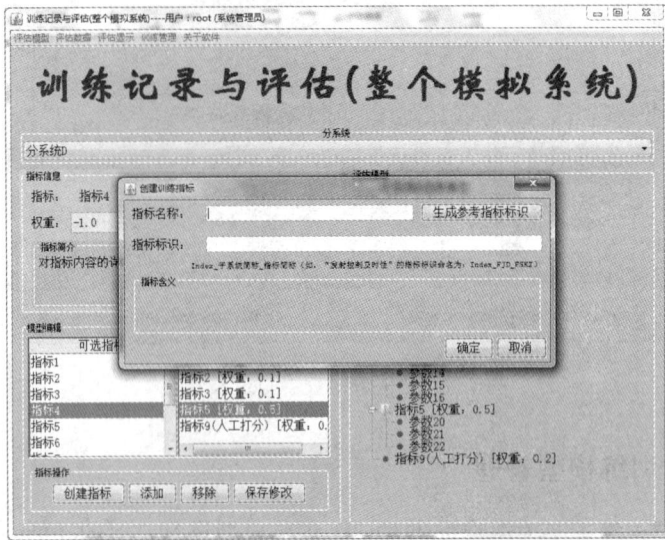

图 7-6　人工分值指标"快填"功能

7.4.3　评估显示管理

训练评估显示管理功能可为用户提供数据汇总与输出功能,提供原始数据输出与经评估测算模型计算后的输出结果。结果形式可按照图形、表格等形式展现;训练评估系统的后端主要由训练参数项数据提取、训练数据处理评估、训练效果分析及结果展现三个功能部分构成。

1. 训练参数项数据提取

训练参数项数据提取功能模块的结构如图 7-7 所示。

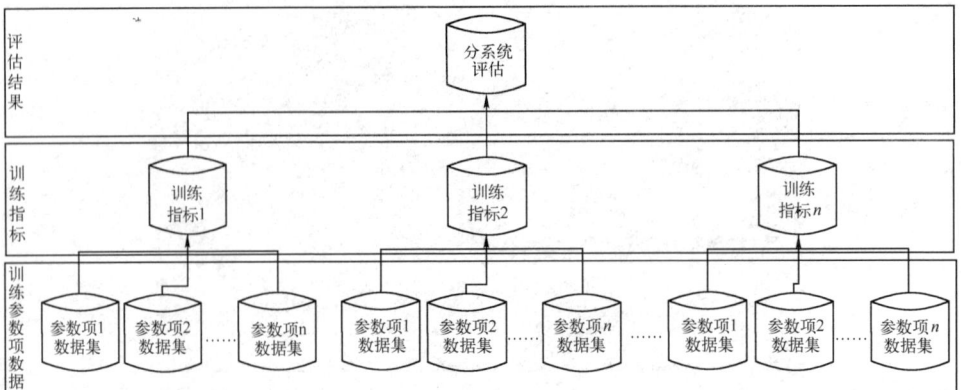

图 7-7　训练参数项数据提取功能模型

训练参数项数据提取功能模块可按照训练的类别（分系统 A、分系统 B、分系统 C 等），分别访问不同的底层训练数据库，提取不同的训练参数项数据，然后将数据交付给训练评估模块，进行数据融合仿真和评估处理。

2. 训练数据处理评估

训练数据处理评估模块按照训练评估的类型，将训练数据处理评估的功能分为 3 个方面。

1）单指标训练仿真评估

单指标训练仿真评估过程，是实现对参训人员操作分系统装备的过程中，对操作流程、操作能力，以及运用状态等各个单一训练指标的仿真评估。在单指标训练过程中，模块首选需要加载指定指标训练中采集到的参数项数据和指定单指标训练仿真评估算法模型，然后通过训练仿真数据提取模块载入指定指标包含的仿真训练采集数据，进行运算评估。评估运算结果按照指标标识（IndexID）、分系统标识（CatalogID）、数据采集时刻、评估时间，以及评估分值等字段，存入指标评估数据库，作为训练仿真效果分析模块的数据基础。单指标训练仿真评估过程如图 7-8 所示。

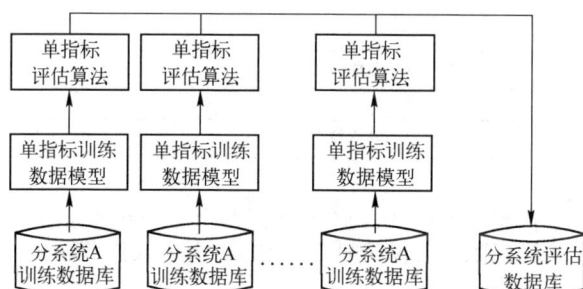

图 7-8　单指标训练仿真评估过程

2）专业训练仿真评估

专业训练仿真评估过程，是实现对参训人员对指定分系统业务专业掌握情况及熟练程度的等训练指标的仿真评估。在专业训练过程中，模块首选需要加载专业训练所涉及的训练评估模型，然后通过训练仿真数据提取模块分别载入专业训练涉及的各个单一指标的仿真训练数据，进行运算评估并将结果存入相应的专业评估数据库和指标评估数据库中，为训练效果趋势分析模块的提供数据依据。专业训练评估过程如图 7-9 所示。

3）训练效果趋势评估

训练效果趋势评估过程，是对各个分系统，按照指标评估的评估结果，进行综合评估，并横向比较的评估过程。该评估可以对多次专业训练评估结果进行对比分析，计算专业训练变化情况，考查训练效果期望值和均方差范围。训练效果趋势评估通过加载指定分系统当前活跃训练评估模型，加载专业训练评估生产数据，运用层次分析法实施综合评估，并将评估所得结果存入相应的训练效果趋势评估数据库和专业评估数据库，为训练仿真效果分析模块的建立提供数据依据。训练效果趋势评估过程如图 7-10 所示。

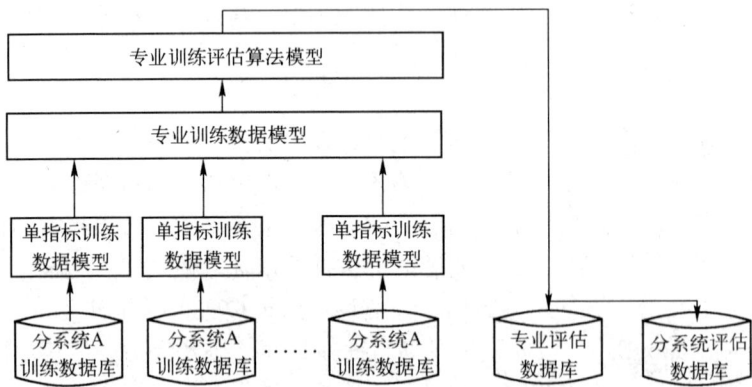

图 7-9　专业训练仿真评估过程

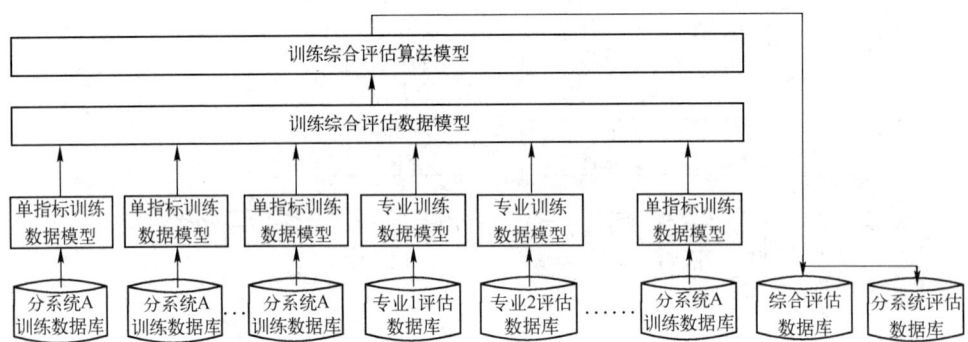

图 7-10　训练效果趋势评估过程

3. 训练效果分析及结果分发

训练仿真效果分析模块直接面向用户，提供仿真训练评估结果分析报表和评估图表。根据训练评估的不同类型，训练仿真效果分析模块可提供三种与之对应的评估分析结果，每种结果包含仿真训练评估数据报表和评估参数与评估结果统计图。

1）单指标训练仿真评估分析

单指标训练仿真评估分析结果的表现形式主要包含单指标训练评估数据报表和单指标训练评估统计图两个部分，如图 7-11 和图 7-12 所示。

指标得分			采集数...	采集数...	单位	采集时间
开机反应即时性	0.1	77.95分	MX模式	MS-2	无	2015-09-...
			MX时间	9	秒	2015-09-...
			TX模式	MS-3	无	2015-09-...
			TX时间	6	秒	2015-09-...
			TX模式	MS-7	无	2015-09-...
			TX时间	11	秒	2015-09-...
			JX模式	MS-3	无	2015-09-...
			JX时间	4	秒	2015-09-...

图 7-11　单指标训练评估数据报表

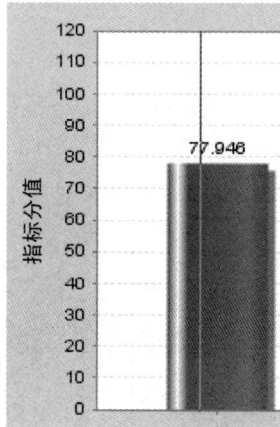

图 7-12　单指标训练评估统计图

2）专业训练仿真评估分析

专业训练仿真评估分析结果的表现形式主要包含专业训练评估数据报表和专业训练评估统计图两个部分，如图 7-13 和图 7-14 所示。

图 7-13　专业训练评估数据报表

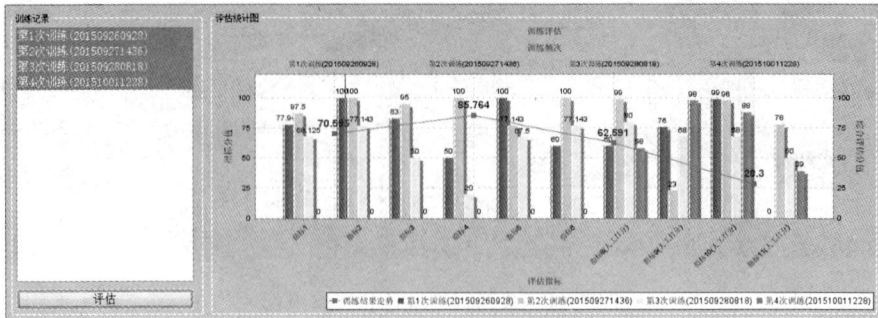

图 7-14　专业训练评估统计图

3）训练效果趋势评估分析

训练效果趋势评估分析结果的表现形式主要包含训练效果趋势评估数据报表和训练效果趋势评估统计图两个部分，如图 7-15 和图 7-16 所示。

图 7-15　训练效果趋势评估数据报表

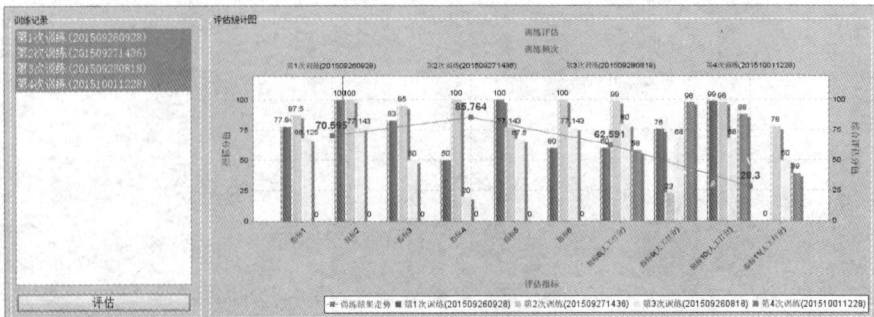

图 7-16　训练效果趋势评估统计图

7.4.4 训练基础数据及系统管理

基础数据管理是实现基于采集数据进行训练评估的基础，只有合理地管理录入数据，才能为后续的数据录入与评估提供保障。本功能按照"指标参数项—评估指标—评估模型"三级管理方式提供基础数据录入管理，管理界面按照用户权限，为用户提供不同的功能定位，普通参训用户对该功能无访问权限，分系统管理员和系统管理员可使用该功能。其中，分系统管理员只能修改所属分系统基础数据，系统管理员可修改全局基础数据，其界面如图 7-17 所示。

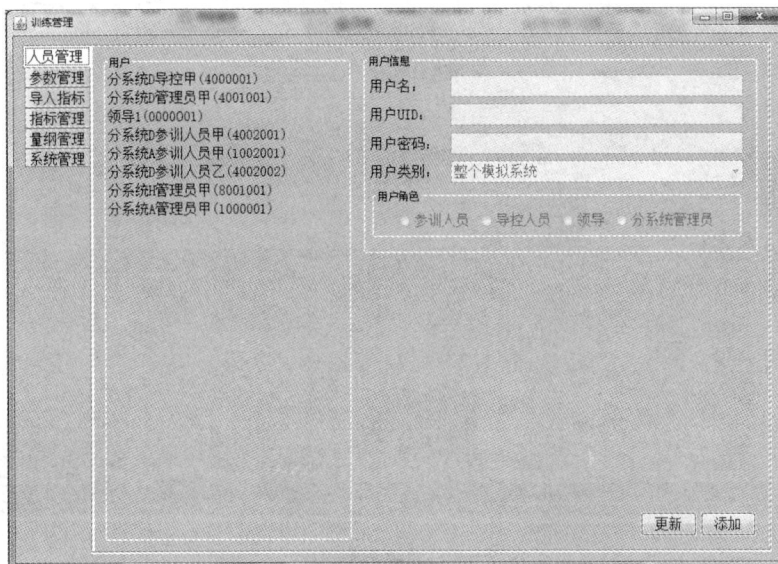

图 7-17 训练基础数据及系统管理选项卡

1. 系统人员管理

系统人员管理只向系统管理员权限用户开放，提供对整个系统所有人员的增删改查（增加、删除、修改、查找）、权限分配，以及所属系统配置的功能，如图 7-18 所示。

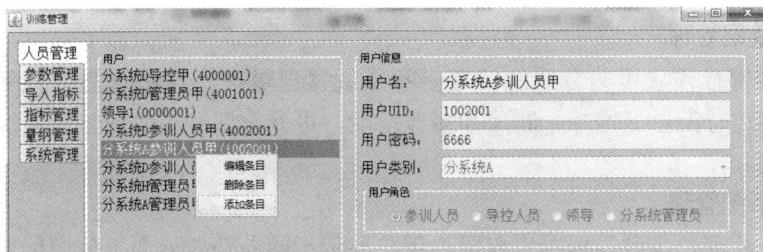

图 7-18 系统人员管理

2. 训练参数项管理

训练参数项管理可为分系统管理员和系统管理员提供对所属训练参数的增删改查功能，以及对指定分系统的所有训练参数的导出功能，其软件界面如图 7-19 所示。

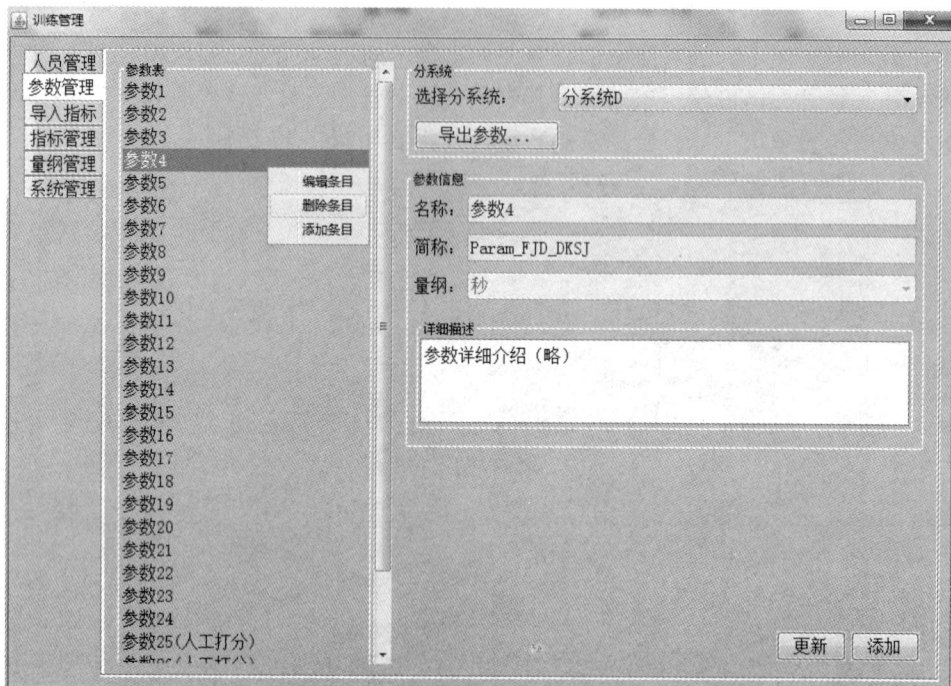

图 7-19　训练参数项管理

3. 指标导入与指标管理

指标导入与指标管理面向分系统管理员和系统管理员提供有关训练指标的增删改查功能。用户可使用该功能向软件新增训练指标，以及配置指标与参数项之间的映射关系。同时，这两个模块还可为用户提供使用 Excel 工作簿模板批量导入训练指标功能，以及指定分系统所有指标参数项的数据导出功能，相应软件界面如图 7-20 和图 7-21 所示。

4. 量纲管理

量纲管理模块可为分系统管理员和系统管理员提供对系统使用的所有参数单位量纲进行汇总、增加、删除和修改功能，可非常便捷高效地管理系统各参数单位量纲。

5. 系统管理

系统管理模块可根据用户权限为用户展示不同的功能界面，普通用户和分系统管理员只能使用界面风格功能，系统管理员除可使用界面风格设置外，还可使用数据库参数配置功能。此外，当系统初次启动时，软件会自动检测数据库服务器配置参数是否正确、连接是否建立，以及工作是否正常。如果数据库连接失败，会自动弹出数据库配置界面，供操作人员对数据库参数信息进行配置，该模块界面如图 7-23 所示。

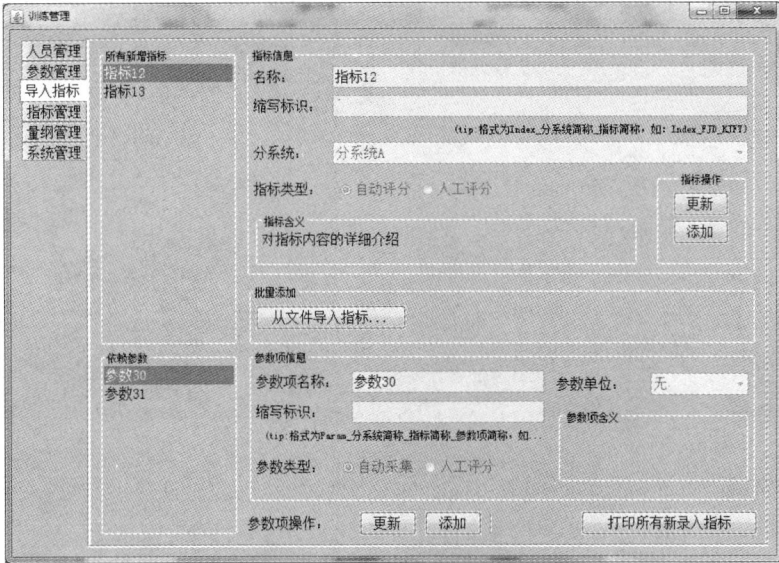

图 7-20　指标导入模块

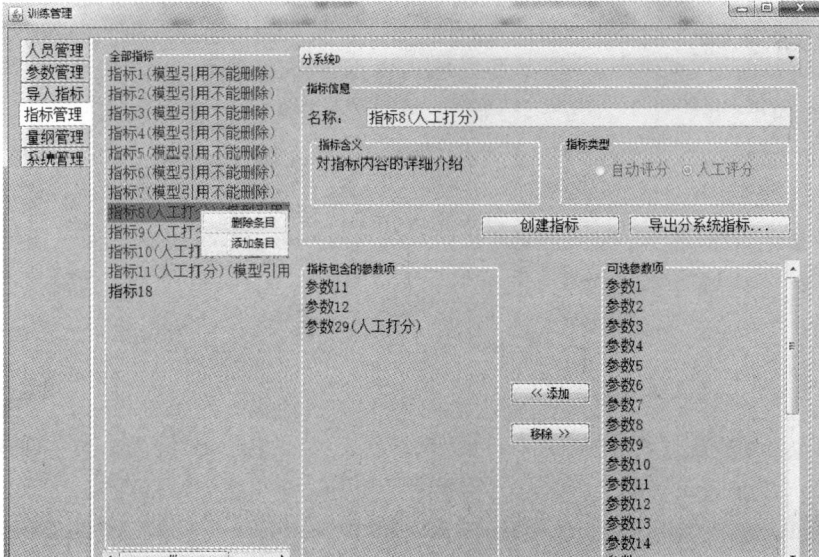

图 7-21　指标管理模块

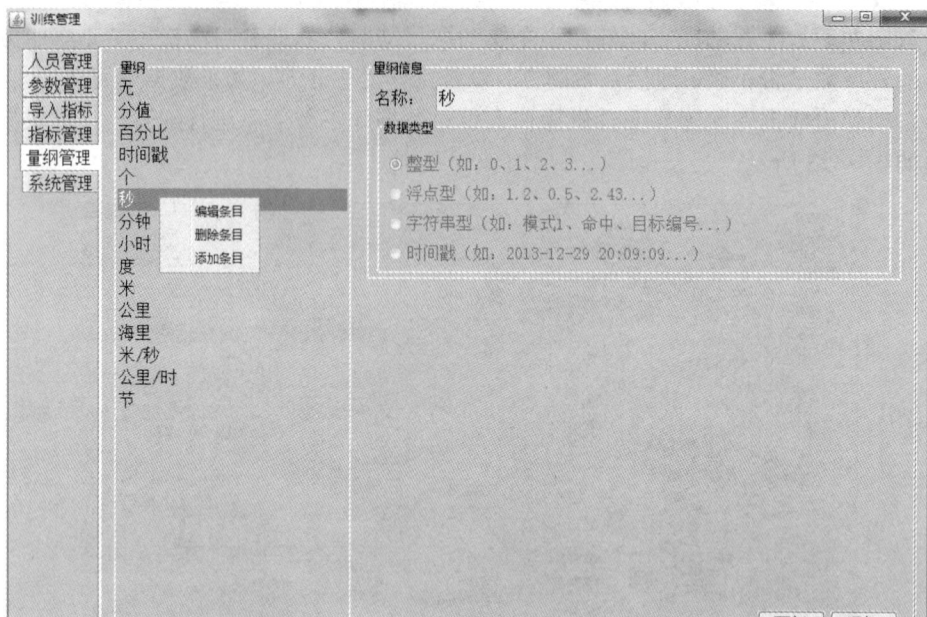

图 7-22 量纲管理

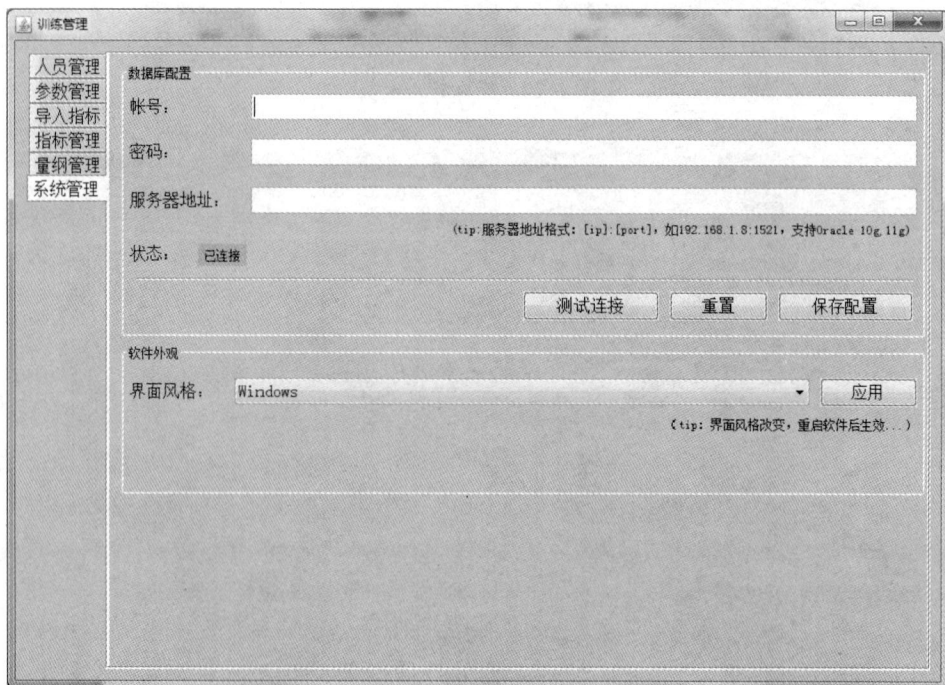

图 7-23 系统管理

第8章　现代海战模拟训练系统设计

作战模拟训练系统的结构取决于应用的目的、使用对象的层次及数量、投资情况和所采用的模拟方法。目前，作战模拟训练系统均以计算机为主要工具，采用软硬件相结合的体系结构。这也是现代作战模拟与传统作战模拟手段的不同之处。

模拟训练系统是作战模拟系统的一种重要形式，随着高技术武器大量装备部队，模拟训练已成为作战训练、作战演习、作战研究以及作战计划制订的重要手段。

作战模拟训练系统是根据统计作战模拟的思想，模拟训练对象的主要武器装备采用实物仿真设备或实装设备，参与训练的作战人员控制作战指挥决策过程和武器装备的作战使用过程，其他武器装备、作战环境、作战目标和各种武器的作战使用由计算机模拟，并将所有计算机和武器装备联网构成一个完整的网络系统，共同完成作战模拟训练任务。

8.1　模拟训练系统需求

8.1.1　功能要求

模拟训练系统功能要求如下：

（1）训练环境及态势的模拟生成与控制。

（2）模拟作战系统各战位的战术技术性能、功能。

（3）模拟数据链接收目标信息。

（4）模拟本舰机动和导航信息。

（5）模拟本舰武器系统工作方式。

（6）模拟作战指挥系统的信息处理和作战指挥功能。

（7）模拟作战指挥关系和运行组织过程。

（8）模拟敌方多种作战平台及装备战术动作。

（9）训练成绩评估。

8.1.2　性能要求

1. 模拟目标的种类

模拟目标的种类主要包括水面舰艇、潜艇、飞机等。

2. 模拟强度

系统模拟实体个数大于或等于 1000 个。

3. 模拟训练工作方式

可提供单台位训练、分系统训练、全舰训练和编队训练等训练工作方式。

4. 训练记录容量

记录战术态势训练情况的时间不少于 120 小时。

8.1.3 其他要求

1. 人机工程要求

系统人机界面便于人员使用，系统输入/输出简洁、直观，系统三维视景效果逼真。

2. 质量保证要求

根据任务系统的要求，制订各阶段质量保证计划、工作任务、工作目标，并通过方案审查、阶段评审、仿真评估、试验、质量鉴定等方式保证系统的质量指标落实。

3. 标准化要求

遵循有关装备管理、工程管理等方面的标准，系统的设计、研制及设备选型，按照有关国家标准、国家军用标准执行。

4. 电磁兼容要求

系统在计算机机房使用，按使用要求在现场布置安装后，全系统或分系统可正常稳定工作，不受相互间的电磁干扰影响。

5. 环境适应性要求

温度：10～35 ℃；

相对湿度：<85%；

电源：220V±10%。

8.2 模拟训练系统组成

模拟训练系统主要由装备训练仿真子系统、导演监控子系统和辅助设备等组成，系统基本组成如图 8-1 所示。

1. 装备训练仿真子系统

该子系统用于实现舰艇作战系统的主要模拟操作。在基本通用的硬件台位上，通过加载针对性的仿真软件或特殊硬件，实现舰艇作战系统的主要仿真操作。该子系统主要由警戒探测分系统、指挥控制分系统以及各武器分系统等组成。

2. 导演监控子系统

该子系统用于设置训练科目、控制训练态势、模拟红蓝双方兵力的行动、描述作战对抗过程和毁伤效果、监视训练系统的状态等。该子系统主要由战场计算与控制台、信息记录与管理台、三维视景生成台、网络通信与监控台和模拟兵力指挥台组成。

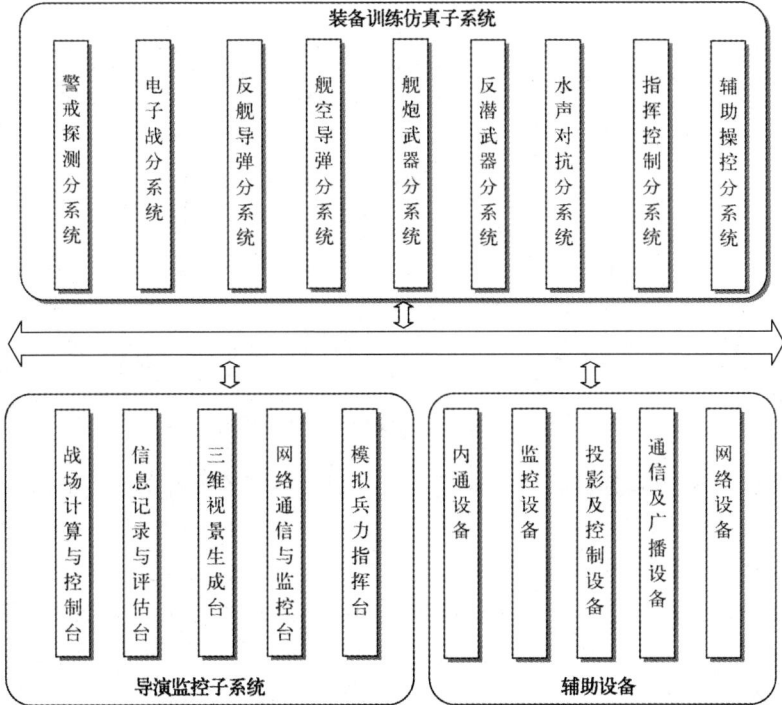

图 8-1　系统基本组成图

3. 辅助设备

辅助设备由辅助实现训练功能、提高训练效果的公用设备组成。辅助设备主要包括内通设备、监控设备、投影及控制设备、通信及广播设备、网络设备等。

8.3　模拟训练系统硬件设计

作战模拟系统的硬件是以中心计算机（战场数据计算服务器）为核心、以网络信息控制为支撑的局域网结构，由计算机单元、网络控制单元、系统控制单元、红方单元和蓝方单元组成。对于分布式交互作战模拟系统可以通过远程网与实际作战单元联结。图 8-2 是典型作战模拟系统硬件结构。

1. 计算机单元

计算机单元作为战场数据计算的中心服务器，其基本功能是实时完成战场中机动兵力参数的计算，探测装备发现并跟踪目标的计算，各种兵器弹道计算，各种兵力、兵器对抗效果的计算等。在计算中，同时考虑到自然环境的影响。在许多系统中，中心数据库也安装在该计算机中，以便数据调用方便，同时为其他单元提供数据服务。

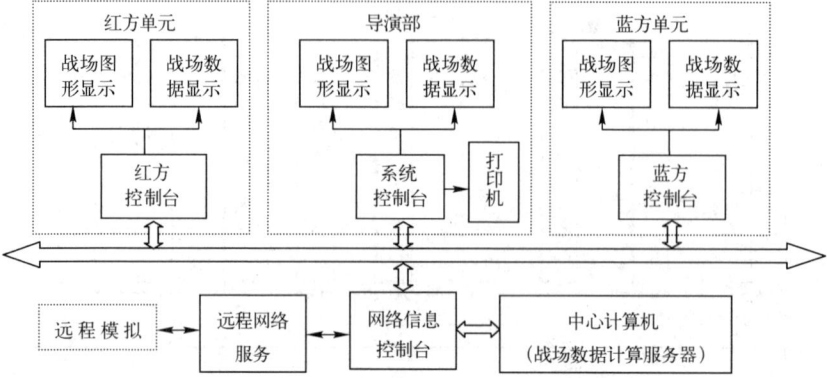

图 8-2 典型作战模拟系统硬件结构

中心计算机要求具有高速计算能力和大容量存储的硬件配置，一般应选用性能较高的计算机。

2. 网络信息控制服务器

网络信息控制服务器既是系统局域网的服务器，又是各单元之间信息流通的集散地，用于系统网络环境的支撑和各种信息通信的管理，特别是对于较大规模的作战模拟系统，由于数据交换量大，其作用显得更加突出。对于较小的系统，可以将其与计算机单元合并。

网络信息控制服务器要求运行的稳定性好。

3. 导演部系统控制台

导演部系统控制台用于完成系统作战模拟过程的控制，即作战模拟方案设定、双方兵力的管理、战场运行时钟的控制、攻击效果的干预、系统文件的管理等。

对于导演部系统控制台的硬件配置要求不高，目前市场的主流机型可以满足要求。

4. 导演部显示系统

导演部显示系统由战场图形显示台和战场数据显示台组成，用于实时显示战场全景态势、双方兵力的武器状态、攻防行动、武器弹道、毁伤情况等。其中图形显示台是以二维或三维图形方式显示战场态势，数据显示台以数据表页方式实时显示战场中所有兵力（舰艇、飞机）的种类、性质、位置（经纬度、高度）、机动状态（航向、航速、俯仰等）和各种武器（如鱼雷、导弹）弹道参数，同时显示各动态目标之间的方位、舷角和距离。控制人员和观摩人员通过显示器能观察到对抗双方作战全过程。

5. 红、蓝方单元

红、蓝方单元由本方控制台和本方态势显示系统组成，其基本功能是完成本方作战过程的控制和情报信息的显示。红、蓝方控制台负责各自本方基础数据和人工干预命令的输入，并实时显示本方兵力兵器的状态信息和本方获得的战场情报数据。本方控制台可以由若干微机组成，作为局域网的工作站。

对于训练型作战模拟系统，红方控制台可以采用实际武器装备或仿真设备，增加模拟训练的逼真度。

8.4　模拟训练系统软件设计

系统软件主要包括导演监控子系统软件和装备仿真子系统软件，其中，装备仿真子系统软件功能与装备基本保持一致，本节重点介绍导演监控子系统软件。

8.4.1　总体结构

导演监控子系统的主要功能是根据训练方案，产生仿真的对抗作战环境、描述作战对抗过程和毁伤效果及实现系统训练的导演监控。系统由战场计算与控制台、三维视景显示台、网络通信与监控台、信息记录与管理台以及各模拟兵力指挥台等组成。

导演监控子系统内部基于 HLA 框架设计，将控制及对抗计算台等物理部件作为邦元。采用帧时间步进和事件驱动两种仿真推进方式，来实现时间管理。采用基于网格的多目标广播方法，实现成员之间的数据传送，网格用来决定应该把哪些更新属性和交互参数传递给协作者。以 Oracle 数据库的形式，集中和分散记录相结合、分散记录为主、适时查询的方式实现数据的采集记录。对于数据库系统和信息记录与评估台，直接采用数据库的形式实现。

导演监控子系统的逻辑结构如图 8-3 所示。

8.4.2　主要功能

导演监控子系统的主要功能是根据训练方案，产生仿真的对抗作战环境、描述作战对抗过程和毁伤效果及实现系统训练的导演监控与评估。主要功能如下：

（1）根据战术想定或训练计划设定想定训练内容。训练内容包括训练科目、训练规模、战场初始态势和战场环境条件等，导演控制台可提供方便直观的训练内容设定功能，并以图形和表页的方式实时显示训练内容。

（2）控制模拟训练的组织运行，进行运行负载分配、导演控制等操作。训练的节奏是按照训练时钟进行的，在模拟训练时，通常是按照 1∶1 的时速比进行实时仿真的，即训练时钟与天文时间的进度相同，在有些情况下，需要改变训练时钟的快慢，以提高训练的效率。例如，在较长的舰艇航渡时间内没有战术情节出现，可以加快训练时钟的速度，采用超实时仿真方式，以缩短无效训练时间，避免训练内容脱节的现象。训练的节奏由导演根据训练时的具体情况实施控制。

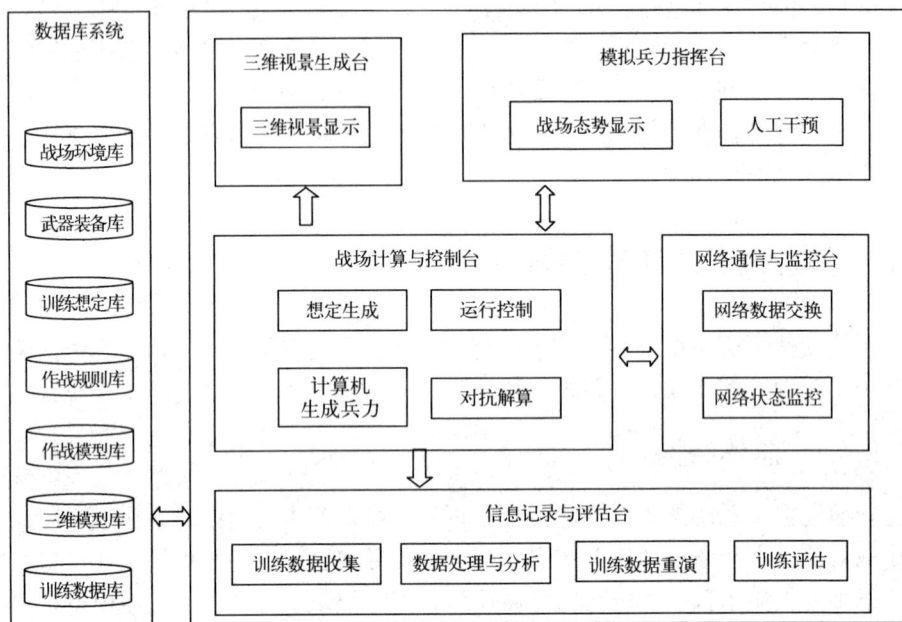

图 8-3　导演监控子系统逻辑结构图

（3）实时显示战场态势与信息。能够实时地以二维图形或三维视景方式显示战场态势和所有目标航行状态、兵力的作战活动、导弹弹道、鱼雷轨迹以及对抗效果等信息。以表页数据方式实时显示所有目标信息，如目标性质、位置、航行状态、目标之间的相对位置等。

（4）支持对各种战术情节的动态人工干预。在仿真训练中，根据需求可以随时设置各种战术情节，如空中、水面和水下目标，改变兵力的状态等。在兵力的对抗中如果有必要，可以对观察器材搜索发现效果、双方对抗武器攻击效果由导演实施人工干预。

（5）进行兵力指挥。可以对模拟训练系统中除训练舰型外的兵力实施指挥控制，完成对应的兵力行为仿真，实现基本的计算机生成兵力功能。

（6）数据库的管理。模拟数据是进行模拟训练的基础，模拟数据库包括想定库、作战海区环境数据库、兵力性能参数数据库和兵力行动数据库等，系统具备对这些数据库的基本管理功能。

（7）对网络信息进行管理、分配，监视全系统网络运行状态。

（8）对抗及毁伤效果记录及管理。包括装备仿真中各战位的操作记录管理、训练成绩的辅助评估分析及成绩管理。

（9）仿真系统的维护、管理及运用。可对效能仿真模型、CGF 模型等进行维护更新及管理运用，也包括对导演部有关软件的基本管理维护功能，如口令管理、版本管理等。

（10）模拟训练过程重演，便于训练后的讲评分析。导演监控子系统具备模拟训练重演功能，系统在组织训练时将所有模拟训练数据按一定的时间间隔或将系统状态的变化点存入数据库。需要重演时，将数据从数据库读出，重演模拟训练全过程。

1. 战场计算与控制台

战场计算与控制台负责训练想定的录入、维护、调用、管理，实现全系统的操演控制、运行控制，战场自然环境、电磁环境的产生与发布，同时在电子海图背景下显示战场兵力对抗过程与效果、态势，并负责管理武器装备数据、想定数据和作战规则数据。

战场计算与控制台内部逻辑结构如图 8-4 所示，主要组成包括想定编辑与管理部件、战场环境生成部件、计算机生成兵力部件、人工干预部件和仿真引擎等。

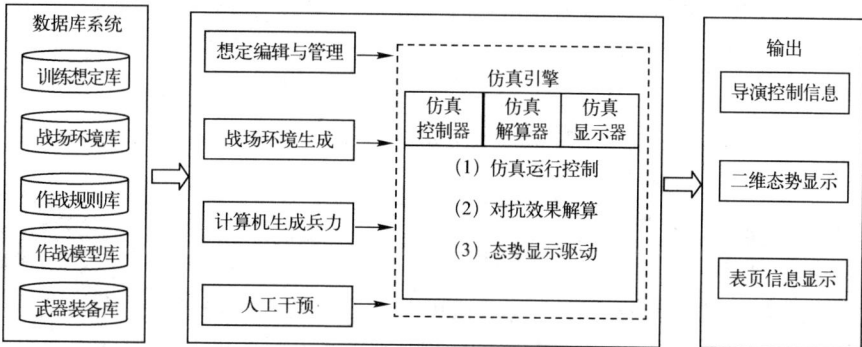

图 8-4　战场计算与控制台内部逻辑结构图

（1）想定编辑与管理部件。在训练想定库的支持下，通过人机交互对训练想定进行编辑、设置，包括想定的选择、各系统的功能配置，如模拟兵力指挥台、装备仿真子系统的舰型选择、设备状态配置等，并提供想定库的管理功能。

（2）战场环境生成部件。其负责在战场环境库的支持下，生成训练模拟系统运行的战场自然环境与电磁环境。

（3）计算机生成兵力部件。其建立与训练战场态势相关的各种仿真兵力实体，能够在作战规则库的支持下，根据战场环境中的事件和状态自动做出反应。同时也能够根据导演人员的选择，对红、蓝双方兵力的作战行动规则进行人工设置、调整，实现具有一定智能的作战兵力模拟，增强训练模拟系统运行环境的真实性。

（4）人工干预部件。其为实现导演人员对训练模拟系统运行过程中的兵力行

159

动、装备状态、装备使用效果等要素的人工调整提供接口。

（5）仿真引擎。其主要由仿真控制器、仿真解算器和仿真显示器组成。仿真控制器负责训练模拟系统的运行控制（包括系统运行的开始、暂停、结束、重演等）以及系统运行节奏的设定（实时仿真或超实时仿真）；仿真解算器负责对系统运行过程中传感器探测效果、武器装备毁伤效果等进行解算、评判；仿真显示器实时地以二维图形和表页数据的方式显示战场态势和所有目标航行状态、兵力的作战活动以及对抗效果等信息。

2. 三维视景生成台

三维视景生成台生成对应于仿真推演运行的实时三维场景，控制显示直观的对抗双方三维态势，辅助参训人员掌握整个作战想定的推演情况，给出训练过程和训练效果的直观描述。三维视景生成台内部逻辑结构如图 8-5 所示，主要由信息获取与识别部件、视景控制命令处理部件、三维视景显示驱动部件以及三维模型库组成。

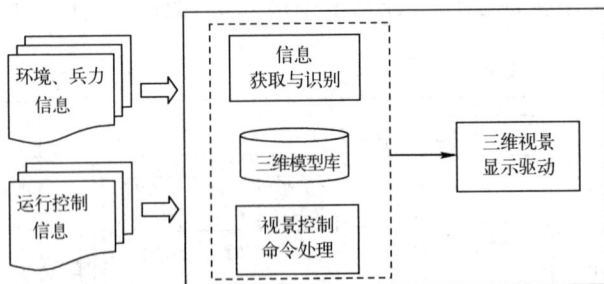

图 8-5　三维视景生成台内部逻辑结构图

三维视景生成台只在系统运行阶段或重演时，在三维模型数据库的支持下生成三维场景，综合全系统主要运行信息和视景控制信息，进行三维态势显示。

3. 信息记录与评估台

信息记录与评估台以 Oracle 数据库的形式实现系统运行时训练数据的采集记录，以表页方式实时显示战场中主要兵力实体的状态信息，实时记录操演的各种信息，并实现训练数据处理、分析、成绩评估，给出训练改进建议。在战场计算与控制台的控制下，可基于所记录的数据进行训练重演。信息记录与评估台内部逻辑结构如图 8-6 所示。

为实现模拟训练情况的辅助评估，要求记录每个操作手的主要操作动作和模拟训练过程中反映的主要毁伤效果。

根据训练对象在训练模拟系统运行过程中发挥的不同作用，对参训人员的辅助评分的基本设想说明如下：全舰辅助考评内容主要包括对抗训练的毁伤效果评估、总导演评估、系统重演过程中的业务人员评估、训练难易程度等四部分。其中，第一项由信息记录与评估台的数据处理与分析部件通过解算给出；第二、三项内容由导演人员人工评定；第四项由战场计算与控制台确定。

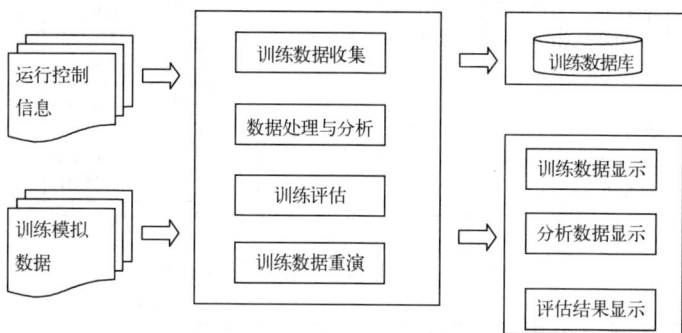

图 8-6　信息记录与评估台内部逻辑结构图

4. 网络通信与监控台

在系统运行阶段、讲评阶段或重演时，作为整个训练模拟系统的网络数据交换中心，网络通信与监控台用于实现对全系统各台位所有网络数据的转发交换、控制，以及全系统联网计算机的网络状态监控、逻辑分组监测、网络管理等。网络通信与监控台内部逻辑结构如图 8-7 所示。

各种导演信息通过网络通信与监控台发送到舰艇各武器装备仿真分系统，为各武器装备仿真系统进行战斗操演提供战场信息。同时，各武器装备仿真系统的操作指令通过网络通信与监控台反馈到导演监控子系统。

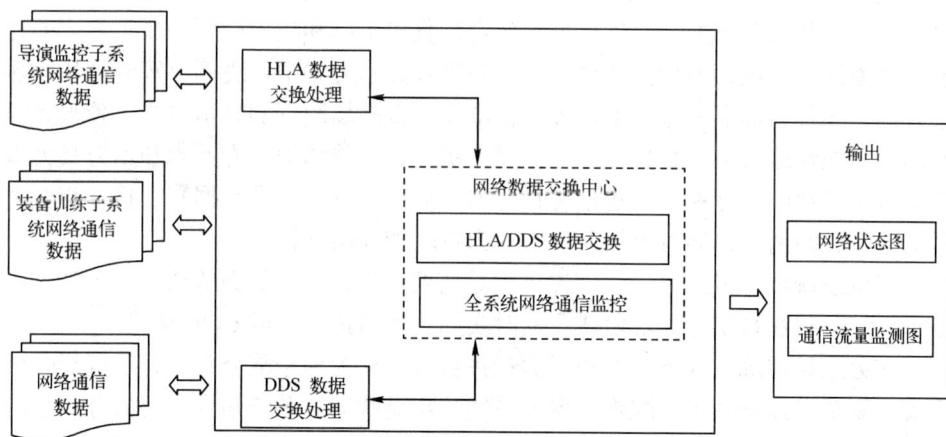

图 8-7　网络通信与监控台内部逻辑结构图

5. 模拟兵力指挥台

导演监控子系统的模拟兵力指挥部位由多个模拟兵力指挥台构成，兵力指挥台的主要功能包括战场态势显示和兵力行动控制，其内部逻辑结构如图 8-8 所示。

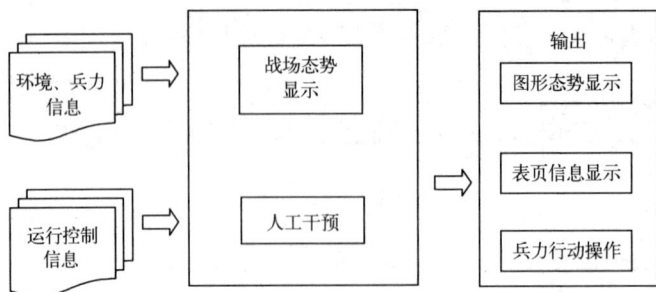

图 8-8　模拟兵力指挥台内部逻辑结构图

各模拟兵力指挥台根据战场目标、态势等信息进行判别处理，以图形和表页方式显示主要信息，并发布本舰航行机动指令和武器装备使用指令等。各兵力指挥台内部实现本舰（被指挥实体）的基本的 CGF 功能。根据导演配置，各对抗兵力指挥台内部还可生成本方多个 CGF 实体。

这些 CGF 实体是在仿真战场环境中由计算机生成仿真实体，通过对作战行为的建模，其属性和活动规律与它所仿真的真实兵力的战术技术性能和作战特点基本相同，并能够智能地或人工辅助干预下完成某些模拟的战斗活动。这可以通过对特定目标根据其自身的战术性能和武器装备情况，按照其作战特点并遵循战斗规律，建立一定精度的作战决策模型、效能与毁伤模型、导航机动模型、装备使用模型等，增强对抗的真实性。

模拟兵力指挥台可同时采用图形和表页方式对当前战场态势进行显示、控制。其中，战场图形显示可以根据需要进行直角坐标和极坐标两种显示方式的切换，作为红方对抗兵力指挥部位，在直角坐标显示方式中，遵循《军队标号》显示规则，在极坐标显示方式中，遵循标准显控台战场图形的显示方式，使得人机界面尽可能贴近实装；数据显示控制用于实时显示战场中本方兵力和本方兵力探测器材所发现的目标参数，包括各目标的性质、位置、机动数据和各目标相互之间的方位、距离等，同时可控制本方兵力机动和使用武器。

在全系统训练方式下，各部位可在导演控制设置下参加训练或不参加训练，参加训练时将在系统运行阶段或重演时实施兵力指挥并完成 CGF 功能。

在分系统训练方式下，模拟兵力指挥台可以作为电子战分系统、反舰导弹分系统、舰空导弹分系统、舰炮武器分系统、反潜武器分系统和水声对抗分系统的分导演台，实现分系统的单独训练。警戒探测分系统的分系统训练导演台功能由战场计算与控制台提供。

8.4.3　软件信息关系

在组织训练时，训练模拟系统内部信息关系如图 8-9 所示。

主要信息流程为：

1. 战场计算与控制台

向情报探测分系统、信息记录与管理台和三维视景生成台周期性广播仿真环境、本舰信息、目标信息，发布周期根据系统运行状态；同时，根据导演人员的操作，向各分系统、各台位发送训练控制信息。

2. 情报探测分系统

情报探测仿真部分根据仿真环境及有效目标等信息，模拟雷达、声纳、情报设备的接收信号。将探测到的目标信息同时报指挥控制分系统、相关武器分系统和信息记录与管理台。

3. 指挥控制分系统

指挥控制分系统对接收到的目标信息进行信息融合，建立航迹总表。结合参训人员的操作及干预，进行决策过程模拟，向武器系统下达目标指示。下达目标指示的操作同时报送信息记录与管理台。

4. 武器分系统

武器分系统接收目标指示信息后，根据仿真环境及有效目标等信息，实现对目标的跟踪、火控解算、武器发射等模拟，将武器发射信息报送战场计算与控制台以及信息记录与管理台。

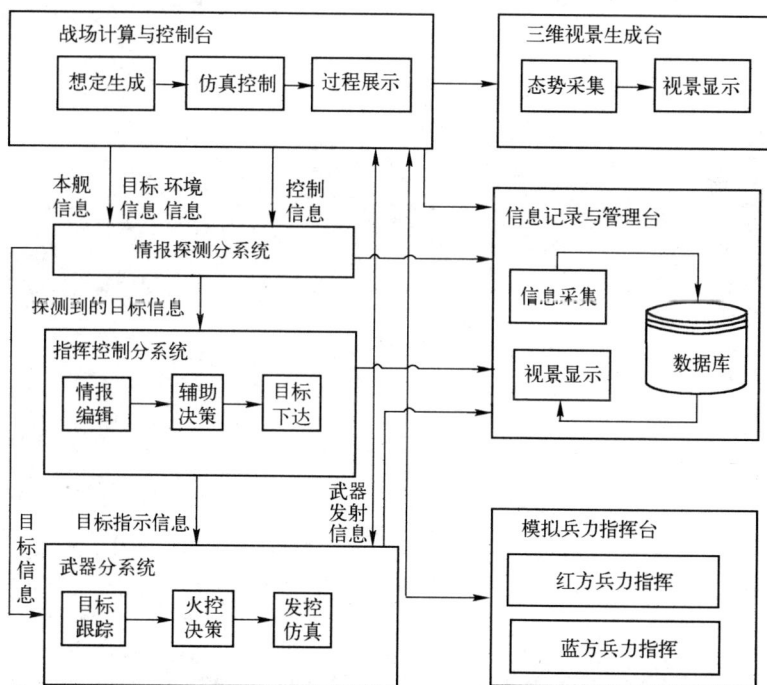

图 8-9　训练模拟系统内部信息关系

5. 模拟兵力指挥台

根据仿真环境及有效目标等信息及本兵力的装备性能等因素，实现探测、决策等功能和过程仿真运算；若有武器及对抗动作决策，上报战场计算与控制台。

6. 战场计算与控制台

根据各台位上报的武器发射及对抗动作，实现数据处理、碰撞检测及毁伤描述；之后根据时间步长，实现仿真推进。

第9章　现代海战模拟的发展现状及趋势

9.1　海战模拟的发展现状

由于海战模拟技术在军事上所起的重要作用和明显的经济效益，所以各国军界尤其是美军对此极为重视。

美军仿真与建模的现状如下：

（1）类型多，数量大，应用广泛。前两年美国国防部的一项普查表明，仅直接、间接用于支持武器系统研制的模型就有 1500 个以上。仿真建模的应用贯穿于武器装备转化为战斗力的全过程。在武器装备研制前，进行需求评估、概念设计和原型实现；在武器装备购买前，进行测试、评估和使用条例拟定；在武器装备应用于作战前，进行任务演练，把模拟系统与作战演习一体化并进行军队和指挥员训练。

（2）用高技术实现高水平建模与仿真。当前提高海战模拟性能的高技术，在硬件方面主要是高性能的计算机等；在软件方面有专家系统技术、面向对象仿真技术、数据库技术等；在用户界面方面有动画和三维图形显示技术、直观图像生成以及虚拟现实技术等。

（3）研制和应用分布交互作战模拟系统（DIWS）。分布交互作战模拟系统把远程通信技术和作战模拟技术综合起来，使分散在各地的仿真模型系统和实际战斗单元能在多个共同的仿真战场环境下进行作战对抗模拟。分布交互作战模拟的特点是指挥和作战单元直接联系，战场环境逼真且资源共享，因而可大大提高作战模拟有效性而又节省开支。美军从 1983 年开始在陆军中试点研制"分布仿真网络"项目，通过计算机网络把分散的坦克仿真器和坦克等联在一起，进行坦克分队和单车级对抗模拟，经过 10 年研制，该项技术的优越性已得到广泛承认。目前，国防仿真交互网通过高速双向通信系统已能把从韩国到欧洲的 65 个作战模拟站联在一起，各站之间可迅速传递模型和数据并进行视频远距会议。

（4）训练与作战研究计划结合。许多作战训练模拟系统可用于制订作战计划。在海湾战争中，美军中央司令部成立的隶属于参谋长的作战分析组与制订战区进攻战役计划的有关部门密切配合，利用过去研制的模型如战术作战模型、战区分析模型和联合战区级仿真等模型，分析进攻和海战方案、兵力结构、后勤和空中阻断要求等问题，克服了诸如修改模型适应有限数据、时间紧和回答高层关心问题等困难。

美军建模与仿真技术在发展过程中也暴露出一些问题。这些问题主要是：

（1）在建模方法学上，一部分人强调严格科学理论，另一部分人则强调战例统计经验，直到海湾战争后，两种方法需有机结合的看法才逐渐形成。

（2）没有统一标准，软件可重用性差，重复开发多，造成巨大浪费。

（3）模型的证实问题未彻底解决，在用战例和演习数据验证模型方面做得不够。

我军作战模拟的研究，在军委总部的重视和具体规划下，取得了很大的成就，近年来先后研制出各类计算机作战模拟系统两百多个。这些系统大致分为两大类：一类面向作战指挥训练，另一类面向武器装备效能评估和装备规划论证。它们的研制与应用，不仅取得了显著的效益，而且锻炼了队伍、积累了经验，为进一步发展奠定了基础。但这些系统在逼真性、可信性、易使用性及经济性上大多存在明显缺陷，且开发周期长、效率低、内容落后，相当一部分未真正发挥作用。

近年来，为适应高技术战争条件下军事训练特别是指挥训练的需要，在军委总部的组织下，我军已开始着手研制新一代的计算机训练模拟系统，探索解决影响我军作战模型质量和效率的困难问题。这些问题主要是：

（1）高逼真性或有效性的构模。要求能描述高技术条件下局部战争体系对抗的全过程，特别是指挥、控制、通信和情报系统与电子战系统的相互作用过程及其对火力、机动过程的影响。

（2）提高模型的开发效率。主要是研究用面向对象的设计和编程方法，使模型具有"组装"特性；提高组装的各基础模型软件的可重用性、可维修性和可扩展性；研究军事基础模型和数据编码的制定；开发高级建模语言或建模工具。

（3）提高模型的使用特性。主要是应用智能化计算机人机接口技术和多媒体技术实现想定输入的自动化和人机交互的多媒体化。

（4）提高模型的可信度。研究各种模型验证技术，特别是利用战例和演习数据验证模型的方法；采用人工智能技术，提高系统的透明性，增强军事人员对模拟结果的可接受性。

（5）作战模型数据的标准化。根据不同分辨程度要求，在地形数据、编制数据、装备性能数据、作战方案格式和图形显示等方面制定统一标准，实现数据共享和数据结构的规范化，并应用智能数据库管理系统技术提高数据准备速度。

9.2　海战模拟的发展趋势

现代海战模拟已获得了极其广泛的应用，包括：军事理论与军事学术研究；战略分析与战略规划；辅助国家及军队高层领导人战前战略决策；作战方案和部队作战能力评估；辅助指挥员进行战役、战斗决策；对指挥员和参谋人员加强战术训练；武器效能论证和新武器效能指标的确定等。随着新技术的不断发展以及作战方式的不断变化，人们对海战模拟的功能的要求不断提高，新的形式也促进海战模拟系统的完善和改进。

1. 适应新形势，研制新的海战模拟手段

人类社会正从工业时代迈向信息时代。它正改变着军队作战思想，并从根本上改变着战争的形态。信息战引起的军事革命对海战模拟提出了新的挑战。为使海战模拟内容适应作战使命的新变化和高技术战争的特点，各国都努力研制注重诸军兵种联合作战、具有适应多种想定灵活性的新的海战模拟手段，重视发展与国家军事长期发展规划和决策过程密切相关的海战模拟技术与方法。

2. 统一规划，加强协调

统一规划、加强协调，对于改变海战模拟系统开发的无序状况，促使其朝着标准化、系列化的方向发展，提高经费投入的使用效益和整体的研制、应用水平至关重要。美军就由国防部下设的国防建模和仿真办公室具体负责指导各军种对军事模拟的规划和协调；制定实现模型互通、共用的标准；促进在教育与训练、研究与发展、试验与鉴定以及作战与费用分析诸领域联合一致而高效率地应用军事模拟。我军也正在积极研究制定训练模拟系统研制与应用的各种标准；计算机软硬件开发平台方面的协议，网络传输控制和互联协议，作战模型数据方面的标准，模型互操作性标准和模型聚合协议，模型校验和评估标准等，以提高系统的联合性、通用性和协作性。

3. 海战模拟的支撑技术将有较大的突破

现代海战模拟的发展在很大程度上依赖为其服务的支撑技术的发展。因此，计算机技术、仿真技术、多媒体技术、人工智能技术、系统工程技术、传感器技术、立体影像技术等的高速发展，必将使海战模拟技术迈上一个新的台阶。例如，计算机远程网络技术的发展，使各种远程海战模拟系统的实现成为可能；多媒体技术和虚拟现实技术的发展，使模拟训练最大限度地贴近实战，推动了现代军事训练与实战的合二为一；微处理器技术的飞速发展和性能价格比的大幅度提高，推动了小型便携式、适应野战条件下使用的计算机模拟系统和仿真模拟器的发展，上述技术的有机合成，构成了海战模拟系统的集成化，主要表现在四方面：

（1）将多种系统融合在一起，如管理信息系统（MIS）、辅助决策系统（DSS）、军事专家系统（MES）进一步融入军事指挥海战模拟体系。出现了许多一体化的模拟软件。它以数据库、知识库、模型库、方法库和推理机构等子系统为核心，将建模、模拟、优化、结果、分析等多种功能综合在一个软件系统中，并配有很强的图形输入/输出功能。

（2）软件集成，包括通用的组件和海战模拟模型库中的专用的子模型都用来拼装，就像用零件、部件装配成大机器一样。

（3）可以利用分布交互式技术（DIS）将远方多处的系统用网络联结成一个更大的系统。

（4）软件程序智能化，军事理论、战术思想与计算机模拟语言和神经网络技术的结合，使得智能化模拟成为趋势。智能化主要表现在能模仿人的思维活动，可以在信息不完全、模糊的情况下进行分析和决策。同时语音识别的研究将使指挥员直接用口语命令操纵海战模拟系统成为可能。

4. 研究内容复杂化，研究方法多样化

海战模拟系统向着多种应用领域全面推广和模拟系统的复杂化。复杂化表现在，建立战略模拟决策系统，发展战略对抗模拟系统、多兵种多武器合同作战系统、新的作战方式模拟系统等，模拟系统的规模大、因素多而导致结构、关系复杂。

进一步强调定性分析与定量支持相结合，模糊数学、区间数学、灰色数学、系统动力学等在海战模拟中将得到更广泛的应用。

5. 大力发展分布联网交互模拟系统

这种系统利用通信、计算机、网络、多媒体等技术联结分散在不同地点的各种计算机海战模拟系统，使各受训人员在驻地就可参加统一的协同模拟演习，既节省部队装备转移运输费用和专用演习场地费用，又能进行新武器性能演示及相关新作战概念研究，缩短新研武器装备转化为实战能力所需的时间和经费。

美国国防高级研究计划局（DAPAR）主持的分布式国防模拟系统，已可把多个分布的模拟系统综合在一起进行大范围协同作战训练演习，交互式地研究评价作战概念和军事需求。这种仿真网络今后将逐渐扩大。

9.2.1 智能作战模拟技术

随着计算机技术的发展，人工智能也得到了很大的发展，在医学、农业、军事、气象、地质等领域具有极大的应用价值，并且应用范围愈来愈大。在作战模拟中，影响计算机作战模拟精度的重要因素之一是对作战决策行为的描述，作战指挥人员的作战决策过程是一个复杂的过程，与战场形式、历史经历、指挥人员的素质、作战指导思想等众多因素有关。无法用传统的方法描述，人工智能技术在作战模拟领域具有广泛的应用前景。

1. 智能作战模拟系统

传统作战模拟系统主要采用确定型算法或随机模型描述作战决策过程，只能考虑影响作战进程的主要因素，对作战过程中各种因素的变化反应不敏感，特别是无法描述作训人员独特的思维过程，因此大大影响了作战模拟的精度。

智能作战模拟系统是以知识库、数据库、模型库、方法库技术为基础建立的，称为四库一体化技术，其核心是知识库，可以用于描述作战指挥决策过程；数据库提供有关数据，包括动态数据和静态数据，动态数据反映作战过程中不断变化

的态势，静态数据表示作战的基本特征，如武器装备性能和战场环境等；模型库有各种作战模拟模型，用于描述具体的作战过程，包括观察、攻击、防御等过程；方法库中有各种基本战术计算方法，供模型库中有关模型调用。智能作战模拟系统的基本结构如图9-1所示。

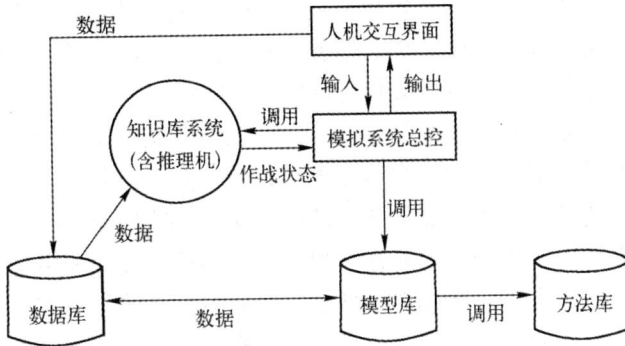

图9-1　智能作战模拟系统基本结构

智能作战模拟系统的工作过程是：用户通过人机交互界面输入数据和设定条件，并启动模拟系统，整个模拟过程由模拟系统总控模块调度，总控模块首先调用知识库系统进行作战决策，知识库调用数据库中有关数据作为决策的基本依据，根据知识库中的有关知识完成决策，决策结果以作战状态的形式输出至总控模块，总控模块根据作战状态调用模型库中有关作战模拟模型对特定作战过程进行描述，模型库同样需要数据库的数据支持，同时，模型库的有关中间计算结果更新数据库中的动态数据，模型库中有关基本战术计算调用方法库中有关函数计算。总控模块还负责整个模拟进程的控制和时间的更新，周期性调用知识库系统和模型库系统。人机交互界面还完成图形表页显示和计算结果的输出。

2．智能作战模拟系统的主要技术

（1）广义模拟模型。应用广义模型的概念、技术和方法，开发适用的广义模拟模型，如知识模型、数学模型和网络模型相结合的集成化模拟模型等。扩展模拟模型的应用领域和智能化水平也属于此项技术。

（2）模拟模型自动生成。研究和开发模拟模型生成系统、通用模型库及其管理系统。根据用户建模的专业知识，调用模型库，查询典型模拟对象，利用综合模拟信息库（知识、数据等）进行模型选用、赋值、组装、构造和验证，自动生成面向用户任务的模拟模型。

（3）智能模拟算法。把专家系统、神经网络、模式识别等方法和技术与常用的模拟算法结合起来，开发具有知识推理、逻辑判断、学习训练或联想识别的智能模拟算法。

（4）智能模拟界面。把多媒体智能接口技术与模拟技术结合，开发提供文、图、声多媒体信息的人—机友好交互的智能模拟界面。在模拟过程中，用户可输入关于建模需求与模拟的环境条件，以及供模拟验证用的典型案例信息等；输出模拟的结果及模型检验的分析。进行动态监控与示教学习，实现人机智能结合的模拟。

（5）模拟信息预处理。系统模拟需要输入大量模型环境和条件数据与信息，如目标函数、约束条件、初始条件、边界条件以及模型参数等，为了提高输入信息的可信度和效率，需要开发计算机辅助的输入模拟信息预处理技术。如输入信息的有效性判别、输入数据的统计处理、输入知识的编辑整理等。

（6）模拟结果分析。辅助用户对模拟结果进行分析与解释。根据关于模拟对象的知识、输入的初始参数、边界条件及模拟模型的特性，对输出结果的统计特性、可信度、灵敏度进行分析，解释模拟结果的物理意义和应用价值。

（7）综合模拟语言。广义模拟模型及智能模拟算法的程序实现需要综合模拟语言，为此要在已有的通用计算机语言和专用模拟语言、人工智能程序设计语言相结合的基础上，进行连接、嵌套、组装、集成，开发新的综合模拟语言。

（8）多库模拟软件。为了对广义模拟模型、智能模拟算法、智能模拟界面及模拟结果分析提供有效的软件支持环境，以便采集、储存、调用、管理和维护复杂的模拟信息，需要开发由数据库、知识库、模型库、方法库、图形图像库、音素语料库等组成的多库模拟软件技术。

3. 智能模拟系统的形式

在应用人工智能和模拟技术集成开发过程中，根据应用的层次和集成的方法，可以构成各种不同类型的智能模拟系统。根据智能系统与模拟系统的关系，可以归纳为以下 6 种形式：

（1）嵌套式。智能系统与模拟系统相互嵌套。有两种嵌套方式：一种是模拟系统作为模拟模块嵌入智能系统，另一种是智能系统作为智能模块嵌入模拟系统，如智能模拟系统中的学习模块。

（2）主从式。智能系统与模拟系统按主从关系构成。也有两种情况：一是以智能系统为主，调用模拟系统，如模拟专家系统；二是以模拟系统为主，调用智能系统，如专家模拟系统。

（3）并列式。智能系统与模拟系统并行工作，可以各自独立，也可以协同工作。

（4）前端式。智能系统作为模拟系统的"智能前端"，具有对媒体人机智能模拟界面、输入模拟信息预处理等功能。

（5）后端式。智能系统作为模拟系统的"智能后端"，具有模拟分析、模拟过程解释、模拟文档处理、智能决策等功能。

（6）融合式。人工智能与模拟技术相互融合，在模拟模型、模拟算法、模拟语言、模拟软件等多层次、多方面进行融合，构成智能模拟系统。

9.2.2　虚拟现实技术

虚拟现实技术是在综合计算机图形技术、计算机仿真技术、传感技术、显示技术等多种学科技术的基础上发展起来的，是 20 世纪 90 年代计算机领域的最新技术之一。虚拟现实是一种由计算机全部或部分生成的多维感觉环境，给参与者产生各种感官信息，如视觉、听觉、触觉等，使参与者有身临其境的感觉，能体验、接受和认识客观世界中的客观事物。

1. 虚拟现实（VR）的概念

1989 年，美国 VPL 研究公司的兰尼尔提出了 Virtual Reality 一词，用于统一表述当时纷纷涌现的各种借助计算机及最新研制的传感装置创造一种崭新的人机交互手段的概念。Virtual Reality 直译为"虚拟现实"，钱学森先生把它译为"灵境"。

虚拟现实技术是继多媒体技术之后的新一代"人—系统"接口技术。它综合了计算机图形技术、计算机仿真技术、传感技术、显示技术等多种科学技术的最新成果，以仿真形式创造出真实反映事物变化及其相互作用的三维图形环境，通过头盔显示器、数据手套等辅助传感设备，使人可以"进入"这种虚拟的环境直接观察事物的内在变化，并与事物发生相互作用，给人一种"身临其境"的真实感。

虚拟现实技术可以完成以下两个特点：

（1）计算机生成的环境看起来像真的、听起来像真的、触摸起来像真的，也就是说计算机生成的虚拟世界将向介入者——人，提供视觉、听觉、触觉等多种感官刺激，给人一种身临其境的沉浸感。

（2）人能以自然方式与虚拟世界中的对象进行交互操作，即不是使用鼠标等常规输入设备，而是使用手套（数据手套）、体式（数据衣服）和自然语言等自然方式的交互操作。

我们称满足上述两个特点的系统为虚拟现实系统，有些系统还把嗅觉、味觉也包括在内。

关于虚拟现实的定义，许多人有不同的看法或说法，有些人由虚拟现实工具来定义虚拟现实，而没有抓住其目的和功能。一般的出版物爱把虚拟现实与头盔显示器、传感手套联系在一起，这不能作为虚拟现实的定义，因为没有头盔显示器，使用大屏幕投影甚至使用桌面图形工作站照样能产生虚拟现实应用；类似地，传感手套也能用简单的跟踪球或操纵杆替代。因而借助虚拟现实所使用的工具来描述虚拟现实不是一个完整的定义。事实上，虚拟现实技术已不仅仅是那些戴着头盔显示器和传感手套的技术，而且还应包括一切与之有关的具有自然模拟、逼真体验的技术与方法。它要创建一个酷似客观环境又超越客观时空、能沉浸其中又能驾驭其上的和谐人机环境，也就是一个由多维信息所构成的可操纵的空间。

它的最重要的目标就是真实的体验和方便自然的人机交互。能够达到或部分达到这样目标的系统就统称为虚拟现实系统。

2. 虚拟现实系统的软、硬件支持

虚拟现实系统一般需要以下软、硬件支持。

1）高性能计算机

虚拟现实系统必须由运算速度快、图形能力强的计算机硬件支持以实时处理复杂的图像并缩短参与者的视觉延迟。

2）头盔显示器

头盔显示器提供一种观察虚拟世界的手段，通常支持两个显示源及一组光学器件。这组光学器件将图像以预先确定的距离投影到参与者面前，并将图形放大以加宽视域。

3）头眼/手/体位跟踪定位装置

为了与三维虚拟世界交互，必须感知参与者的视线，即跟踪其头部的位置和方向，这需要在头盔上安装头部跟踪传感器。为了在虚拟世界中移动物体甚至移动参与者的身体，必须跟踪观察者的手位和手势，甚至全身各肢体的位置，此时参与者需要穿戴数据手套以至数据服装。

另外，也可采用三维鼠标和空间球等装置与三维虚拟世界进行交互。

4）立体声音响和三维空间定域装置

借助立体声音响可以加强人们对虚拟世界的真实体验。声音定域装置采集自然或合成声音信号，并使用特殊处理技术在 360°球体中空间化这些信号，使参与者即使头部在运动时也感觉到声音保持在原处不变。

5）触觉/力量反馈装置

触觉反馈装置使参与者除了接收虚拟世界物体的视觉和听觉信号，同时还能接收其触觉刺激，如纹理、质地感；力量反馈装置则可提供虚拟物体对人体的反作用力，或虚拟物体之间的吸引力和排斥力等各种力的信号。这在实现上有比较大的难度。

6）其他软、硬件系统

为了增强真实感或便于交互，虚拟现实系统有时要采用动感生成装置，以及语言识别、合成系统等。

3. 虚拟现实系统的组成

1）效果产生器（Effectors）

效果产生器是完成人与虚拟环境交互的硬件接口装置，包括能产生沉浸感受的各类输出装置，如头盔显示器、立体声耳机等，以及能测定视线方向和手指动作的输入装置，如头部方位探测器和数据手套等。

2）实景仿真器（Reality simulator）

实景仿真器是虚拟现实系统的核心部分，它由计算机硬件系统、软件开发工具及配套硬件（如图形和声效卡）组成，接收或发送效果产生器产生或接收的信号。

3）应用系统（Application）

应用系统是面向具体问题的软件部分，它描述仿真的动态逻辑、结构，以及仿真对象之间和仿真对象与用户之间的交互关系。

4）几何构造系统（Ceomtry）

几何构造系统提供了描述仿真对象物理属性的信息，其应用系统在生成虚拟世界时需要使用和处理这些信息。

4. 虚拟现实系统的特点

虚拟现实系统的主要特点表现在：

（1）虚拟现实系统具有感知视、听、触、嗅、味等多种信息的能力。

（2）能使用户暂时与外部环境脱离而融合到生成的虚拟世界中去。

（3）用户可以通过三维交互设备从内到外或从外到内与虚拟现实系统实时对话。

虚拟现实系统中的"体"可以按照各种模型和规则自主运动。

综合起来，虚拟现实系统具有沉浸—交互—构想（Immersion–Interaction–Imagination）三个基本特征。

这三个"I"反映了虚拟现实系统的关键特性，就是系统与人的充分交互。虚拟现实系统的设计要达到以下目标：

首先，要使参与者有"真实"的体验。这种体验就是"沉浸"或"投入"，即全身心地进入，简单地说就是在虚拟世界中产生在真实世界中相同或相似的感觉。理想情况下虚拟环境应该达到使用户难以分辨真假的程度，甚至比真的还"真"。这种沉浸感的意义在于可以使用户集中注意力。为了达到这个目标，就必须提供多感知的能力，理想的虚拟现实系统应该提供人类所具有的一切感知能力，包括视觉、听觉、触觉，甚至是味觉和嗅觉。

其次，系统要能提供方便的、丰富的、主要是基于自然技能的人机交互手段。这些手段使得参与者能够对虚拟环境进行实时的操纵，能从虚拟环境中得到反馈的信息，也能使系统了解参与者关键部位的位置、状态、变形等各种需要系统知道的数据。实时性是非常重要的，如果在交互时存在较大的延迟，与人的心理经验不一致，就谈不上自然技能的交互，也很难获得沉浸感。为达到这个目标，高速计算和处理就必不可少。

最后，因为虚拟现实不仅仅是一种媒体或用户的高端接口，而且还是针对某一特定领域、解决某些问题的应用，为了解决这些问题，不仅需要了解应用的需求，了解技术的能力，而且还需要有丰富的想象力。作为虚拟世界的创造者，想象力已经成为虚拟现实系统设计中最关键的问题之一。

9.2.3　专家系统与作战模拟

专家系统是人工智能领域中的一个重要分支。专家系统近年来的发展十分迅速，在医疗、探矿、建筑等许多领域中均有应用。其在军事领域中的应用前景更加广阔，如可用来自动进行战场态势评估、目标识别、武器分配、指挥决策、军事威胁评判等。

随着计算机的处理能力正由数据信息型向知识信息型的方向发展，也为研制更加实用的专家系统提供了最有力的支持。

1. 专家系统及其特点

1）专家系统

一些人在长期的社会实践中，积累了某一方面的丰富的知识和经验，从而成为本领域中的专家。这些非常宝贵的知识和经验，能使很多困难的问题得到圆满解决。这些专家所掌握的知识，经过总结后，大都能够形成一种便于传播的形式公诸于世，这是一种公开知识。但专家们解决问题的经验，却难以形成一定形式的传播方式，以供他人使用和借鉴。经验是一种探索式知识，专家们的非凡能力和解决问题的本领是这两种知识的有机结合和综合运用。专家系统就是专门研究专家知识和经验，并具有解决复杂问题能力的智能程序系统。

专家系统是研究、处理知识的系统，是依赖于知识并容纳大量专门知识的系统。对专家系统，一般公认的定义是：

（1）它是一个智能程序系统。

（2）其内部具有大量专家水平的领域知识与经验。

（3）它能利用人类专家可用的知识和解决问题的方法来解决领域中的问题。

因此，专家系统是在人工智能技术基础上形成的具有大量专门知识与经验的计算机程序系统。该系统可以对输入的原始知识信息进行推理并做出判断和决策，能够起到类似于专家的作用，因此称之为专家系统。有时也被称为"智能助手"或"机器参谋"。

2）专家系统的特点

（1）具有启发性。专家系统是基于知识的逻辑推理系统，它能运用专家知识和经验，模仿专家的思维过程进行推理和判断。

（2）具有透明性。透明性是专家系统突出的特点，它能够解释自身的推理依据和过程。

（3）具有灵活性。知识是在实践中总结出来的，它也是在实践中发展的。专家系统能够不断地增长知识、修改原有的知识。

3）专家系统的建立

建立一个专家系统的过程，通常称之为知识工程。它需要知识工程师（专家系统的建立者）和若干领域专家之间的相互合作。知识工程师从领域专家那里采集专家解决问题的方法、步骤、策略、经验，并把这些知识存入专家系统。因此，建立一个专家系统的过程，实质上就是实现专家知识向计算机转移的过程。专家系统的建立过程大致如图 9-2 所示。

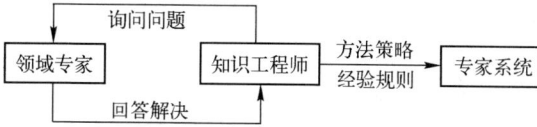

图 9-2　专家系统的建立过程

2. 专家系统的组成

专家系统通常由 5 个部分组成：知识库、数据库、推理机、解释部分、知识获取部分。

1）知识库

知识库是领域知识的存储器，包含了领域知识中的事实（一定的公开知识）和规则（经验型的探索式知识）。知识和经验是决定专家系统性能是否优越的主要因素。因此，知识库的设计与建造是专家系统研制中的一个关键性工作。

为了建立知识库，首先要从领域专家那里汲取知识（知识获取），然后把获得的知识编排成数据结构存入计算机（知识表达)。专家系统知识获取的方式有人工方式、半自动方式和自动方式三种。一个理想的知识表达，应达到：精确，即能精确表达专家的思维与知识；有效，即能有效地通过计算机来实现；简单，即易于理解、改造。

2）数据库

数据库用于存储专家系统当前处理对象的一些事实数据，是知识库将要进行处理以获得预期结果的事物和事件的数据集合。例如，用于军事决策的专家系统，它的数据库，是通过输入程序建立起来的敌情、我情、兵要地志以及编制、装备等知识信息的集合，存储了当前的敌、我、天、地、时等情况，数据库中的这些数据，在实际问题中就是作训人员用于判断情况、定下决心时要处理的对象。

3）推理机

推理机是一组计算机程序，用于控制协调整个系统的工作。推理机根据当前输入的数据，利用知识库中的知识，按一定的推理策略（正向推理、反向推理、正反向混合推理、精确推理、不精确推理等）去解决当前的问题。

知识库、数据库和推理机是专家系统的基本组成部分，其相互关系如图 9-3 所示。

4）解释部分

解释部分也是一组计算机程序，负责对推理结果进行解释，它是专家系统透明性的集中表现。为了使专家系统给出的决策和建议便于人们理解和接受，要能够对系统自身的推理结果提供解释，让人们既能看到推理结果，又能看到推理的依据和过程。即不但能知其然，还能知其所以然。

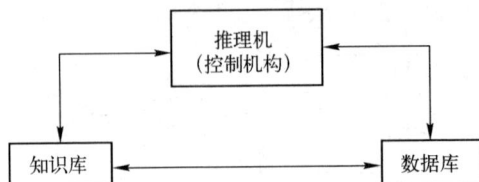

图 9-3　专家系统的基本结构

5）知识获取部分

这是一组自动获取知识的程序，其基本功能是学习，为修改知识库中的原有的知识和扩充新知识提供手段。它是一个专家系统自我发展、丰富和完善的基本途径。知识获取部分直接影响一个专家系统的生命力。

专家系统的工作方式，可以简单地归结为：运用知识，推理。所以，知识库与推理机是专家系统的核心。

3. 实时嵌入式专家系统

作战模拟系统采用实时嵌入式专家系统描述作战决策过程，实时嵌入式专家系统与一般专家系统有很大区别，一般专家系统在推理过程中不断与用户交互，获得信息支持，实时嵌入式专家系统不直接与用户交互信息，由模拟系统与专家系统交互信息，包括数据的更新、知识库的更新等；同时，一般专家系统对推理速度没有明确的限制，实时嵌入式专家系统对推理速度有很高的要求，因此，对其推理机的设计应尽可能提高推理速度。

嵌入式专家系统采用产生式系统，知识表达采用产生式规则，有以下形式：

如果　　　条件 1

　　　　　……

　　　　　条件 n

则　　　　结论。

以潜艇发现目标后，作战决策为例，有下列规则：

如果　　　潜艇发现目标　　　　　　　　且

　　　　　目标为水面舰艇　　　　　　　且

　　　　　解算出目标运动要素　　　　　且

　　　　　目标威胁程度为中级以下　　　且

　　　　　目标距离>200 链　　　　　　且

　　　　　管中有导弹　　　　　　　　　且

　　　　　导弹可攻

则　　　　导弹攻击；

176

如果	潜艇发现目标	且
	解算出目标运动要素	且
	目标威胁程度为中级以下	且
	目标距离<200 链	且
	目标距离>100 链	且
	管中有线导鱼雷	且
	线导鱼雷可攻	
则	线导鱼雷攻击;	
如果	潜艇发现目标	且
	解算出目标运动要素	且
	目标威胁程度为中级以下	且
	目标距离<100 链	且
	管中有自导鱼雷	且
	自导鱼雷攻击	
则	自导鱼雷攻击	

知识库中最终结论是以作战状态的形式确定的，以潜艇作战行动为例，可以将潜艇的作战过程划分为若干子过程，每个子过程对应一个潜艇作战状态，潜艇作战状态可划分为：

搜索机动；

跟踪机动；

防御鱼雷；

防御直升机；

摆脱舰艇跟踪；

线导鱼雷攻击；

自导鱼雷攻击；

撤离机动等。

构造知识库时，将舰艇的作战行动原则以产生式规则的形式保存在知识库中，知识库中还保存舰艇作战过程的有关事实，如：

舰艇发现目标；

舰艇发射鱼雷准备好；

舰艇正在导弹攻击等。

这些事实是进行舰艇决策的重要条件，其来源是作战模拟系统中各种变量所表达的舰艇作战状态和武器装备所处的状态，需要由专门的处理模块将模拟系统中变量所对应的值转换成规定的事实，存放在知识库中。

嵌入式专家系统与作战模拟系统共同使用一个综合数据库，综合数据库包括三部分内容，即静态数据、动态数据和中间数据。静态数据指舰艇武器装备的战术技术性能数据，动态数据指作战模拟系统的各种变量，中间数据指嵌入式专家系统推理过程中产生的各种中间结果。

实时嵌入式专家系统与通用专家系统最大的区别是推理机的设计，由于嵌入式专家系统与作战模拟系统同步运算，因此，必须满足统计模拟计算对计算速度的要求。根据舰艇作战的特点，其作战过程的变化是一个相对缓慢的过程，在短时间内舰艇的作战状态不会发生变化，除非发生突变情况，如舰艇受到目标的突然攻击，舰艇必须立即做出反应，否则，只有当某一作战过程即将结束时，舰艇的作战状态才会发生变化。根据这一特点，嵌入式专家系统应采用以反向推理为主的方式设计推理机，并在确定反向推理目标时，适当应用作战经验。首先将目标确定为当前状态，只要在知识库匹配出满足当前状态的条件，推理马上结束，同时，根据一般作战经验，在某一作战状态即将结束时，确定唯一一个或若干个新的作战状态作为推理目标，应用反向推理方式进行推理。对于出现的紧急情况，如受到鱼雷攻击、导弹攻击等，根据一般的作战原则，确定一个推理目标，如防御鱼雷、防御导弹等，然后进行推理。

9.2.4 基于网格技术的网络中心战模拟仿真

网络中心战是战场信息化条件下美军提出的主要"联合作战"样式。

网络中心战的概念是美国海军在 1997 年提出的，逐渐被其他军种接受。美国国防部在向国会和总统提交的 2003 财年《国防报告》中，正式提出了网络中心战的理念。在经过一系列的演习和论证之后，美军认为，网络中心战这一新的作战思想可以在 2010 年前实现，并成为未来作战的主要导引。

网络中心战简要地说就是要求战场实体数字化；在此基础上安全可靠的网络化；全球作战空间态势共享联合交互计划和协同同步作战；精确远程打击等。GIG是未来网络中心战的"神经中枢"。GIG 是一个将美军在全球范围内的计算机网、传感器网和武器平台网联为一体的网络系统，系统能根据每个用户的需求，向其"推荐"信息和作战知识。GIG 是未来战争能否从以武器平台为中心转向以网络为中心的关键，堪称网络中心战的"大脑"。

鉴于我军目前的软硬件条件还不足以实施网络中心战，因此，通过仿真的方法来对网络中心战进行预先研究，就可以提前掌握网络中心战中的关键技术，为我军在未来实施网络中心战奠定坚实的基础。针对网络中心战的模拟仿真必将成为我军军事仿真的重要发展方向。

对网络中心战的模拟仿真首先要构建一个异构的、虚拟的网络中心战环境，以此为基础对新战法中资源组织管理、信息共享、作战空间感知、实时协同以及新的战术、战法方法进行研究。借鉴美军的网络中心战的建设思路并考虑到网络中心战仿真的规模和粒度，对我军的网络中心战进行的军事仿真中，网格技术将是实现网络中心战仿真的关键技术。网格技术是在网络技术的基础上，将高速网络、高性能计算机、大型数据库、传感器、远程设备等融为一体，提供更多的资源、功能和交互性。网格是试图实现网络上所有资源的全面连通，实现计算资源、存储资源、数据资源、通信资源、软件资源、信息资源知识资源的全面共享。

利用网格技术在应用中的巨大潜力，将网格技术应用到未来网络中心战的仿真中，实现仿真过程中的信息融合，将仿真中分布在广阔区域内的各种传感器、指挥中心和各种武器模拟平台合成为一个统一高效的大系统，实现虚拟的网络中心战，为我军的网络中心战建设提供全面的、有意义的借鉴。

利用网格技术对网络中心战的模拟仿真主要从以下几个方面展开：

（1）网络中心战模拟仿真的概念和方案设计，包括：探测网络的仿真、交战网络的仿真和信息网络的仿真等。

（2）网络中心战模拟仿真的关键技术研究，主要包括：网络中心战仿真中的信息结构的研究、作战空间感知技术的研究和实时协同方法研究。

（3）网络中心战的支撑技术研究，包括：网格技术应用的研究、安全机制、标准的制定、信息处理的智能化、信息交换的全维化、信息融合技术、信息挖掘技术、信息容错技术和传输数据过程中的实时性等问题。

9.2.5　人工智能与作战模拟

现代战争中的情况是极其复杂的，指挥的稳定性、快速性和不间断性，管理的复杂性，信息情报的不确定性，战场变化的急剧性等，都对指挥决策提出了极高的要求。如何充分利用作训人员的丰富经验、军事知识和推理思维，适应作战环境的要求，快速而又正确地处置作战指挥中的问题，做到指挥决策也能在机器内自动进行，传统的作战模拟方法就显得软弱无力，而人工智能的特性就决定了它在这些问题的解决上将能发挥重要作用。

现代战争中，需要计算机协助处理和完成的任务大多是非数值性的，信息形式很不规则，没有明确的计算方法，问题的解决依赖于知识和经验，与人的信息交换主要靠自然语言等，而这正是人工智能技术能够发挥特殊作用的领域。人工智能技术将使军事决策适应现代战争中出现的各种意外情况，大大增强指挥能力，使指挥系统具有更大的灵活性。因此，人工智能技术是作战模拟技术发展的必然趋势，是作战模拟技术的提高和升华。

作战模拟和人工智能在工作方式上的区别主要有以下几个方面。

（1）作战模拟以运筹学方法为基础，以定量分析为主，以计算机语言方式工作，处理的是数值信息，而人工智能则是以专家的知识、经验为基础，以思维推理式的定性分析为主，以人类自然语言的方式工作，可处理非数值信息。

（2）作战模拟一般是机内模拟机外决策；人工智能可以做到机内模拟机内决策，机器自动完成指挥决策。

（3）作战模拟的方法基础处理的是结构性问题，其特点是：

① 决策问题有明确的目标，目标可定量描述；

② 决策所需信息能明确地定量描述且可以得到；

③ 有明确的处理原则。

人工智能处理的是非结构性问题，其特点是：

① 寻求满意解而不是最优解；

② 启发式搜索；

③ 自然语言。

从上面比较可以看出，人工智能既是作战模拟技术的发展要求，又将和作战模拟相辅相成共同为提高军事决策的质量而努力。在作战模拟中，影响计算机作战模拟精度的重要因素之一是对作战决策行为的描述，作战指挥人员的作战决策过程是一个复杂的过程，与战场形式、历史经验、指挥人员素质、作战指导思想等众多因素有关，无法用传统的方法描述，人工智能方法是一种描述人类思维过程的方法，比较适合描述作战指挥过程。因此，在军事应用的领域中，最好的办法是互相促进、互相补充、共同发展，利用人工智能已有的技术来发展作战模拟，以取得最理想的效果。

参 考 文 献

[1] 张最良,李长生,赵文志，等.军事运筹学[M].北京：军事科学出版社,1993.

[2] 徐学文,王寿云.现代作战模拟[M].北京：科学出版社,2001.

[3] 张野鹏.作战模拟基础[M].北京：解放军出版社,1994.

[4] 陆铭华.舰艇作战模拟理论与方法[M].北京：海军出版社,2000.

[5] 王可定.作战模拟理论与方法[M].长沙：国防科技大学出版社,1999.

[6] 康凤举.现代仿真技术与应用[M].北京：国防工业出版社,2001.

[7] 曹志耀.计算机作战模拟系统设计原理[M].北京：解放军出版社,1999.

[8] 李鼎文,汤庆森.海军战役战术模拟训练[M].北京：海潮出版社,2001.

[9] 林尧瑞,郭木河.人类智慧与人工智能[M].北京：清华大学出版社,2001.

[10] 胡桐清.人工智能军事应用教程[M].北京：军事科学出版社,1999.

[11] 孙柏林，等.计算机战役战术训练模拟系统军事总体设计原理[M].北京：解放军出版社,1994.

[12] 熊光楞,彭毅，等.先进仿真技术与仿真环境[M].北京：国防工业出版社,1997.

[13] A.S.Steven.Federation Management Tool Development for the ALSP-HLA Transition[M].The MITRE Corporation,1997.

[14] C.J.Harris.APPLICATION OF ARTIFICIAL INTELLIGENCE TO COMMAND & CONTROL SYSTEMS[M].1988.

[15] F.G.Smith,G.H.Lindquist,A.W.Dunstan,MultiSIM-IDS-A.DIS-Compliant Simulation of Integrated Defenswe Systems[J].AD-A325488/5/XAB,OMI-595,1997,5,12.

[16] Advanced Distributed Simulation Technology TF XXI Digital Training Exercise[J].AD-A327077/4/XAB,1997,4.

[17] C.Walt.Current Application,Trends and Organization in US Militray Simulation[M].Simulation & Gaming,1993,6.

[18] T.S.Webb.Analysis of Thunder Combat Simulation Model[J].AD-A278674/7/XAD,1994,3.

[19] 王晓帆,王宝树.基于贝叶斯网络和直觉模糊推理的态势估计方法[J].系统工程与电子技术,2009,11.

[20] XuZ S.Intuitionistic fuzzy aggregation operators[J].IEEE Trans on Fuzzy Systems, 2007, 15:1179-1187.

[21] 黄柯棣,刘宝宏,黄健,等.作战仿真技术综述[J].系统仿真学报,2004.

[22] 侯润棠.关于舰艇空中威胁的末端防御问题[J].舰载武器,1998,3.

[23] 王明明，等.单舰武器系统组合抗击反舰导弹的方案选优[J].海军航空工程学院学报,2008,23(5).

[24] 孙兆林.基于贝叶斯网络的态势估计方法研究[D].国防科学技术大学,2005.

[25] 任晓明,李章吕.贝叶斯决策理论的发展概况和研究动态[J].科学技术哲学研究,2013,30(2).

[26] 杜波.基于代理模型的武器装备体系优化方法研究[D].国防科学技术大学,2010.

[27] 王小非,陈炜,罗玉臣.海军作战模拟理论与实践[M].北京：国防工业出版社,2010.

[28] 陈向勇.基于 Lanchester 方程的若干作战指挥决策与对策问题研究[D].东北大学,2011.

[29] 蒋威威.三轴跟踪瞄准系统的仿真设计[D].西安电子科技大学,2005.

[30] 杨立.液货船货油装卸系统仿真及软件开发[D].大连理工大学,2005.

[31] 邰治新.基于自抗扰控制器的无刷直流电机调速系统的建模与仿真[D].大连交通大学,2005.

[32] 宋志明.复速级鱼雷涡轮机工作过程仿真研究[D].西北工业大学,2001.

[33] 刘雄.鱼雷涡轮动力系统仿真研究[D].西北工业大学,2004.

[34] 李明君.基于网络环境的芯片仿真研究和微机系统仿真实现[D].南京气象学院,2004.

[35] 陈蕾.粒子系统理论及其在飞行模拟器实时视景仿真中的应用研究[D].吉林大学,2004.

[36] 孙建.多模式鱼雷制导系统数学仿真研究与实现[D].西北工业大学,2007.

[37] 范炳健.管理仿真系统 GPSS/C 的进一步研究与开发[D].北京工业大学,2002.

[38] 谷峰.图像匹配技术及图像捕控指令制导半实物仿真系统研究[D].吉林大学,2006.

[39] 李晓强.曲面幕畸变检测与校正系统研究[D].吉林大学,2008.

[40] 许喆.某外场水下试验平台的视景仿真研究[D].西北工业大学,2007.

[41] 杨堃.流水线型制造企业生产物流系统仿真与应用研究[D].重庆大学,2008.

[42] 刘淑东.智能化作战模拟系统的研究与设计[D].四川大学,2006.

[43] 陈欣,胡晓惠.基于仿真的装备论证[J].计算机仿真,2007.

[44] 黄丽娟.基于 Web 的作战仿真实时统计关键技术研究[D].国防科学技术大学,2009.

[45] 张猛.旅作战能力评估系统的设计与实现[D].吉林大学,2008.

[46] 刘淑东.智能化作战模拟系统的研究与设计[D].四川大学,2006.

[47] 陈微.基于 HLA 的舰载作战指挥决策仿真系统研究[D].哈尔滨工程大学,2008.

[48] 杨立功,郭齐胜,徐如燕.多分辨率建模方法及其在分布交互仿真中的应用[J].计算机工程与应用,2002.

[49] 李照顺,孙振华.通用型 CGF 系统中仿真组件层的应用研究[J].指挥控制与仿真,2008.

[50] 陶建敏.弹道导弹对舰艇编队的突防概率计算及仿真研究[J].舰船电子工程,2011.

[51] 袁卫卫,刘军伟,杨州,等.舰艇对潜跟踪搜索仿真实验环境设计[J].火力与指挥控制,2011.

[52] 周华任,马亚平,李元,等.战争模拟多分辨率建模研究[J].系统仿真学报,2009.

[53] 黄智,邱晓刚.军事想定定义语言 MSDL 技术研究[J].计算机仿真,2008.

[54] 黄智.仿真脚本规范化描述与应用研究[D].国防科学技术大学,2007.

[55] 杨伦.作战仿真中想定推演与态势显示系统关键技术研究[D].国防科学技术大学,2007.

[56] 杨立功,郭齐胜.计算机生成兵力研究进展[J].计算机仿真,2000.

[57] 丁大勇,毕长剑.军事想定规范化描述接口技术研究[J].系统仿真学报,2006.

[58] 范希辉,刘萍,王海涛,等.军事概念模型的仿真想定生成[J].火力与指挥控制,2012.

[59] 张磊,许腾,李伟波.基于 XML 的海军作战仿真想定设计方法[J].火力与指挥控制,2010.

[60] 陈欣,胡晓惠,付勇,等.基于 XML 的仿真想定标记语言 SSML[J].系统仿真学报,2004.

[61] 凌锋.飞行视景仿真系统研究与开发[D].西北工业大学,2003.

[62] 王志辉.飞行三维仿真系统关键技术研究[D].吉林大学,2005.

[63] 郭建明.基于轰炸机的光电对抗仿真软件系统的开发研究[D].西北工业大学,2005.

[64] 陈祥勇.基于 OpenGL 的工业机器人操作可视化研究[D].南京航空航天大学,2008.

[65] 朱雨香.视景仿真技术的研究与实现[D].南京理工大学,2004.

[66] 龚铮.弹舰电子对抗的视景仿真技术研究与应用[D].西北工业大学,2007.

[67] 陈蕾.粒子系统理论及其在飞行模拟器实时视景仿真中的应用研究[D].吉林大学,2004.

[68] 代丽红.卫星在轨运行实时视景仿真系统的研究与实现[D].华中科技大学,2005.

[69] 管华.战术导弹战场环境仿真系统的研究[D].中国人民解放军信息工程大学,2003.

[70] 郝建国,黄健,黄柯.HLA 联邦数据收集的研究与实现[J].计算机仿真,2002.

[71] 宋恒杰,杨明,王子才.基于 HLA 的仿真数据记录系统研究[J].系统工程与电子技术,2005.

[72] 曹海旺,黄建国,韩晶.HLA 中的数据收集技术研究[J].计算机仿真,2006.

[73] 梁香宁.Delta 机器人运动学建模及仿真[D].太原理工大学,2008.

[74] 杨先飞.基于 HLA 的潜艇航行模拟系统的研究[D].哈尔滨工程大学,2009.

[75] 蒋夏军,李蔚清,吴慧.高级分布式仿真中的数据收集技术研究[J].系统仿真学报,2004.

[76] 张柯,张新宇,鞠儒生,等.联邦及仿真数据管理[J].系统仿真学报,2005.

[77] 李姝.导弹系统仿真模型验证方法研究[D].国防科学技术大学,2003.

[78] 刘兴堂,刘力,孙文.仿真系统 VV&A 及其标准/规范研究[J].计算机仿真,2006.

[79] 王冲.分布式虚拟靶试系统的数据管理技术研究[D].西北工业大学,2007.

[80] 于悦.车载导航装置人机交互系统研发[D].吉林大学,2007.

[81] 陆敏.基于人机工程的软件界面设计研究[D].南京航空航天大学,2008.

[82] 霍发仁.人机界面设计研究[D].武汉理工大学,2003.

[83] 马礼伟.人机交互的研究及其在 CAE 软件中的应用重[D].庆大学,2006.

[84] 李远.GPS 航海导航系统人机界面设计[D].华中科技大学,2005.

[85] 冯杰.海军兵力兵器及战场环境数据库的设计与实现[J].军事运筹与系统工程,2002.

[86] 邢利华,刘式宋.炮兵精确打击指挥信息系统作战效能评估[J].计算机与数字工程,2010.

[87] 刘泽胤.基于 DODAF 的系统效能评估[D].哈尔滨工程大学,2008.

[88] 刘呆靓.综合航空电子系统效能评估研究[D].西北工业大学,2007.

[89] 唐生龙.信息化作战环境下的航空电子系统人机工程学研究[D].西安电子科技大学,2009.

[90] 蒋丽萍.武器系统效能评估与仿真研究[D].南京理工大学,2010.

[91] 肖凡.基于指标间关系的指挥自动化系统效能评估模型[D].国防科学技术大学,2006.

[92] 湛腾西,刘湘伟,李俊.临近空间信息系统综合效能评估[J].火力与指挥控制,2009.

[93] 阚于龙.舰船维修保障系统效能评估及优化决策[D].华中科技大学,2007.

[94] 乔立坤,盛飞.装备保障仿真评估方法研究[J].中国科技信息,2009.

[95] 李秀峰.车载通信系统电磁兼容测试与评估[D].西安电子科技大学,2006.

[96] 胡超.基于 ANP 的车载通信系统电磁兼容性能综合评估[D].西安电子科技大学,2009.

[97] 刘锋.遥感卫星系统任务效能评估方法研究[D].中国科学院大学,2017.

[98] 姚华飞,赵光磊.基于灰色 AHP 的防空预警探测系统效能评估[J].国外电子测量技术,2013.

[99] 陈松辉,旷良忠,杨方应,等.某型两栖突击车与某型水陆坦克射击效能比较[J].舰船电子工程,2011.

[100] 王伟.装备保障系统效能综合评估方法研究[D].国防科学技术大学,2009.

[101] 李海山.高功率微波武器攻击电子信息设备影响因素分析及防护方法研究[D].国防科学技术大学,2011.

[102] 王维平,胡晓峰,沙基昌.灵境技术及其在仿真中的应用展望[J].系统仿真学报,1995.

[103] 霍卫东.高炮武器系统作战模拟与效能评估研究[D].国防科学技术大学,2007.

[104] 陈建华,李刚强,傅调平.海军兵种战术训练模拟系统建设研究[J].系统仿真学报,2007.

[105] 汤传玲,刘炀,赵小兰.基于虚拟现实仿真测绘装配实验的研究[J].机械制造与自动化,2009.

[106] 陆品华.炮兵侦察战斗作业与训练模拟系统的设计[D].电子科技大学,2014.

[107] 萧海林.基于 HLA 的舰艇电子战反导训练仿真系统设计[J].系统仿真学报,2008.

[108] 尹宝瑞.基于 OpenGL 虚拟海洋环境仿真[D].哈尔滨工程大学,2010.

[109] 向哲,李善高,邱发廷,等.反舰导弹靶场试验视景仿真技术[J].海军航空工程学院学报,2010.

反侵权盗版声明

电子工业出版社依法对本作品享有专有出版权。任何未经权利人书面许可，复制、销售或通过信息网络传播本作品的行为；歪曲、篡改、剽窃本作品的行为，均违反《中华人民共和国著作权法》，其行为人应承担相应的民事责任和行政责任，构成犯罪的，将被依法追究刑事责任。

为了维护市场秩序，保护权利人的合法权益，本社将依法查处和打击侵权盗版的单位和个人。欢迎社会各界人士积极举报侵权盗版行为，本社将奖励举报有功人员，并保证举报人的信息不被泄露。

举报电话：（010）88254396；（010）88258888

传　　真：（010）88254397

E-mail：dbqq@phei.com.cn

通信地址：北京市海淀区万寿路 173 信箱
　　　　　电子工业出版社总编办公室

邮　　编：100036